国际服务外包系列教材
Textbook Series of International Service Outsourcing

# 国际服务外包营销
## ——基于创造顾客满意的视角

Marketing for International Service Outsourcing
—A Perspective of Creating Customer Satisfaction

钟育赣／编著

中国财经出版传媒集团
经济科学出版社
Economic Science Press

图书在版编目（CIP）数据

国际服务外包营销：基于创造顾客满意的视角/钟育赣编著.—北京：经济科学出版社，2020.11
国际服务外包系列教材
ISBN 978-7-5218-2052-2

Ⅰ.①国… Ⅱ.①钟… Ⅲ.①服务业-对外承包-市场营销学-教材 Ⅳ.①F719

中国版本图书馆 CIP 数据核字（2020）第 219860 号

责任编辑：杜 鹏 郭 威 凌 健
责任校对：隗立娜
责任印制：王世伟

## 国际服务外包营销
——基于创造顾客满意的视角
钟育赣 编著
经济科学出版社出版、发行 新华书店经销
社址：北京市海淀区阜成路甲 28 号 邮编：100142
编辑部电话：010-88191441 发行部电话：010-88191522
网址：www.esp.com.cn
电子邮箱：esp_bj@163.com
天猫网店：经济科学出版社旗舰店
网址：http://jjkxcbs.tmall.com
固安华明印业有限公司印装
787×1092 16 开 15.25 印张 380000 字
2021 年 4 月第 1 版 2021 年 4 月第 1 次印刷
ISBN 978-7-5218-2052-2 定价：62.00 元
（图书出现印装问题，本社负责调换。电话：010-88191510）
（版权所有 侵权必究 打击盗版 举报热线：010-88191661
QQ：2242791300 营销中心电话：010-88191537
电子邮箱：dbts@esp.com.cn）

## 编委会名单

林吉双　赵尚群　林小平
孙　波　陈　和　曾　增

# 序　言

自21世纪以来，我国承接美、欧、日等国家和地区的国际服务外包呈加速发展之势。2020年，我国承接国际服务外包执行金额为127 830.02亿元人民币，为全球第二服务外包接包国。伴随服务外包产业的迅速发展，我国能熟练从事国际服务外包业务中高端人才的短缺问题日益突显出来。因此，尽快培养国际服务外包产业所需的中高端人才，已成为促进我国服务外包产业持续、快速和健康发展的当务之急。

广东外语外贸大学国际服务外包研究院和国际服务外包人才培训基地，是全国普通高等院校最早成立的国际服务外包研究和人才培训的专门机构。2009年10月以来，国际服务外包研究院承接国际服务外包的理论研究和政府咨询等课题100余项，发表论文300余篇。目前，广东外语外贸大学国际服务外包研究院已成为华南地区国际服务外包理论研究中心、政府决策咨询智库。十年来，广东外语外贸大学国际服务外包人才培训基地共培训软件架构师、软件测试工程师和网络工程师等IT类高校"双师型"教师200余人；培养和培训ITO、BPO、KPO等适用型大学毕业生4 000余人；为东风汽车集团、IBM、西艾、从兴等服务外包企业定制培训服务外包商务英语和相关业务流程专业人才1 000余人；培训服务外包企业和政府中高层管理人员10 000余人。经过几年来对服务外包人才培养模式与实践的有益探索，广东外语外贸大学国际服务人才培训基地已成为广东省服务外包"双师型"教师资源库、大学毕业生适用型人才交付中心、企业和政府管理人员短期培训中心。

广东外语外贸大学作为广东省国际服务外包中高端人才培训基地，为更好地发挥学校在国际化人才培养方面的优势，进一步提高国际服务外包和国际服务经济人才培养的质量，特组织专家学者编写了本套教材。包括《服务外包客户关系管理》《服务外包项目管理》《服务外包企业战略管理》《商务交际日语》《商务谈判日语》《商务会谈技巧英语》《商务沟通英语》《软件开发中级英语阅读与写作教程》《软件测试中级英语阅读与写作教程》《服务外包概论》《广东国际服务外包案例》《国际服务外包营销》《印度国际服务外包经典案例》《服务外包园区发展的理论与实践》《国际服务经济概论》《国际服务贸易战略与实

**国际服务外包营销：基于创造顾客满意的视角**

务》《国际金融服务实务》《国际服务经济组织与管理概论》《Java 软件工程师培训教程》《云计算基础、应用与产业发展》《数据挖掘基础与应用实例》《物联网基础、应用与产业发展》《跨境电子商务概论（进口篇）》《跨境电子商务概论（出口篇）》《服务外包英语沟通与交流技巧》《西方公共服务外包理论政策与实践》《服务外包日语交流与沟通技巧》《中外艺术创意经典100例》等共28部。

培训国际服务外包和国际服务经济产业所需的中高端人才是一项系统工程，其中，编写出能够既反映国际服务外包和国际服务经济发展理论又符合国际服务外包和国际服务经济发展实践的教材就尤其重要。我们希望本套教材的出版能够为国际服务外包和国际服务经济人才的培养尽一分力量；同时，我们也真诚地欢迎各位读者对本套教材的不足之处提出修改的意见和建议，以期进一步提高我们教材编写的质量。

广东外语外贸大学国际服务外包教材编写委员会<br>
2020 年 12 月

# 前　言

　　20世纪80年代后期，营销学界著名学者菲利普·科特勒（Philip Kotler）就指出，"营销思想具有普遍意义""已经成为我们这一代的一种核心思维方式"。如其所言，又经过20多年发展，学者和业界人士的积极探索不仅为营销学贡献了诸多新的概念、理论和方法，而且推动了学科应用向更广泛的领域延伸。将营销学理论用于国际服务外包市场的实践，即是其中的一个方面。

　　国际服务外包营销研究的是营销学的一般理论，如何应用于国际服务外包市场的实践。它主要以服务外包提供商为营销者，以外包服务业务为市场提供物，通常以服务外包发包商为潜在顾客，是发生在组织间的超越国境的营销活动。市场提供物或产品的无形性、交换关系的跨国性和潜在顾客的组织性，也就决定了国际服务外包营销具有组织间营销、服务营销和国际营销等性质。

　　依据作者对营销管理一般过程及其架构的理解，我们从以下方面谋篇布局。第一章为导论性质，介绍营销的含义、营销学的核心概念和国际服务外包营销的特征；第二章分析影响营销成效的环境因素，包括企业营销系统、面对的宏观环境和微观环境及其具体影响；第三章分析组织市场及其购买行为，包括组织市场与购买模式，企业用户的购买行为和影响因素、购买过程与决策，非营利组织、政府机构等的购买行为与特点；第四章评估竞争格局和竞争者行为，包括企业如何识别竞争和其竞争者，怎样选择和对抗市场领导者、挑战者、追随者和利基者；第五章讨论营销机会和国际市场进入，包括营销机会与分析，市场细分和决定目标市场，选择和进入国际市场的过程、方式；第六章讨论竞争战略和市场战略，以及企业如何通过品牌战略、定位战略形成竞争优势；第七章分析营销组合中的三个要素，即通过产品和市场提供物构建顾客价值，并协调内部营销、互动营销和关系营销等的支持，最终通过渠道交付顾客价值，通过定价获取顾客价值；第八章介绍营销组合的最后一个要素，即通过营销传播和促销，沟通和维护顾客关系。

　　作为一部教材，我们一直认为学生是第一读者对象，即首要的目标市场。对于教师，教材只是据以备课和课堂解读、传授知识的基本依据之一。然而教与学是一种互动，不只是学习者认真"听讲"的过程，因此，要为读者提供可读性和良好的阅读体验。所以我们在每章设有学习目标，指出应掌握的知识点；并通过开篇案例，介绍相关知识的一般原理和应用；正文既有理论和知识阐述，还插入大量链接和案例，以激发学习者的兴趣和进一步思考；每章结束有小结、思考题，以及与国际服务外包营销活动相关的案例练习，可用本章所学理论、知识讨论和感悟，形成和巩固自己的专业能力。因此，本书也适合于业界人士参考和培训之用。

  本书写作中，一直得到广东外语外贸大学国际服务外包（国际服务经济）研究院领导、同事的关心和帮助。感谢林吉双教授、黄立军教授、孙波教授、陈和教授和丘冬娴老师等，你们的支持和鼓励，为我们提供了充足的信心和动力。也恳请读者在使用中为我们发现不足、提出建议，使本书今后可以继续完善。联系方式：zhongyugan@oamail.gdufs.edu.cn。

作者

2020 年 9 月

# 目 录

## 第一章　了解营销和国际服务外包营销 ........................................ 1
  第一节　什么是营销 ........................................................ 3
  第二节　营销学的核心概念 .................................................. 14
  第三节　国际服务外包营销的性质 ............................................ 19

## 第二章　认识与熟悉营销环境 .................................................. 30
  第一节　企业营销系统与环境 ................................................ 31
  第二节　宏观环境及其影响力 ................................................ 37
  第三节　微观环境与分析 .................................................... 47

## 第三章　洞察组织市场及其购买行为 ............................................ 58
  第一节　组织市场及其购买模式 .............................................. 60
  第二节　企业用户购买行为与影响因素 ........................................ 66
  第三节　企业用户购买过程与决策 ............................................ 75
  第四节　非营利组织、政府机构购买行为 ...................................... 81

## 第四章　评估竞争格局和竞争者行为 ............................................ 88
  第一节　竞争与竞争者 ...................................................... 90
  第二节　市场领导者与营销战略 .............................................. 96
  第三节　市场挑战者与营销战略 .............................................. 101
  第四节　市场追随者、市场利基者及其营销战略 ................................ 106

## 第五章　分析营销机会和进入国际市场 .......................................... 115
  第一节　分析营销机会 ...................................................... 117
  第二节　市场细分 .......................................................... 122
  第三节　决定目标市场 ...................................................... 128
  第四节　选择和进入国际市场 ................................................ 132

## 第六章　基于品牌、定位形成竞争优势　143
### 第一节　竞争战略　145
### 第二节　品牌战略　152
### 第三节　定位战略　163

## 第七章　构建、交付和获取顾客价值　172
### 第一节　产品：构建顾客价值　173
### 第二节　服务营销与管理　182
### 第三节　渠道：交付顾客价值　191
### 第四节　定价：获取顾客价值　195

## 第八章　沟通和维护顾客关系　204
### 第一节　传播与营销传播　206
### 第二节　营销传播过程与决策　211
### 第三节　促销手段与网络传播　219
### 第四节　顾客关系沟通　224

## 参考文献　233

# 第一章　了解营销和国际服务外包营销

☞ **本章学习目标**

- "营销"的含义和理解
- 营销观念及其演进
- 营销管理过程以及各阶段的关键任务
- 营销组合
- 营销学的核心概念
- 交换及其实现条件
- 国际服务外包营销
- 组织间营销
- 服务营销
- 国际营销

☞ **开篇案例**

### 像苹果那样创造顾客满意

第一台 Mac 电脑的机箱设计，其灵感来自著名的厨具品牌 Cuisinart。苹果还从酒店业借鉴了众多经验。史蒂夫·乔布斯（Steve Jobs）和零售大师罗恩·约翰逊（Ron Johnson）设计第一家苹果零售店时，征求员工意见："你一生中最棒的客户服务体验是哪里获得的？"几乎都是四季、丽思卡尔顿等五星级酒店。苹果将所有的零售店主管送到丽思卡尔顿，参加酒店业培训和领导力项目。

丽思卡尔顿创始人豪斯特·舒尔兹（Horst Schulze）说过，酒店业的秘诀在于满足"哪怕是未能直接表达出来的客户需求"。苹果的员工极其重视这种"未表达出来的需求"，他们明白这是吸引优质、高忠诚客户最直接的办法。

顾客使用苹果零售店的 App 预约服务。这样苹果可以调节顾客流量，努力平衡需求淡旺；提供客户需求信息，有效配置员工，以减少顾客等待时间，并享受员工提供的专有服务——这在其他零售业是难得的体验。即便没有预约，客户服务也几乎从顾客进店一刻开始。消费者会在适当的时候，受到一名苹果代表的欢迎。这个岗位的每个员工，都必须拥有对计算机和卓越客户服务的极大热情。

消费者进店后，只需要自我介绍一次。第一位员工悄悄记下顾客的细节，如穿着特征，

## 国际服务外包营销：基于创造顾客满意的视角

将信息发送到其他员工，使他们也能直接用姓名称呼顾客。员工会倾听顾客，理解他们的目的，然后亲自指引。需要结账了，带着移动信用卡读卡器到顾客跟前完成交易。消费者会有一种被理解的感受，对苹果店最后的印象与第一印象同样的温暖。

2016 年开始，苹果在全球的零售店（Apple Store）更名，去掉了"Store"，仅称"Apple"。未来无论网上商店还是实体零售店，都把"苹果零售店"改称"苹果"。他们希望将零售店打造成一个社区，而非传统店铺。因此让"苹果"和零售店所在每个地方的名称对接，融为一体。在美国、英国和其他国家门店，还增加三个全新职位，"Pro""技术专家"（technical expert）和"创意 Pro"（creative Pro）。"Pro"相较于普通专家级别更高，要求员工对公司产品非常熟悉；"创意 Pro"同样需要对苹果产品和服务有很好的知识储备，但对产品信息的掌握仍然存在进步空间。更重要的是，还对商店员工工作信条进行更新："我们的使命就是丰富顾客的生活，为了帮助梦想成为现实，让激情迸发以扩展人们的潜力来完成生命中最好的工作。"

零售店只是第一步。从呼叫中心代表到产品设计师，从包装专家到计算机程序员，人人都在预测消费者的需求。以苹果电脑升级体验为例，新款总是有更快的硬盘，更轻薄和体积更小。第一次，屏幕会出现一个问题，"你是否已有一台 Mac？"是，随后电脑会提供两个旧款数据传输到新电脑的办法，然后完全正常可以工作，甚至序列号也能保存。

作为设计界的领头羊，苹果一直讲求"把技术简单成生活"，让人们自然而然地理解、使用产品，视觉、触觉交互上给人"这就是我想要的"感觉。例如苹果的一大亮点——手势操控，可根据多点触控感受用户不同手势，从而做出反应，手机变得灵活而智能。运用不同手势发出指令，而不是在屏幕某个区域或位置准确按下，实现简单有效的交互行动。从 iPod 开始，所有移动设备不再需要用户手动关机，不使用时会自动进入待机状态。通过 Siri 语音识别功能，需求可以语言表达，极大降低学习成本。为防用户误触 Caps Lock 键造成错误输入，MacBook Air 的 Caps Lock 键需略用力且稍长时间按压，系统才会做出相应反应。就连 Magsafe 电源线也是配备磁性接头，以确保被不正常拉扯时能够分离，避免被绊到电源线摔坏电脑。这款电源线由乔布斯亲自设计并申请专利……感觉苹果就像是一个考虑周全的母亲，用户自己是享受关怀的孩子。很少有孩子想到"希望我的新笔记本不会遇到危险"，苹果已经提供了解决方案。

正如客户服务与营销专家米加·所罗门（Micah Solomon）所指出的，其实只需要四个简单的步骤，任何企业都能像苹果一样建立强大的客户忠诚——向其他行业借鉴经验，永远比消费者想的更进一步，精心打磨客户服务和让他们感觉宾至如归。

资料来源：张晋艺．苹果值得其他企业借鉴 4 点经验：预测消费需求［EB/OL］．(2012-06-07)［2020-09-30］．https://tech.qq.com/a/20120607/000207.htm；吴珊．苹果重塑零售业务：我们不是"店"我们是"社区"［J］．计算机与网络，2016（12）；王若星，王渤森．极致简约——由苹果产品的设计风格引发的思考［J］．设计，2017（14）．

### 思考与分析

1. 苹果公司是怎样"比对手更好地了解顾客，并更好地满足他们"？
2. 苹果公司努力创造顾客满意的经验，对我们从事国际服务外包营销有什么启示？

# 第一章　了解营销和国际服务外包营销

国际服务外包营销所要研究的是营销学的一般原理，如何在国际服务外包企业应用。营销学（marketing）以营销活动、营销管理、营销观念及其规律性为研究对象和内容，是一门"建立在经济学、行为科学和现代管理理论基础上的综合性应用科学"①。营销学理论的研究最早起源于美国，后来传播到了世界各地。如今营销学不仅广泛应用于各类企业、非营利组织和政府机构，而且发展到微观、中观与宏观等层次。菲利普·科特勒（Philip Kotler）指出，"营销思想具有普遍意义"，"已经成为我们这一代的一种核心思维方式。"②

## 第一节　什么是营销

"营销"是英文"marketing"的中文译称。③"market"指的"市场"，加上"ing"为后缀，其含义日益复杂，人们的认识、理解也一直在不断地深入和变化。在许多国家流传着一种说法，"营销是一门科学，一种行为，一项艺术（Marketing is a science, is a behavior, is an art）。"

☞ 链接 1-1

### "营销"概念的代表性定义

1960 年，美国营销协会（American Marketing Association，AMA）定义"营销是引导产品及劳务从生产者到达消费者或用户手中的一切经营活动"。1985 年，修订为"营销是个人和组织对理念（或主意、计策）、货品和服务的构想、定价、促销和分销的计划与执行过程，以创造达到个人和组织的目标的交换"。2007 年，AMA 再次公布为"营销是创造、传播、传递和交换对顾客、客户、合作伙伴乃至整个社会有价值的产品的一系列活动、机制和过程（Marketing is the activity, set of institutions, and processes for creating, communicating, delivering, and exchanging offerings that have value for customers, clients, partners, and society at large）。"④

菲利普·科特勒（Philip kotler）、加里·阿姆斯特朗（Gary Armstrong）等认为，"广义上，营销是一种通过创造和与他人交换价值以实现个人和组织的需要和欲望的过程。在狭义的商业环境中，营销涉及与顾客建立价值导向的交换关系。"因此，"我们将营销定义为：

---

① 1987 年 5 月，菲利普·科特勒在美国营销协会成立 50 周年纪念日世界营销学大会作了题为"市场营销思想的新领域"的报告。他说，"营销学这门学科源出何处呢？显然，营销学的父亲是经济学，其母是行为科学；数学乃营销学的祖父，哲学乃营销学的祖母"。（详情请参见：[美] 菲利普·科特勒. 市场营销思想的新领域 [A] //邝鸿. 现代市场营销大全 [C]. 北京：经济管理出版社，1990：923.）
② [美] 菲利普·科特勒. 市场营销思想的新领域 [A] //邝鸿. 现代市场营销大全 [C]. 北京：经济管理出版社，1990：924.
③ 20 世纪 70 年代末 80 年代初，"marketing"的中文译名很不统一，中国学者对营销、营销学还曾分别有过市场营销、市场学、市场管理、行销和行销学、市场销售等称谓。
④ 吴健安. 市场营销学（第 4 版）[M]. 北京：高等教育出版社，2011：3-4.

## 国际服务外包营销：基于创造顾客满意的视角

企业为从顾客处获得利益回报而为顾客创造价值并与之建立稳固关系的过程"。[①]

小威廉·D. 佩罗（William D. Perreault）、约瑟夫·P. 坎农（Joseph P. Cannon）和 E. 杰罗姆·麦卡锡（E. Jerome McCarthy）等认为，"营销是实施一系列行动，通过预测消费者或客户需求，并引导满足消费需求的产品和服务从生产商流向消费者或客户，寻求实现组织的目标。"[②]

### 一、营销是一种交换活动

在不同的场合，"营销"一词会有不同的指代。但其本来的意义是指一种活动或行为，一种以交换为目的的互动过程。

#### （一）"营销"的缘起

人类社会为了生存和发展，必须进行"消费"活动。消费是客观存在的一种经济现象，是人们使用、消耗生产出来的东西，用以满足自身需要的一种行为。在自然经济条件下，人们自己生产自己需要的东西，自给自足。每个生产者同时也是其劳动成果的消费者，不存在"交换"的问题，也无所谓的"营销"。在商品经济社会，劳动的社会分工使得生产和消费环节出现分离。比如，农业生产者只是从事农业生产，如果需要手工业产品，他们就要使用自己生产的农产品与手工业者交换；同样，手工业者需要粮食、肉类等，也需要用自己的劳动成果，与农业生产者、畜牧业者等进行交换……随着交换的出现，人类社会有了早期的"营销"活动。

起初，人们之间以一种产品换取另一种产品，即直接的物物交换。由于受到空间、时间和成员等的限制，交换常常是偶然的。随着生产力的发展，交换现象日趋经常和频繁。为了克服物物交换的局限性，人们开始使用充当交换的一般等价物的货币，直接的物物交换发展以货币为媒介的商品交换。它使交换的范围进一步扩大，也导致生产和消费的分离以及由此产生的矛盾日益突出。现实需要推动了"营销"的进一步发展。

自然经济的特征是自给自足，生产者为自身消费的需要而生产。他们知道自己需要什么，劳动成果一般不存在与需要相脱节的风险。在商品经济条件下，生产者从事的是以交换为目的的商品生产，是直接为别人的需要而不是自己的消费提供产品，他们追求的只是消费者手中的货币。由于生产者与消费者在空间、时间以及信息方面的分离，相互在价格、数量和花色品种上的看法不一，产品会越来越多地遇到如何适销对路、顺利通过市场以实现交换的问题。交换的空间时间范围较小、市场需求大于供给的时候，生产者或许不用过多关心交换与营销；交换范围一旦扩大，供求一旦趋于平衡甚至供大于求，销路便成为生产者组织、安排经营活动必须考虑的头等大事。为了适应市场和需求，生产者必须付出诸多努力，更加

---

[①] [美] 菲利普·科特勒，加里·阿姆斯特朗. 市场营销：原理与实践（第16版）[M]. 楼尊，译. 北京：中国人民大学出版社，2015：6-7.

[②] [美] 小威廉·D. 佩罗，约瑟夫·P. 坎农，E. 杰罗姆·麦卡锡. 市场营销学基础（第18版）[M]. 孙瑾，译. 北京：中国人民大学出版社，2012：4.

# 第一章 了解营销和国际服务外包营销

注重"营销"——进行以满足人们的需要和欲望为目的、努力促使潜在的交换转化为现实的交换的各种工作。

## (二) 现代营销的内涵

在社会经济发展的不同阶段,人们的认识不同,"营销"也被赋予了不同的意义。比如,最早的"营销"主要被看作一种分销业务,即产品如何经由仓储、运输等环节,从生产者到达消费者之手;以后,"营销"又被视为推广、促销活动……随着实践的发展,作为一种交换活动的"营销",逐渐发展为内涵丰富的一个概念。可以说,几乎涵盖了卖方为了适应需求、满足买方所进行的全部市场活动,如图1-1所示。

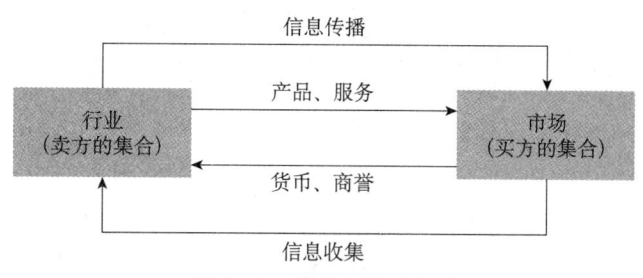

**图1-1 简单的营销模型**

(1) 它是生产者、卖方联系其市场或消费者、用户的运行过程。生产者、卖方用其产品或服务,与消费者、用户手中的货币进行交换,实现商品价值;同时消费者、用户也在用其手中的货币,向生产者、卖方交换自己需要、中意的产品或服务。在这个过程中,生产者、卖方创造并发展着他们与消费者、用户之间的交换关系。

(2) 它是生产者、卖方与消费者、用户相互满足对方需要的运行过程。通过营销活动,生产者、卖方获得了其追求的货币收入,消费者、用户则从生产者、卖方那里取得所需产品的所有权或使用权。彼此从对方各取所需,各得其所。

(3) 它是生产者、卖方使其经营适应消费者、用户的运行过程。营销围绕着交换展开,但其活动领域已大大超出了流通的范围。它不只是在向消费者、用户分销和销售已经生产的产品,或促销与推销其产品。在生产之前,生产者、卖方为使其产品未来能够畅销所做的一切,从收集信息、分析消费动向和新产品设计、开发,到为此进行的生产部署和采购决策、员工培训等都涉及营销,都在为交换的顺利实现奠定基础。

☞ **案例1-1**

**把鞋卖到非洲**

一家制鞋公司寻找海外市场。总经理派出一名销售主管来到非洲一个国家,了解公司的鞋在那里有无销路。一周以后,主管回电报称,"当地人不穿鞋,这里没有市场。"

总经理派出市场部经理再次前往。一周以后,市场部经理也回电报,"当地人不穿鞋,

## 国际服务外包营销：基于创造顾客满意的视角

这里有一个巨大的市场。"

总经理派出营销副总经理作进一步考察。两周以后副总回电，"当地人不穿鞋，有脚疾，穿鞋对脚有好处，但是我们必须在消费者教育方面花一笔钱。他们的脚要肥一些，要肥一些的鞋型，所以不能直接穿我们生产的鞋。当地部落首领不允许我们在此地销售产品，需要考虑'大营销'① 方式，捐款5万美元他们才肯开放市场。如果我们的产品适销对路，鞋的年销售量预计可达2万双以上，投资回报率15%左右，是有利可图的。"

第一位所做的，只是订单收取工作。那里的市场没有订单，他就一无所获。第二位做的是推销工作，"当地人不穿鞋，我可以把鞋卖给他们，我有办法让他们穿鞋。"只有第三位从事的，才能称作是营销工作。

资料来源：［美］菲利普·科特勒. 市场营销对经济发展的作用［A］//邝鸿. 现代市场营销大全［C］. 北京：经济管理出版社，1990：928-929.

## 二、营销是一种经营哲学

营销作为一种交换活动早已有之。但是应当怎样营销，人们在不同时期有过不同的看法。作为一种经营哲学，现代营销活动的焦点是如何认识、处理经营过程中，企业（卖方）与顾客（买方）和社会之间的关系。随着社会的进步、经济与营销环境的变化以及企业经验的积累，这些认识也经历了从企业（卖方）利益为导向，到以顾客（买方）利益、社会利益为导向的演进。

### （一）以卖方为中心的传统观念

早期企业的经营哲学多以卖方为中心。它们以自身利益为价值取向和最高目标，对如何营销以及与顾客、社会的关系等，认识往往较为片面。

#### 1. 生产观念（production concept）

生产观念或生产导向是指导企业经营的最古老的观念之一。这种观念认为，顾客喜欢的是可以适时买到，并且价格低廉的产品。企业应当努力提高产量和分销效率，例如通过标准化、大批量的生产系统和高效率的分销渠道，以降低成本、降低价格。只要买得起、买得到，顾客就乐意买。企业因此既能满足市场，自身也能获得满意的收益。这种观念重点关注的是生产环节，也被形象地概括为"我生产什么，就卖什么"。

生产观念产生、流行于卖方市场时期。西方国家在工业化初期、第二次世界大战末及战后一段时间，由于供应短缺，产品和消费选择甚少，只要价格合适人们就会积极购买。市场供不应求，顾客只求"买到"、能有量的满足，并不奢望质的满意。在这种背景下看生产观念，似有一定的道理，卖方也可以有较好的经济效益。买方对卖方经营是没有"话语权"的，只能被动接受企业决定生产、提供的产品。但是，一旦市场供不应求缓解，供求平衡甚

---

① 关于"大营销"的概念和理解，参见本书第一章第三节，"三、国际服务外包营销是一种国际营销"中有关于大营销理论的介绍。

## 第一章 了解营销和国际服务外包营销

至供大于求,人们对产品、质量就可能产生不同的、多样化的需求。不能够与时俱进,继续秉持生产导向的企业,极容易陷入营销误区和经营困境。

**2. 产品观念(product concept)**

这种观念也叫产品导向,认为顾客喜欢的是质量更优、性能更好和功能更多的产品,企业要不断地努力改进产品性能、提升产品质量。

产品观念也产生于卖方市场阶段,并流行于供求平衡及此后的买方市场早期。一个企业容易滋生产品观念的情景,莫过于在其发明、推出新产品的时候,它们可能以为"酒好不怕巷子深",买方总是喜欢精工细作、性能优异的产品,因而要倾注全力做出"好产品",而不是了解顾客有什么要求。这种只追求自己产品如何"卓越",不关注市场、需求有何变化的思维方式,被批评为"营销近视症(marketing myopia)"。事实也证明,卖方一厢情愿认为好的产品,不一定就有市场、能受顾客欢迎。

☞ 链接 1-2

### "营销近视症"

"营销近视症"是学者西奥多·莱维特(Theodore Levitt)在1960年发表的同名文章中,所批评的一种营销现象。患有"营销近视症"的企业自认为,只要生产出最好的产品,就不怕顾客不上门。它们往往只注重技术开发,忽略消费需求的变化;只注重内部经营管理,不注重外部市场环境和竞争等。由于不适当地把主要精力放在产品上或技术上,而不是放在市场需求(消费需要)上,其结果导致丧失市场,失去竞争力。

莱维特指出,产品不过是满足需求的一种媒介,一旦有能更好地满足消费的新产品出现,现有产品就会被淘汰。同时,消费者的欲望是多种多样的、不断变化的,不是所有的消费者都偏好于某一种产品或价高质优的产品。他认为,市场的饱和并不会造成企业的萎缩;导致企业萎缩的真正原因是营销者目光短浅,不能根据消费者和市场变化改变营销战略。

资料来源:[美]西奥多·莱维特. 市场营销的近视症[A]//[美]本·M. 恩尼斯,等. 营销学经典:权威论文集(第8版)[C]. 郑琦,许晖,等译. 大连:东北财经大学出版社,2000:4-27.

**3. 推销观念(selling concept)**

推销观念也称销售观念、推销导向等。这种观念认为,产品无论多好,市场反应都会有产生"购买惰性"或冷淡的时候。产品是卖方想方设法"卖"出的,而不是买方主动"买"走的。必须积极促销、强力推广,刺激消费者和用户,使他们按照企业的意愿行动。典型的如非觅求品——通常情况下,人们不会主动想到要买的产品或服务,如保险等,以及供大于求、积压的产品,无不如此。因此,卖方要从关注产量的生产观念,转向关心销量的推销观念。积极培训营销人员四处游说,开发种种推销技能诱导顾客,使用各种广告狂轰滥炸市场……以获得足够的销量和利润。

# 国际服务外包营销：基于创造顾客满意的视角

推销观念也被形象地概括为"我卖什么，就让你买什么"。与生产观念、产品观念相比，可以说有所进步。它反映了卖方开始重视买方的存在，知道加强促销等使顾客发生兴趣，以推动交易的实现。对于那些了解企业、产品不够，或尚未产生欲望的顾客，在一定程度上也是有效的。但是卖方只看重如何"卖"掉已有的产品，甚至不够适销对路的产品，对买方只是促其购买，并不关心他们的满足、满意与否以及是否重复购买。在本质上，这种经营哲学依然没有跳出企业为中心的思维方式。

（二）以买方为中心的现代观念

第二次世界大战以后，随着第三次科技革命①兴起，西方一些发达国家的市场供给得到极大丰富，竞争也进一步激化。消费者有了更多的可支配收入和闲暇时间，对生活质量要求更高，购买和消费的选择也更加精细。在实践中，一些企业开始改变以卖方为中心的思维方式，转向以买方（顾客）为中心。

**1. 营销观念（marketing concept）**

营销观念或称市场导向，其核心原则定型于 20 世纪 50 年代中期。这一经营哲学认为，实现企业目标的关键在于比对手更好地了解自己的顾客，并能更好地满足他们、使他们满意。执行营销观念的企业，思考和行动往往是"顾客（市场）需要什么，我们（企业）就生产什么"。

营销观念改变了"一切从企业出发"的"由内向外"的思维逻辑，要求"一切从顾客出发"，必须"由外向内"进行思考。与传统的以卖方为中心的经营哲学比较，在认识上有了以下变化：

（1）市场与生产的关系。过去是市场服从于生产，现在是强调生产必须听命于市场。

（2）需求与产品的关系。传统看法是没有产品就没有需求，需求由产品而生。因此，企业总是先开发产品再寻找销路，需求以产品为中心。新的经营哲学认为，没有需求就不应该有产品，产品应以需求为前提。所以企业必须首先分析需求，其次研制产品。

（3）顾客与企业的关系。过去，企业作为市场供应一方，人们只看到它是顾客的满足者，许多企业也因此滋生"企业是上帝"的思想。营销观念认为，顾客与企业之间是以互利互惠为基础的。企业提供产品满足顾客，同时顾客也在以手中货币回报企业，帮助企业实现其目标。失去顾客的企业是难以生存的，顾客才真正是企业的上帝。

在企业实践中，推销观念和营销观念常常弄混，典型现象是把重视销售看作营销。西奥多·莱维特曾经进行对比，并指出两者的根本区别——推销观念注重的是卖方需要，营销观念注重的是买方需要。推销以卖方的需要为起点，考虑如何将产品转换为现金；营销考虑如何通过产品以及与创造、传送产品和最终消费产品有关的所有事情，以满足顾客的需要。②

---

① 始于 20 世纪 40~50 年代的新科技革命，以原子能技术、航天技术、电子计算机技术的应用为代表，还包括人工合成材料、分子生物学和遗传工程等高新技术，被称为"第三次科技革命"。

② [美] 西奥多·莱维特. 市场营销的近视症 [A] // [美] 本·M. 恩尼斯，等. 营销学经典：权威论文集（第 8 版）[C]. 郑琦，许晖，等译. 大连：东北财经大学出版社，2000：14.

# 第一章　了解营销和国际服务外包营销

因此，它们在起点、中心、手段和目的等方面都很不一样。推销观念采用的是由内向外的思维方式，营销观念采用的是由外向内的管理逻辑（见图1-2）。

|  | 起点 | 中心 | 手段 | 目的 |
|---|---|---|---|---|
| 推销观念 | 企业（卖方） | 已有产品 | 推销和促销 | 通过增加产品销量获得利润 |
| 营销观念 | 目标市场（买方） | 顾客需求 | 整合营销 | 通过创造用户满意获得利润 |

**图1-2　推销观念与营销观念的比较**

### 2. 社会营销观念（social marketing concept）

20世纪70年代兴起的社会营销观念认为，单纯的营销观念可能会忽视消费者短期利益和长期需要、目标市场需求与社会整体利益之间的矛盾。例如，某些食品可以很好地满足消费者一时的口舌之快，却对他们的身体带来长期的健康隐患；某些一次性包装可以很好地方便部分消费者，却导致了社会资源不必要的浪费。因此，企业不仅要确定各个目标市场的需要、欲望和利益，还应以保护或提高消费者与社会福利的方式，比竞争者更有效、更有利地为目标市场提供满足。社会营销观念要求，企业不仅要以顾客为中心，以满足他们的需要和欲望为出发点，而且要兼顾顾客、社会和企业自身三者的利益，在满足顾客需求、增加社会福利中获利。因此，要积极主动地承担社会责任，协调与顾客和社会的关系，求得企业健康成长和可持续发展（见图1-3）。

```
           社会
         （人类福利）

         社会营销观念

   顾客              企业
 （满足需求）       （利润增长）
```

**图1-3　社会营销观念的基本要素[①]**

社会营销观念是对单纯的营销观念的补充与修正。它强调要以实现顾客满意以及消费者和社会的长期福利，作为企业的根本目的与责任。所有营销活动与决策都应同时考虑目标市

---

[①] ［美］菲利普·科特勒，加里·阿姆斯特朗. 市场营销：原理与实践（第16版）[M]. 楼尊，译. 北京：中国人民大学出版社，2015：13.

国际服务外包营销：基于创造顾客满意的视角

场的需要、欲望和需求，消费者的长远利益和社会整体利益，以及企业自身的效益。

☞ 链接 1—3

## 从"1.0""2.0""3.0"到"4.0"营销

菲利普·科特勒等人认为，"营销1.0"是以产品为中心的时代。工业化时代工业机械是核心技术，营销就是把工厂的产品全部卖给有支付能力的人。所以产品比较初级，目的是满足大众市场需求。企业实现产品标准化和生产规模化，通过降低成本形成低廉的价格，吸引更多顾客购买。

"营销2.0"出现于信息时代，核心技术是信息科技。消费者掌握的信息比以前更多，可以轻松地对相似的产品进行选择，这时的产品价值是由消费者来定义的。因为他们的喜好不同，企业开始市场细分，针对特定市场和目标群体开发最具优势的产品。成功的黄金法则是"客户是上帝"，顾客可以就产品的性能、功效和特征等精挑细选，直到满意。这也是以消费者为导向的时代，企业和组织仍然坚持视顾客为被动的营销对象。

"营销3.0"兴起于价值驱动营销的时代。企业不再把顾客仅仅视为"消费"者，而是看到消费者越来越关注、希望这个全球化的世界变得更好。他们需要的企业和组织、产品和服务，不但能满足自己功能上、情感上的需要，还要能满足一些精神方面的需要，如内心深处关于社会、经济和环境等问题的需求。他们是具有独立意识和感情的完整的个体。企业和组织不仅要致力于满足消费者，还必须具备远大的、服务于整个世界的使命、愿景和价值观，努力解决当今社会存在的各种问题。"营销3.0"把营销理念提升到了关注人类期望、价值和精神的新高度，认为消费者的任何要求和希望都不能忽视，把情感营销和人文精神营销很好地结合到一起，更容易和顾客形成发自内心的共鸣。①

此后世界发生了许多变化，尤其是科技上的巨大创新。它们近些年的跨界融合，大大影响了全世界的营销活动。共享经济、即时经济、多渠道整合、内容营销、社会关系管理等新概念层出不穷。这种技术的融合，最终也会促成数字营销和传统营销的交汇。在高科技的时代，人们期待着高度的接触；社会性越强，就越想要量身定制的内容。有了大数据支持，产品会更加个性化，服务会更加定制化。"营销4.0"以大数据、社群、价值观营销为基础，企业将营销的中心转移到如何与消费者积极互动、尊重消费者作为"主体"的价值观，让消费者更多参与到价值创造中来。在数字化连接的时代，洞察与满足这些连接点所代表的需求，帮助客户实现自我价值，是"营销4.0"所需面对和解决的问题。它是以价值观、连接、大数据、社区、新一代分析技术为基础所造就的。②

---

① ［美］菲利普·科特勒，［印度尼西亚］何麻温·卡塔加雅，伊万·塞蒂亚万，等. 营销革命3.0：从产品到顾客，再到人文精神［M］. 毕崇义，译. 北京：机械工业出版社，2011：3-6.
② ［美］菲利普·科特勒，［印度尼西亚］何麻温·卡塔加雅，伊万·塞蒂亚万，等. 营销革命4.0：从传统到数字［M］. 王赛，译. 北京：机械工业出版社，2018：XII-XVIII.

# 第一章 了解营销和国际服务外包营销

## 三、营销是一种管理职能

营销不仅是一种交换活动,一种经营哲学,还是一种极其重要的管理职能。彼得·德鲁克(Peter F. Drucker)指出,企业的目的和宗旨是创造顾客,因而它们也就只有两项基本的、原生的职能——营销和创新。[①]

作为一种管理职能,营销的任务是管理有价值的客户关系。在经营战略的指引下,为企业承担识别、确认和评估市场的需要和欲望,选择目标市场;引导生产、研发等其他管理职能,根据目标市场设计、研制适销对路的产品;向市场和潜在顾客推荐产品,引导购买;建设营销渠道,分销产品等具体的工作和职责。它们可以区分为战略营销和战术营销两个方面。

### (一) 战略营销:找到合适的顾客

根据经营战略及其目标和要求,营销职能启动战略营销计划过程。科特勒认为这也是一个"4P"过程[②]。通过这些步骤与决策,战略营销为企业找到合适的顾客(见图1-4)。

探查 probing → 细分 partition → 优选 preference → 定位 position

**图1-4 战略营销的主要步骤**

(1) 探查(probing)。通过调研、分析等,了解人们的需要、欲望和变化的趋势,掌握自身的优势、劣势以及核心竞争力所在,综合考虑、决定未来的营销方向。目的在于"知己知彼",发现和评估机会,预测和防范威胁。

(2) 划分(partitioning),也即市场细分(segmentation)。通过对潜在顾客及其需求进行区别和分类,客观、科学评估各个细分市场的价值和潜力。机会带来的市场可能太大,也可能不理想。现实中人们的需要、欲望和需求也是不尽一致,市场必然是一个千差万别的需求集合体。

(3) 优选(preference),也即确定目标市场(targeting)。通过市场细分,为企业决定自己的服务对象提供了多种选择,所以要明确愿意和能够进入的细分市场以及先后顺序。

(4) 定位(positioning)。在选定的目标市场,如何为企业、产品或品牌树立一定特色,以突出与竞争者的不同点和差异。

### (二) 战术营销:为合适的顾客,提供合适的满足

科特勒指出,只有做好营销战略的规划,战术性营销组合的制订才能顺利进行。[③] 战术

---

[①] [美] 彼得·德鲁克. 管理实践 [M]. 毛忠明,程韵文,孙康琦,译. 上海:上海译文出版社,1999:41.
[②③] 菲利普·科特勒. 市场营销思想的新领域 [A] //邝鸿,主编. 现代市场营销大全 [C]. 北京:经济管理出版社,1990:924.

## 国际服务外包营销:基于创造顾客满意的视角

营销的关键是如何为目标市场提供合适的满足。通常,需要运用一整套能够影响需求的企业可控制因素,这些也是企业开展营销活动、实现营销目标的工具和手段,包括产品(product)、价格(price)、地点(place)和促销(promotion)等。它们要以"营销组合(marketing mix)"的方式,被整合到战术营销计划并应用于营销行动中,以争取目标市场的特定反应(见图1-5)。

**图1-5 营销组合与目标市场及定位**

营销组合具有以下的特性:

(1)可控性。是由企业可控制和运用的有关营销手段、因素构成的。比如,企业可根据目标市场决定生产什么,制订什么价格,选择什么渠道,以及采用什么促销方式。

(2)动态性。它不是固定不变的静态搭配,而是变化无穷的动态整合。受内部条件、外部环境变化的影响,能动地做出相应的反应。比如同样的产品、同样的价格和渠道,企业可根据需要改变促销方式;或其他因素不变,企业提高或降低产品价格……因此会形成新的、效果不同的营销组合。

(3)复合性。构成营销组合的各类因素或手段,又各自包含多个次级或更次一级的因素或手段的组合。以产品为例,它由质量、外观、品牌、包装、服务等因素构成,其中如品牌又有多种使用方式。又如促销手段,包括人员促销、广告、公共关系和营业推广等;其中,广告依据传播媒体的不同,有电视广告、广播(电台)公告、报纸广告、杂志广告和网络广告等,每一种还可继续细分。

(4)整体性。构成营销组合的各种手段及各个层次的因素,不是简单的相加或拼凑。它们必须成为一个有机整体,在统一目标指导下相互配合与优势互补,追求大于局部功能之和的整体效应。

对营销工具和手段的具体运用,形成了不同的营销战略、方法和行动。这些工具、手段或因素,相互依存、相互影响和相互制约,不应割裂开来孤立考虑。必须从目标市场的需求状态、定位和营销环境等出发,统一、配套和协调使用。

# 第一章　了解营销和国际服务外包营销

## 链接 1-4

## "营销组合"以及 4P 分类

"营销组合"的概念，最早见于尼尔·鲍登（Neil Bordaen）。[①] 1953年，他在美国营销协会就职演说中使用了这一术语，并称这一创新受到詹姆斯·卡林顿（James Cullinton）教授的启发。卡林顿一篇研究制造商营销成本的论文中，把管理人员描绘成"'决策者'和'艺术家'——不同成分的混合者，有时他们根据配方行事，有时他们根据手头现有的成分来调整配方，有时他们则进行实验或发明一些别人从未使用过的成分。"[②]

1960年，E·杰罗姆·麦卡锡提出了著名的"4P"分类。[③] 在文字表述上，他将构成营销组合的要素概括为产品（product）、地点（place）、促销（promotion）和价格（price）等（见图1-6）。

| 产品 | 地点 | 促销 | 价格 |
|---|---|---|---|
| ·有形商品 | ·目标 | ·目标 | ·价格 |
| ·服务 | ·渠道类型 | ·促销组合 | ·目标 |
| ·特性 | ·市场展示 | ·销售人员 | ·灵活性 |
| ·质量水平 | ·中间商种类 | ·种类 | ·产品生命周期阶段 |
| ·附件 | ·商店的位置和种类 | ·数量 | ·地理术语 |
| ·安装 | ·如何进行运输和储存 | ·挑选 | ·折扣 |
| ·说明书 | ·服务水平 | ·培训 | ·津贴 |
| ·担保 | ·招聘中间商 | ·激励 | |
| ·产品线 | ·管理渠道 | ·广告 | |
| ·包装 | | ·目标 | |
| ·品牌 | | ·广告种类 | |
| | | ·媒体类型 | |
| | | ·文告冲击 | |
| | | ·由谁来制作 | |
| | | ·销售促进 | |
| | | ·公共宣传 | |

**图1-6　麦卡锡的营销"4P"组合**[④]

此后，学术界又不断有人提出一些"P"。例如"人"（people，多用于服务营销）、"包装"（packaging，多用于消费品的包装）、"报酬"（payoffs，多用于世界上某些地方的业务活动）和"零卖"（peddling，也称"人员推销"，往往依赖于大量的促销手段）。科特勒也曾在他的"大营销"（Mega marketing，也有译为"超营销"）理论中，提出加入"政治力

---

[①] 迈克尔·J·贝克. 市场营销百科 [M]. 李垣，等译. 沈阳：辽宁教育出版社，1998：299.

[②] 尼尔·鲍登. 市场营销组合概念 [A] // 本·M. 恩尼斯，等. 营销学经典：权威论文集（第8版）[C]. 郑琦，许晖，等译. 大连：东北财经大学出版社，2000：495-500.

[③] 菲利普·科特勒. 市场营销思想的新领域 [A] // 邝鸿. 现代市场营销大全 [C]. 北京：经济管理出版社，1990：923-924.

[④] 小威廉·D. 佩罗特，E. 杰罗姆·麦卡锡. 营销学基础：全球管理方法（第9版）[M]. 梅清豪，译. 北京：中国财政经济出版社：2004.37.

量"(politics，或"权力")和"公共关系"(public relations)等两个 p……但目前广为流传的依然是以"4P"为基础的框架。①

## 第二节 营销学的核心概念

科特勒指出,"一门学科应该有一个核心概念、若干个常识性概念和若干个学科特有的概念"。例如,经济学的核心概念是"短缺",政治学的核心概念是"权力",人类学的核心概念是"文化",社会学的核心概念是"群体"。营销学的核心概念是"交换","交换又反过来要求一组常识性概念,于是便产生了需要和欲望、产品、价值和满足以及市场等,这些概念组成了营销学这块白布",而这一特殊结构是由学科特有概念组成,这些概念闪烁着有关交换的各种问题及其实质的真知灼见。"②

### 一、需要、欲望和需求

人们由于需要而产生欲望,因为欲望而形成需求。需要、欲望和需求,是营销的前提和出发点。在现实生活中,人们常把三个概念当作同义词看待。科学地界定三者的区别和关系,对于理解和管理营销具有重要意义。

#### (一)需要

需要是一种没有得到基本满足的感受,表现为人们心理上、生理上的不足、欠缺感或不平衡状态。人一旦感受到了需要,会引起某种心理紧张,产生相应的生理反应,行为也会趋向满足需要的活动。一旦满足,相应的紧张便会解除,又会出现新的需要,产生新的行为方向。

不同的人有不同的需要,需要本身也具有广泛性和多样性。马斯洛(A. H. Maslow)将它们按重要性和发生的一般顺序区分为:(1)生理的需要,个体生存必须解决的"温饱"问题,只有得到最低限度的保障,人作为生物体才能够存活。(2)安全的需要,一个人对生理、心理等免遭伤害,得到保护、照顾的需要。(3)友爱的需要或归属的需要,即人们希望获得群体承认、接纳和关心等的需要。(4)尊敬的需要,一种追求荣誉、敬重与社会认可的需要,常常与自信、权威、独立、自尊等心理有关。(5)自我实现的需要,是实现理想和抱负、成就事业的追求,也是最高层次的需要(见图 1-7)。

马斯洛认为一个人会同时存在多种需要,对每种需要的重要性在不同时期认识也会不一样。人们一般首先满足其认为最重要的需要,即他的需要结构中的主导性需要,这个需要因

---

① [美]菲利普·科特勒. 市场营销思想的新领域 [A] //邝鸿. 现代市场营销大全 [C]. 北京:经济管理出版社,1990:924.
② [美]菲利普·科特勒. 市场营销思想的新领域 [A] //邝鸿. 现代市场营销大全 [C]. 北京:经济管理出版社,1990:923.

# 第一章　了解营销和国际服务外包营销

此成为他的行为动机。获得满足以后，该需要失去激励作用，下一个重要的需要会占据主导地位。个体对需要的满足如同上楼梯那样，总是由较低层次向较高层次发展，从基本的需要向发展的需要变化。马斯洛的理论在一定程度上指出了人们需要变化的一般规律，以及需要结构的关系。

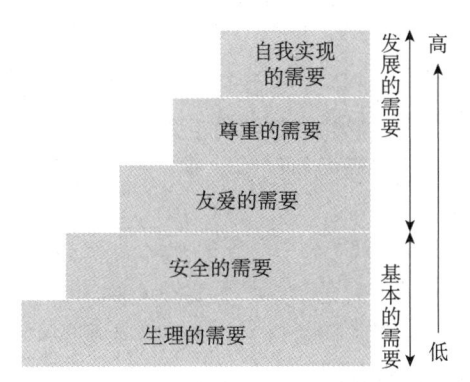

图 1-7　马斯洛的"需要层次"理论

必须注意的是，需要是人类与生俱来的。为了生存和发展，人产生了吃穿住行和安全、归属、受到尊重等物质的或精神的需要。它们是天生的，是人之所以为人的固有部分。企业可以去发现它们，挖掘人们深层次的需要，可以选择不同的方式去满足它们，但是不能"创造"需要。

## （二）欲望

欲望是人类需要的表现形式，也是人们对满足需要的具体对象的意愿或企盼。作为一种消费选择，是个人受不同的文化及社会背景的影响形成的。例如需要食物，中国人多会选择米饭，欧美人士可能更喜欢面包。

相对来说，人的需要是有限的，欲望却几乎可以无穷无尽。例如"行"，人类就从步行、骑马、乘船一直发展到自行车、汽车、火车和飞机、高铁等，而且还在发展和变化中。因此，欲望既是人对满足需要现有的各种对象的选择，又是对能更好满足这些需要的未来事物的向往。企业不能"创造"需要，但是可以影响人们的欲望，开发特定产品和服务满足顾客。

## （三）需求

需求是建立在一定购买力基础上的欲望。它不仅是有人愿意消费某产品，而且必须有支付能力得到这个产品。或许有很多人希望到太空旅行，但目前只有少数人能实现这个愿望。所以现在"很多人"的只是欲望，"少数人"的才形成了需求。

营销不能创造人的需要，但是能影响人们的欲望和需求。比如，现在不少中国消费者也喜欢上了麦当劳、肯德基等当年的"洋快餐"。在这里，人们对"吃"的需要并非营销创造，"洋快餐"们的营销只是有效地引导了消费者对食物的选择。企业需要做的，是如何告诉潜在顾客，它有什么产品，可以满足他们的什么需要；是如何创造有吸引力的产品、服务，使顾客既买得起又买得到。

## 国际服务外包营销：基于创造顾客满意的视角

☞ 案例1-2

### 他们一直在努力了解顾客

沃尔玛的总裁兼CEO迈克尔·杜克以及整个管理团队，定期到卖场和顾客家里访问，以了解他们的需求。麦当劳的高层管理者常常在推特（Twitter）上发起聊天，直接与麦当劳的粉丝们联系。无论褒贬，从中了解他们对从营养、可持续发展到产品、品牌和促销等各种问题的想法。

波士顿市场（Boston Market）的CEO乔治·米歇尔经常巡视门店，在餐厅工作，与顾客交谈，理解"好的、坏的、讨厌的"。他还通过阅读顾客在波士顿市场官方网站的留言与顾客联系，甚至随机给顾客打电话询问看法。"接近顾客非常重要"，米歇尔说，"我可以了解他们看中了什么，他们欣赏什么。"

资料来源：[美] 菲利普·科特勒，加里·阿姆斯特朗. 市场营销：原理与实践（第16版）[M]. 楼尊，译. 北京：中国人民大学出版社，2015：8，16.

### 二、产品或"市场提供物"

人们的需要、欲望和需求，通过使用和消费产品获得满足。营销学意义上的"产品"具有宽泛的含义，包括企业或卖方提供给市场的，能用以满足人们某种需要和欲望的一切事物。可以是实物形态的"有形"产品即物品，例如房屋、汽车、电视机、饮料和面包等；也可以是非实物形态的"无形"产品即服务，例如美容、娱乐、教育和心理咨询等。一条信息、一个主意、一个人物、一个地方或一种经历以及一种体验等，只要具备满足人们某种需要或欲望的属性，就是营销学中广义的"产品"，也被称为"市场提供物（market offerings）"。

作为企业一方务必看到，对于消费者和用户来说，"产品"只是他们通过购买或租赁所要获得的某种满足。因此，要善于透过一种产品和服务的具体形态，看出潜在顾客真正想要的究竟是什么。例如，女性使用口红和化妆品，绝不只是为了给嘴唇、脸上涂点什么，而是希望"好看"；人们购买空调，也不只是为了观赏，而是需要保持室内空间的冷暖适宜……产品和服务是人们满足需要和欲望的工具或载体，特定需要问题的"解决方案"。企业提供给市场的任何产品和服务，不论形态如何，能够更好地满足目标顾客都是最基本的要求。企业不仅要关注产品、服务的具体属性，更要通过这些属性的精心整合，为顾客提供相应的价值和利益，创造更好的品牌体验。

### 三、顾客价值与满意

消费者和用户可能面对多种适合其需要和欲望的产品与服务。效用是他们对这些产品、服务可满足自己的整体能力的一种评价。买方通常根据对产品价值的主观评价和费用，考虑

# 第一章　了解营销和国际服务外包营销

自己的购买选择。例如解决出行问题，可能考虑自行车、摩托车、私家车、公共交通（公交车和地铁）和出租车等。这些能满足他需要的产品和服务，构成了"产品选择组合"。同时，他也会对怎样满足自己有一些基本要求，例如速度、安全、方便、舒适和节约等，这些构成了他的"需要组合"。通过对"产品选择组合"和"需要组合"的综合评估，找出哪种产品或服务能提供最大的总的满足。假如他关注的是速度和舒适，购买汽车或是更好的选择。但是汽车购买和使用的费用要比其他高出许多，可能意味着必须放弃其他一些消费。假如顾客是理性的，就会全面衡量费用和效用的关系，选择带来最大价值的产品和服务。

事实上，价格只是需要考虑的因素之一，顾客的购买也未必总是理性。所以企业必须关注"顾客感知价值（customer perceived value，CPV）"，它是企业或卖方传递给顾客或买方的，而且能使顾客感受到的实际价值。一般表现为顾客购买的总价值，与顾客购买的总成本之间的差额。顾客购买的总价值是顾客购买某一产品、服务期望获得的一组利益，包括产品价值、服务价值、人员价值和形象价值等；顾客购买的总成本是指顾客为购买某一产品，所耗费的时间、精神、体力以及所支付货币的数量，包括了货币成本、时间成本、精神成本和体力成本等（见图1-8）。

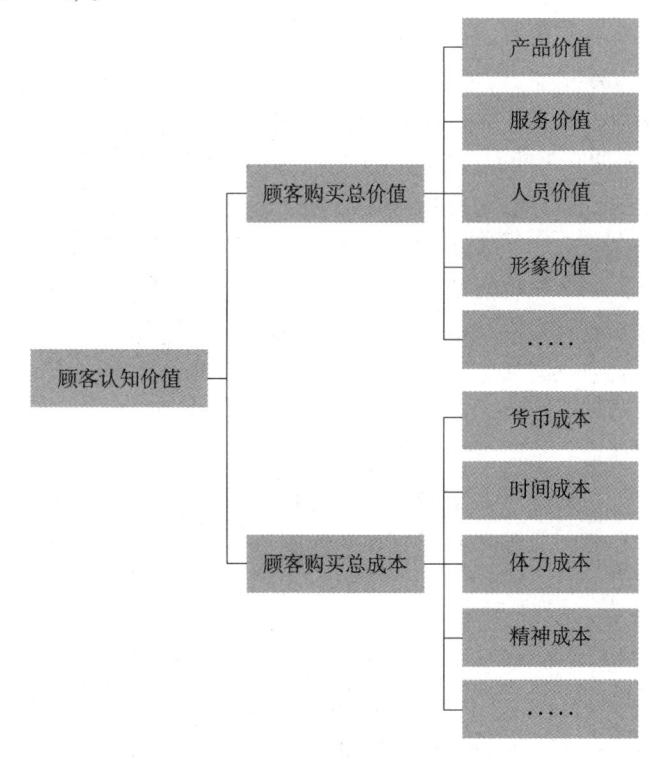

图1-8　顾客感知价值

一般来说，顾客总是希望把有关成本，包括货币、时间、精神和体力等降到最低，同时又希望获得更多利益，以使自己的需要、欲望得到更大更好的满足。在购买中他们往往从价值和成本两方面比较、分析，选择总价值更高、总成本更低即顾客感知价值最大和满意度最高的产品、服务，作为优先考虑的对象。

### 国际服务外包营销：基于创造顾客满意的视角

企业必须向市场提供比竞争者具有更高的顾客感知价值的产品和服务，才能使自己的产品、品牌为消费者、用户所注意，进而产生购买行为。企业可从两个方面考虑：一是改进产品、服务、人员与形象，提高产品总价值；二是降低生产与销售成本，减少顾客购买的时间、精神与体力耗费，降低其货币与非货币成本。

### 四、交换

人们如何获得产品和服务以满足需要和欲望，一般来说有四种方式，即自产自用、强取豪夺、乞讨以及交换。前三种属于单方面、单向地满足自己的行为，第四种即交换，是双向的、互利的活动，也是现代社会人们满足自己的基本选择。

"交换"是理解营销和营销学的重要概念。可以说，营销学的全部内容正是建立在对交换及其实现过程的理解中。交换是为了从他人得到自己想要的"什么"，以提供自己所有的"什么"作为对等回报的一种行为。人们的需要、欲望以及满足需要的产品和服务，是构成营销的必要条件；只有人们决定以"交换"方式来满足需要和欲望，营销才能存在。

交换的发生，至少必须要有五个条件：①（1）有交换双方当事人。即要有卖方，更要有买方，缺一不可。卖方是主动发起交易的一方，如企业；买方是接受交易的一方，如顾客。（2）每一方手中都有对方认为有价值、感兴趣的事物。例如，顾客想要的品牌、产品或服务，良好的体验；企业想要的支付能力和赞誉等。（3）双方能够联系和沟通。这样才能交往和传递价值，卖方和买方各自拥有的价值才能交集和产生关联。（4）每一方都可自由地决定接受还是拒绝对方及其交易。（5）双方都认同交换结果是合适的、称心的，乐于与对方成交。

具备了前四个条件，交换就有了发生的可能。然而，交换是否真正发生，还要取决于最后一个条件，也就是双方对交换结果的预期。这种预期往往是主观的感受，却决定了交换发生的必然性。双方或其中一方认为交换结果不利，也就难以成交；认可交换结果"各得其所"，双方有利或至少不亏，才能达成交易，最终实现交换的目的。

为了促成和实现交换，企业需要分析和研究，参与交换的双方各自希望得到的是什么，愿意付出的又是什么，尤其是对方想要的和自己能够提供的。这样，作为卖方的企业，才能更好地推出符合买方心愿的适销对路产品和服务。

### 五、市场与营销者

交换发生于"市场"，所以人们常把商品交换的地点或场所称为市场。随着商品生产和交换的不断发展，地点或场所的概念已不足以定义市场。市场涵盖了整个商品流通领域，表现为各种交换关系的总和。但是，营销学更多是从交换中的需求一方认识市场，把市场看作产品销路或需求。营销学意义上的市场，主要就是指具有特定的需要和欲望，愿意并能经由交换方式满足需要和欲望的全部潜在顾客的集合。

---

① ［美］菲利普·科特勒. 营销管理（第11版）［M］. 梅清豪，译. 上海：上海人民出版社，2003：15-17.

# 第一章 了解营销和国际服务外包营销

市场可从不同的角度，划分为多种类型。例如国内市场和国际市场，中国市场、北美市场、欧洲市场和非洲市场，城镇市场与农村市场，消费者市场与组织间市场，产品市场和服务市场，化妆品市场、房地产市场与旅游市场，等等。

在交换过程中，一方比另一方更主动、更积极地寻求交换，即为营销者，另一方为潜在顾客。换句话说，营销者就是希望从对方获取所需资源，并愿意以某种有价值的事物进行交换的一方。营销者可以是卖方，也可以是买方。当双方都积极寻求交换时，这种情形就是"相互营销"，双方都是营销者。

掌握上述的概念，可以更完整地理解营销学的原理及其关键要素。营销是与市场有关的人类活动，也即为了满足人们的需要和欲望，通过市场实现潜在交换的各种活动。在这个过程中，一方比另一方更积极地寻求交换，其便是营销者，另一方是潜在顾客。显然，在大多数情况下，营销者是企业、卖方，他们更加主动向潜在顾客——消费者及用户寻求资源，即买方手中的货币，并提供自己的产品或服务作为交换。

## 第三节 国际服务外包营销的性质

服务外包企业系根据与服务外包发包商签订的中长期服务合同，向客户提供相应服务外包业务的服务外包提供商。国际服务外包营销主要以服务外包提供商为营销者，以外包服务业务为市场提供物，以服务外包发包商为潜在顾客，发生在组织间的超越国境的营销活动。因此，也就具有市场提供物或产品的无形性，交换关系的跨国性和潜在顾客的组织性等性质。

☞ 链接 1-5

### 外包、制造业外包与服务外包

外包（outsourcing）又称"外部资源利用"或"资源外取"，是指企业将其运营过程中某个或几个环节，交由其他专门企业承担，以整合资源、提高效率，增强竞争力和应变能力的一种管理模式。

根据范围和性质的不同，外包一般分为制造外包（manufacturing outsourcing，或称"生产外包""制造业外包"）和服务外包（services outsourcing）。

制造业外包又称"蓝领外包"，指产品制造过程或环节外包。企业将非核心生产业务或加工方式外包给外部企业完成，在充分利用外部优秀的专业化资源的同时，集中精力于核心业务，以降低成本、提高效益和增强核心竞争力。早期如20世纪20年代，福特公司等就开始零部件供应的外部化。这种外包形式的诞生，结束了企业自给自足的生产方式。进入80年代，制造业外包形成显著趋势，目前在欧美、日等经济发达国家和地区被普遍采用。

服务外包也称"白领外包"，是指企业将价值链中原本由自身提供的具有基础性的、共

## 国际服务外包营销：基于创造顾客满意的视角

性的、非核心的 IT 业务和基于 IT 的业务流程剥离出来，外包给企业外部专业服务提供商来完成的经济活动。作为一种新兴的贸易方式，服务外包于 20 世纪 80 年代从软件开发和测试外包开始兴起，90 年代中期以后获得迅速发展。许多企业将一些原来由内部负责的重要的、非核心的业务，如信息技术、人力资源管理、财务结算等，转移给其他企业或专业机构承担，以降低成本、提高质量、优化价值链和供应链，提升企业的核心竞争力。随着经济全球化和科学技术不断进步，越来越多的企业为了保持在全球市场的竞争优势，纷纷采用这一新的经营模式。

资料来源：［美］格利哥，卢丹萍，［美］肖步泽. 国际服务外包理论与实务［M］. 北京：清华大学出版社，2012：2-4；卢丹萍. 国际服务外包［M］. 北京：清华大学出版社，2011：1-4.

### 一、国际服务外包营销是一种组织间营销

组织间营销（business marketing）发生在组织与组织之间，目的是在两个或多个组织之间实现产品与服务的交换。国际服务外包营销主要以服务外包提供商为营销者，服务外包发包商为潜在顾客，具有组织间营销的一般属性。

#### （一）组织间营销发生在组织之间，"相互营销"甚为普遍

"组织"可简单定义为通过协调活动追求同一目标的一群人，如企业和各种类型的机构。组织间营销也称企业间营销（business-to-business marketing，B2B marketing）或产业营销（industrial marketing），是与消费者营销（consumer marketing），即企业对消费者营销（business-to-consumer marketing，B2C marketing）相对的一个范畴。它是为了满足企业以及各种机构顾客的需要、欲望和需求，开发、交付和沟通价值，进而成功实现组织间交易的管理过程。在这个过程里，不仅营销活动的主动方、交换关系的发起方是组织，如国际服务外包中的服务外包提供商；营销活动的需求方，即交换关系的被动方、响应方也是组织，如国际服务外包中的服务外包发包商。

组织间营销的营销者和潜在顾客都是组织。由于营销者与一个或多个顾客之间，目标和需求等通常都非常明确和强烈，双方或多方一般都会希望能够持续交往，维系长久的交易关系和"伙伴"关系，甚至发展战略联盟，经常产品和服务的需求方、买方表现得更主动或更积极。因此，组织间营销的顾客一方往往更容易"变身"为营销者，也将产品、服务的提供方视为顾客。双方或多方都是营销者，相互营销。所以，组织间营销不仅仅是组织之间产品、服务的营销，更是它们交换关系的管理和发展，更强调与客户的联系。关系营销成组织间营销的主要模式，客户关系管理也成为组织间市场竞争的主要战略选择。

#### （二）组织间市场的需求是衍生需求，关系更加错综复杂

组织间市场需求的衍生性，是指组织顾客的所有需求几乎都源自最终的消费者需求。一般来说，没有消费者市场的需求，就不会有组织间市场的需求；消费者市场的扩展或萎缩，

# 第一章　了解营销和国际服务外包营销

同样影响到组织间市场的扩展或萎缩。作为组织间市场的营销者,必须经常留意消费者市场的各种需求趋势以及不断变化的购买偏好。组织间市场的需求,往往比消费者市场的变动更加剧烈。

组织间营销的营销者面对的市场,也是所有市场中最大的市场,利润丰厚且关系错综复杂。例如有的大企业生产诸如钢铁、生产设备等产品,它们只为组织间市场的顾客服务,从不直接接触终端的消费者;另一些企业则同时介入消费者市场和组织间市场。有时产品完全相同,但要获得机构型客户,必须采用与获得个体消费者截然不同的营销方式……由于消费者市场和组织间市场购买行为存在重大的区别,许多传统的消费者市场的营销模式,在组织间市场不再适用。

## 二、国际服务外包营销是一种服务营销

国际服务外包营销是一种以服务作为市场提供物的营销,也就必然具有服务营销的一般属性。

### (一) 服务的本质与特点

一般的产品营销,市场提供物是特定物品。服务不然,"是一方向另一方提供的、基本上无形的任何活动或作业,结果不会导致任何所有权的发生。而且,服务可能与某种有形产品联系在一起,也可能毫无关联。"① 服务的特点,使得服务营销有别于一般的产品营销。

**1. 无形性 (intangibility)**

无形性也称不可触知性,是指服务并非以实物形态而存在,顾客购买之前看不见、尝不到、摸不了、听不着和闻不到,往往无法事先进行感受和体验。

由于非实物形态,服务营销的难度比产品营销更大。一般的产品可借助于试用等方式引导购买,服务则难以通过顾客感知刺激欲望。一般产品的购买,顾客购前可依据对产品本身的一些客观标准判断选择;购买服务,大多数事先只能依赖有这方面经验、知识的人士推荐,主观评价较多。顾客购买的主动性受到更大的限制,从认识需要到决定购买的时间也更长。

**2. 同步性 (inseparability)**

同步性也称不可分割性,是指服务的生产和消费一般是同时进行的,有时还与销售过程连接在一起。产品可以先制造,经过储存、运输和销售等环节,最后进入消费。服务则具有直接性,与提供者密不可分,服务过程是顾客同服务人员广泛接触的过程。如果是以人员为基础提供服务,提供者就是市场提供物的一部分;如果生产过程需要顾客在场,那么提供者与顾客以及两者的互动,都会对生产和消费的结果发生影响。

---

① [美] 菲利普·科特勒,凯文·莱恩·凯勒. 营销管理(第14版·全球版)[M]. 王永贵,等译. 北京:中国人民大学出版社,2012:385.

### 3. 异质性（heterogeneity）

异质性也称可变性，是指服务的构成成分和质量水平可能经常变化，很难统一界定。不同于制造业，服务业是以人为中心的产业，常常依赖于由谁提供以及何时、何地提供服务。因为每个人的气质、修养、文化与技术水平等存在差异，同一服务由不同的人提供，品质难以完全相同；同一人提供同样的服务，时间、地点、环境与心态变化，服务结果也难以做到一致。

服务的异质性与无形性结合，使顾客更加难以判断将要得到的服务质量，甚至消费过后都很难判断，这往往成为服务营销与推广的一大障碍。因此，服务的产品设计必须特别注意保持应有品质，力求始终如一，维系高水准，以建立顾客信心，树立优质服务形象。

### 4. 服务的易逝性（perishability）

易逝性也称不可贮存性或"短暂性"。因为服务的提供极具时间性，生产与消费过程的同步性及其无形性，决定了服务具有边生产、边消费或边销售、边生产、边消费的特点。服务不可贮存，其使用价值不及时利用、消费，就会"过期作废"。因此，服务业的规模、价格和推广，要力求人力物力的充分利用，减少人员或设备的闲置、浪费；需求旺盛时，要千方百计解决缺乏库存引起的供不应求等问题。

服务的无形性和易逝性，也使买方不可能"实质性"地占有，因而不涉及所有权转移，也不能申请专利。各类服务之间也往往可互相替代，如到达同一目的地有不同运输方式，所以服务业竞争更为剧烈。

### （二）服务营销组合及其要素

一般产品营销的理论和原则同样适用于服务营销。但由于服务的上述特征，服务营销战略、方案的形成和实施，包括服务营销组合等均要有所调整。服务营销组合除了一般营销组合必需的产品、价格、分销（渠道）和促销等四大手段，还要充分考虑反映服务营销特点的三个要素——人、有形展示和流程。

（1）人（people）。提供服务的具体人员在顾客心目中，也是整个服务的重要组成部分。服务业的特色，往往体现在员工的服务表现和服务销售上。企业必须重视员工甄选、培训、激励和控制，还要重视顾客与顾客之间的关系，因为他们对服务质量的认识，很可能来自其他顾客的影响。

（2）有形展示（physical evidence）。指那些支持服务提供的，可传递服务特色和优点的有形因素，包括环境、设施和装备等。一般的产品营销要在有形的市场提供物中，设法提炼抽象元素；服务营销则要在无形的市场提供物中，努力增加有形的证据、象征，减少其不可触知一面的影响。

（3）流程（process）。服务供应商要有流畅的、顾客一目了然的服务流程，包括服务的传递顺序和内容，整个体系的运作政策和方法等。在服务流程中，顾客主要接触的是前台人员和设施，同时感受到服务的质量。但有些流程是在后台进行的，例如行政和数据处理系统，处理与服务有关的文件和信息，进行顾客跟踪等。后台工作量往往比前台大，技术性更

# 第一章 了解营销和国际服务外包营销

强,是保证服务质量必不可少的。服务流程管理的好坏直接影响服务的质量,从而影响着企业竞争力。

## 三、国际服务外包营销是一种国际营销

国际服务外包营销是国际服务外包提供商进行的超越国境的营销活动,因而也具有国际营销的一般属性。

### (一) 国际营销的特点

国际营销一般是企业在两个或两个以上的国家开展的营销活动,与国内营销并无本质的不同,营销的一般原理依旧适用。无论国际营销还是国内营销,都要分析营销环境,寻求机会,选择目标市场;都要进行营销手段选择、营销组合决策,使潜在交换转化为现实的交换,实现产品、服务从营销者到顾客的转移。但是相比较于国内营销,国际营销毕竟具有跨国界、异国性和多国性等性质,尤其是营销环境可能大不相同,因而具体操作和营销模式会有不同的要求。

**1. 复杂性**

由于各国社会文化、政治法律和技术、经济环境的不同,国际营销的复杂性远远大于在国内不同地区的营销。社会文化环境的不同表现在语言障碍、文化差异以及风俗习惯和社会制度等的不同,给从事国际营销带来营销调研不易、了解竞争对手困难、贸易双方沟通障碍、交易接洽不便等诸多困难;政治法律环境不同表现在政治体制、海关制度及有关贸易法规等不同;经济环境不同表现在居民收入水平不同、经济发展水平不同、经济体制不同等。这些显然对企业从事国际营销产生极大影响。

**2. 风险性**

进行跨国界的交易活动,很多情况不易把握。产生的风险如信用风险、汇兑风险、运输风险、政治风险、商业风险等,也远远大于国内营销。

**3. 激烈性**

国际市场的竞争比国内市场更为剧烈、更为残酷。在国际市场上,除了国内市场竞争的参与者,政府、政党和有关利益团体也往往介入其中。政治力量的介入使得国际市场的竞争更加微妙,竞争的激烈程度也比国内市场要高。开展国际营销,参与国际竞争,企业必然需要承受更大的竞争压力。

☞ 链接 1-6

**国际营销的一般类型**

企业开展国际营销的类型,依据发展阶段的不同分为四种类型。

## 国际服务外包营销：基于创造顾客满意的视角

（1）被动型国际营销。目标市场主要在国内，企业内部没有专门的出口管理部门，通常也不主动面向国际市场。只是在外国企业或本国外贸企业求购订货时，产品才进入国际市场。

（2）偶发型国际营销。目标市场仍然主要在国内，一般也不设立对外出口机构，但在特定情况下也会主动面向国际市场。例如某一时期国内的市场供过于求，竞争激烈；或因其他原因一次性外销产品，视国外市场为短期销售地。国内市场供求及竞争关系缓和又转回国内，生产本国市场所需产品。

（3）固定型国际营销。目标市场既有国内市场也有国际市场，一般会成立专门的出口部门，甚至国外也会成立分销机构。在不放弃国内市场的前提下，制订国际营销战略，专门开发国外市场所需产品。针对国际营销环境，制定国际营销组合战略参与国际竞争，追求在国际市场建立持久的市场地位。

（4）积极型国际营销。完全把国际市场作为目标市场，甚至把本国市场也视为国际市场的组成部分。一般在本国设立公司总部，在世界各国发展参股比例不等的子公司，并在这些国家从事业务活动，产品、资源在国际市场流通，依靠国际市场获取利润。

以上类型反映了企业从事国际营销的历史进程。前两种属于国际营销的初级形式，后两种属于国际营销的发达形式。不同企业处在国际营销发展的不同阶段，必须据此确定营销战略。

### （二）国际市场与"大营销"战略

"大营销（megamarketing）"也可称为"超营销"，是菲利普·科特勒于1984年前后提出的一个概念。[①] 由于经济向区域化、全球化发展，企业之间竞争早已超越本土，形成无国界竞争的态势。科特勒指出，为了成功地进入特定市场并开展业务，战略上就要协调使用经济的、心理的、政治的和公共关系的等手段，争取外国及当地若干参与者如经销商、供应商、消费者、有关政府机构和利益集团以及媒体等的合作与支持。

**1. 大营销的重心**

根据科特勒的定义，"特定市场"是指进入障碍极高的封闭型或保护型市场。在一般的市场上，主要的进入障碍来自顾客、资本、规模经济、专利、原料、场地、经销商和企业信誉等因素；在贸易保护主义盛行和政府干预的情况下，进入障碍还包括歧视性的法律规定、垄断协定、社会偏见与文化偏见、不友好的分销渠道、拒绝合作的态度等来自社会的较宽泛的不利因素。设置障碍的既得利益集团，往往得到政府、劳工组织、银行及其他机构、团体的支持。它们把市场封闭，阻止其他竞争者进入。这在国内市场虽然也有发生，但在国际市场更为常见。

极高的进入障碍，大大增加了市场进入难度。如何冲破或降低障碍，打开进入市场"大门"，成为首要的、最棘手的问题，也是大营销的重心。

**2. 大营销的手段**

面对特定市场，仅靠传统"4P"手段营销难以奏效，不足以打破市场的封闭状态。必

---

① 参见：邝鸿主编. 现代市场营销大全［M］. 北京：经济管理出版社，1990：9；吴健安，钟育赣，胡其辉，等. 市场营销学（第6版）［M］. 北京：清华大学出版社，2018：1.

# 第一章 了解营销和国际服务外包营销

须采用一些特殊的做法,不仅考虑产品、价格、分销和促销等,还要引入"政治力量"(politics,或"权力")与"公共关系"(public relations)等手段。因此大营销战略依靠的是一个"6P"营销组合。

(1) 政治力量。为了进入特定市场,必须设法找到有权开启市场大门的人士。他们可能是有影响力的企业高层人员,也可能是立法机构或政府官员、社会名流等。营销人员要善于游说、精于谈判,有本领使这些"守门人"转变态度、走向合作,以达到企业预期目的。

(2) 公共关系。利用政治力量或权力是一种推的战略,公共关系则是一种拉的战略。单纯依靠政治力量,有时也难以进入目标市场并巩固企业的地位。通过公共关系,在特定市场建立良好的社会关系状态,形成良好的社会舆论状态,逐渐在社会上、公众中树立良好的企业和品牌形象,虽然不能立竿见影,但效果往往更加广泛更加持久。

### 3. 大营销的涉及面

在一般的市场与营销活动中,企业主要与顾客、经销商、广告商、资源供应者、营销调研机构等发生联系。开展大营销,除了与上述方面,还涉及更广泛的社会集团、组织和人士,如立法机构、政府部门、政党、社会团体、工会、宗教组织等。企业必须全方位营销,争取各方理解、支持与合作。

由于实施大营销需要与较多方面交往,需要逐步消除或减少各种障碍,必须投入较多人力和时间,花费较大资本。

### 4. 大营销的诱导方式

在一般、常规的营销活动中,交易各方遵循的是自愿、互利的原则,通常以积极的方式诱导交易。在特定市场,对方可能提出超出合理范围的要求,或者根本不接受积极的诱导方式。因此,有时要采用消极的诱导方式,"软硬兼施"促成交易。但消极的诱导方式可能有悖于职业道德,也可能引起对方和公众反感,应慎用或不用。

☞ **案例 1-3**

### 八佰伴百货进入新加坡市场

20世纪60年代初期,日本八佰伴百货有意进入新加坡市场。派人调研得到的结论是不宜进入。因为"二战"中日军在新加坡的暴行,当地居民反日情绪很高,当时在新加坡的许多日本公司纷纷撤出。公司创始人和田一夫针对这一情况,制订了相应的营销计划。他亲自前往新加坡,一下飞机就到新加坡抗日战争纪念碑敬献花圈,声称是来赎罪,并以此为主题开展了一系列公共关系活动;经营上与当地企业联营,当地资本55%,公司资本45%等,逐渐消弭了公众的敌对情绪,打开了新加坡市场。

资料来源:吴健安主编. 市场营销学(第5版)[M]. 北京:清华大学出版社,2013:59.

## 本章小结

"营销"是"marketing"的译称,在不同场合有不同的指代。其本来的意义是一种活动或行为,一种以交换为目的的互动过程。随着实践的发展,"营销"逐渐成为一个内涵丰富的概念,几乎覆盖卖方为了供求平衡、满足买方而进行的所有的市场活动。营销还是一种经营哲学,焦点是如何认识、处理营销过程中企业、顾客和社会之间的关系。人们的认识也经历了企业利益为导向,到顾客利益、社会利益为导向的演进。营销还是一种管理职能,其任务是管理有价值的客户关系,它们可以区分为战略营销和战术营销两个方面。

需要、欲望和需求,是营销的前提和出发点。人由于需要产生欲望,因欲望形成需求。需要是一种没有得到基本满足的感受,欲望是对满足需要的具体对象的意愿或企盼,需求是建立在购买力基础上的欲望。营销不能创造需要,但能影响欲望和需求。营销学意义上的"产品"包括企业提供给市场的、能用以满足人们某种需要和欲望的东西,可以是实物形态的"有形"产品即物品,也可以是非实物形态的"无形"产品即服务,所以广义的产品也称"市场提供物"。"顾客感知价值"是传递给顾客、且能使顾客感受得到的实际价值,表现为购买的总价值与总成本的差额。人们的购买通常以感知价值最大和满意度最高的产品或服务,作为优先考虑对象。因此,交换不仅要有买卖双方当事人,每一方还要有对方认为有价值、感兴趣的事物,相互之间能够建立联系,每一方都可自由决定接受还是拒绝该交易。只有双方都认同交换结果是合适的、称心的,乐于成交,交换才能发生和实现。交换发生于"市场",营销学意义上的市场主要指有特定需要和欲望、愿意并能够经由交换过程满足需要和欲望的全部潜在顾客的集合。在交换关系中,"营销者"是更主动、更积极寻求交换的一方,另一方为"潜在顾客"。营销者可以是卖方,也可以是买方。双方都积极寻求交换的发生和实现时,即为"相互营销"——双方都是营销者。

国际服务外包营销主要以服务外包提供商为营销者,以外包服务业务为市场提供物,以服务外包发包商为潜在顾客,发生在组织之间的超越国境的营销。具有市场提供物或产品的无形性,交换关系的国际性和潜在顾客的组织性等几个特性。因此,国际服务外包营销是一种组织间营销,一种服务营销,还是一种国际营销。

## 思 考 题

1. 为什么说营销首先是一种交换活动?
2. "以卖方为中心"和"以买方为中心"两个时期,企业的经营哲学和观念有哪些根本的变化?
3. 阐述战略营销和战术营销各自的任务,它们的相互联系。
4. 经典的营销组合概念及其内容。
5. 认识和区分需要、欲望和需求等概念,对于营销管理有什么意义?
6. 怎样理解营销学关于"产品(市场提供物)"的含义?

# 第一章　了解营销和国际服务外包营销

7. 怎样理解顾客感知价值的意义，并用于指导营销实践？
8. 如何理解交换以及交换实现的条件，应当怎样创造和满足这些要求？
9. 怎样理解国际服务外包营销不同于一般营销的主要特性？
10. 服务营销组合及其要素。
11. "大营销"的意义和适应范围。
12. 组织间营销的主要特点。

☞ 案例练习

## 走出国际服务外包营销的误区

### 选错了外包营销代言人

严格地说，服务外包不是技术行业而是服务业，其成功离不开成功的营销，而营销成功的前提是对客户的认识与了解。中国外包业负责公共关系或营销的，大多是相关政府机构负责人、高新园区主管与外包企业高管；美欧企业的外包主管一般都是这个外包项目的专家，而不是企业决策人。与外包业务最接近的高管算是 CIO，但外包业务在其业绩评估指标中通常不是最重要的。因此意味着中国外包卖家的代表——营销代言人与国际外包购买人之间，存在基本角色、核心关切点的差别。这个差别，正是中国外包在国际市场所做的公共关系、营销、客户支持活动持续低效的一个主要原因。

出于多种原因，美欧日企业决策层一般不会出现在外包服务提供商面前。他们的采购主管在面对面接触外包供应商之前，已经得到其决策层的原则指示。这个客观事实意味着，国际企业外包主管对于外包政策、市场战略、区域竞争力、产业价值链等宏观性问题是不关心的，甚至主动避开，因为这不是他们的工作范围。当国际企业外包主管与外包供应商接触时，这个供应商实际上已在宏观性指标上满足了公司决策层的选择指标，再向其陈述城市发展前景及高新园区支持政策，效果有限，有时还适得其反。

有些国际外包买家也意识到中国各级政府的重要性，但他们与我们理解的不是一样的。在他们看来，政府的关键作用应是帮助规避外包风险，这在外包业务关系的后端；在服务外包链的前端——营销，他们依然强烈偏好企业为主的专家式渠道，而不适应政府、园区与企业的搭配。角色匹配也许是印度外包行业在国际营销方面胜过我们的原因之一。

### 外包营销内容的错位

在当今国际外包市场，具有说服力、高效率与持续性的营销内容，有三个"必须"和六个特点。即：必须以客户需求为出发点，必须以帮助客户增加其商业价值为目的，必须以有利于客户减少风险为差异化的关键；专业的技术能力与突出的商务经验，细节为核心，数字为王，成功案例比任何证书有用，不超过10页的文档，丰富的交流渠道与答辩空间等。

简单对比不难发现，在国际国内舞台上中国外包营销最喜欢宣讲：所在区域与城市几大优势；前景美好，包括国家政策、当地计划等；该区域或城市特别适合做外包，如交通方便、价格便宜、人才丰富等，给予外包企业的支持与补助是中国最好的……这些内容与外包

# 国际服务外包营销：基于创造顾客满意的视角

技术、实施经验关联不大。外包买家听完"战略式"分析，问一些真正感兴趣、较深入的问题，得到的大多也是"峰会式"的。如要更具体的讨论，具体负责的主管却不在现场。

## 没有真正关注客户需求

对大多数直接与外包供应商接触的买家代表而言，当地地区生产总值、高新园区的支持政策、国家领导接见等信息是没有意义的。他们关注的是与其业务直接相关的，如行业经验、技术能力层次、成功案例、质量保证、风险规避措施和交付条件等。

提升区域品牌与企业整体吸引力没错，但重点放在与客户需求无关的内容上，不仅是浪费，更会分散买家注意力。就是强调自己的核心竞争力，也得围绕着客户需求而来。

对ERP系统当地化服务外包的买家而言，一个在汽车嵌入式软件领域拥有3 000人的著名企业，还不如一个100人的专业化团队来得可靠。外包业务中的行业经验，是买家最重视的资质之一。有两大原因：一是随着各国教育的发展及日益便利的沟通，纯粹的技术资源与中低层人力资源越来越没有竞争力了；另一个是，同样的外包业务在同一行业里，有实施经验的提供商有更高的交付质量、更少的交付风险。在技术能力与行业经验上，后者与外包业务的成功联系更加紧密。我们的外包营销内容，受占主流地位的"时间、材料模式"（即常说的"人头模式"）影响，依然着重强调企业某些技术与某些工具上的能力或经验。市场在变，中国外包的营销重点也必须"与时俱进"。

另外，买家代表未必在业务的所有方面都是专家。多数情况下他们希望外包承接商能够帮助找到弱点，并能弥补缺陷。假如卖家代表能够提供更多的选择、更好的方案、更切实的实施步骤，那不仅会得到更多机会，还有更强的忠诚度。

## 过于强调价格优势

美欧日企业外包主管与中国企业谈外包业务很少谈价格，大多以品牌、经验与质量为关键词。不是不关心价格，而是知道中国企业给的绝对是世界上最有竞争力的价格。关键是外包成本中，人力成本只是一部分。随着全球范围可提供外包服务的地区、国家越来越多，人力成本在全部外包成本所占相对比例也是越来越小。国际外包营销中，价格不再是得到业务的保证，单纯的价格也不再是耀眼的加分因素。

在国际市场，"中国价格"原来是锐利的营销武器，现在慢慢成了一种政治、质量、安全上的负担。中国外包的真正短板是外包买家对中国外包企业的信任与信心。然而，无论企业、政府部门还是产业园区，营销中很少不会提及人力价格与资源丰富优势，尤其是一些外包新兴城市和企业。岂不知越是推销只有价格优势的外包竞争力，越让潜在买家担心。

## 中国式的营销思维

中国企业主管、政府决策者与美欧日企业高管——全球外包买家的主体，在国际营销上思维差距巨大。这没有对错之别，只是卖家一般得随买家的需求走。为了在中国销售更多产品和服务，多数全球500强高管每年都来中国拜会官员，宴请合作伙伴主管，安抚当地团队。为了得到全球外包更多份额，中国外包营销也得遵循国际买家遵循的规则与商业喜好。中国外包还要去潜在顾客最集中的地方，以客人最能接受的方式主动推销。

中国外包的营销模式要与外包买家的规则相容，一些中国式营销方法值得商讨。第一，当地政府领导与园区领导的接见。国际买家对中国外包业内的政府、园区与企业之间的角色

# 第一章　了解营销和国际服务外包营销

和关系已经感到非常困惑,让他们去面见当地领导与园区主管,中方觉得很给面子,但买家代表未必觉得有所帮助。第二,豪华宴请。一边是全球外包市场中最低的人力资源价格,另一边是豪华的餐厅与佳肴。外包买家对这个矛盾的解读无论向左还是向右,都不利于建立中国外包安全可靠的印象。第三,企业的奖状、照片、奖品、证书。国际买家对中国的认识,不像中国人想象的那么简单。从企业文化而言,美欧企业接待室是功能性的,不是展览性的。美欧企业的"吹嘘"功夫,大都放在各种各样的行业峰会上。这与中国企业的做法截然不同。第四,电子邮件。绝大多数美国企业依靠电子邮件交流,他们的电子邮箱通常是固定的,而中国的交流是手机、即时通信(QQ、MSN等)与电子邮件的结合。中国政府官员与机构负责人通常选择一个免费邮箱,而且并非每天或者每周检查新邮件。第五,预约制。除非是公关办公室或行政助理,美国各级企业与政府机构工作人员都习惯预约。预约在美国是尊重的表现,在中国则是尚未得到重视的表现。这种商务文化细节上的差别,也是不少误解的起因。

**追求国际营销的捷径**

第一,国际营销需要深入研究与实施的战略规划,不是一蹴而就的。考虑到企业自身制定营销战略存在的局限性,要特别注意尊重专业人才、专业机构的作用。这可能"丢面子",但不会丢市场。

第二,国际营销不便宜,需要有足够投入。一些企业在国内极尽奢华之风,漂亮大楼、豪华晚宴;一到国际场合,则"节约光荣"。为省开支,不仅当地营销团队单薄,而且多为当地专业性不高或资源不多的个人或机构。更有甚者,完全依赖自己朋友和熟人为主导的免费营销模式。

第三,成功的国际营销需要坚持。中国外包企业在国际营销上,耐心也极为有限。全球公认的客户开拓渠道,半信半疑参与几次,立竿未见影就另起炉灶。斥"巨资"支持的独立资源,一两年内未争取到稳定客户,信心马上消失。支持随之消失,投资瞬间变成损失。

资料来源:Stephan Sunn,翁卫东. 外包服务市场营销六大误区 [N]. 计算机世界,2012 - 11 - 12(30).

## 讨　　论

1. 应用营销学有关基本原理,分析资料指出的服务外包营销问题的原因。
2. 根据国际服务外包营销的特性,提出走出上述误区的建议。

# 第二章 认识与熟悉营销环境

☞ **本章学习目标**

- 企业营销系统与构成
- 营销环境及其特性
- 微观环境与宏观环境
- 国际营销的政治法律环境与影响
- 国际营销的经济环境与影响
- 国际营销的社会文化环境与影响
- 国际营销的技术环境与影响
- 供应链关系与影响
- 竞争者、公众和社会舆论及其影响

☞ **开篇案例**

### 中国"非洲手机之王"称雄非洲市场

对大多数国人来说,"传音"是一个陌生的名字;但在部分新兴市场国家,特别是非洲市场,"传音"知名度丝毫不亚于小米、华为和OV等在中国的地位。传音控股的手机有TECNO、itel和Infinix等品牌。成立于2006年的TECNO,是销量最高、覆盖面最广的手机品牌,也是在非洲叫得最响的中国品牌。

传音于2007年11月首度试水,推出第一款TECNO双卡双待手机。2008年6月在非洲第一人口大国尼日利亚建立第一个分支机构,当年7月全面进入非洲市场。经过10年的发展,传音旗下手机品牌在非洲6个主要国家市场份额超过40%,成为当之无愧的中国非洲手机之王。

传音贴近本地消费者,根据非洲的特点提升、改进了部分产品功能。例如当地消费者大多有数张SIM卡,却没有多部手机。"我们看准了这种需求,率先推出双卡手机,大受欢迎。"传音首席营销官刘俊杰分析。传音特意成立团队,研发适用于黑肤色用户的美肌模式。通过大量搜集非洲人照片,对脸部轮廓、曝光补偿、成像效果等进行分析。与一般手机拍照通过脸部识别不同,传音通过眼睛和牙齿定位,在此基础上加强曝光,非洲消费者便能拍出更加满意的照片。

传音在消费者洞察、产品研发等花了很多力气,非常关注细节。所以与在非洲只做国际标

## 第二章 认识与熟悉营销环境

准产品的同行竞争时，总是以巧取胜。2016年3月，传音发布新款 Boom J8，主打音乐功能。随机赠送一个定制的头戴式耳机，迎合了非洲消费者经常跳舞的习惯，因此在喜欢音乐、舞蹈的用户中非常受欢迎。防汗、防滑、开机时音乐似乎永远不结束，来电时铃声大到恨不得让全世界听到……这些符合非洲人使用偏好的小设计，让传音迅速占领市场。在开罗英雄街移动产品专卖连锁店 mobile shop，来自苏丹的穆军默德正选购，"我是一个音乐爱好者，一直想买一个头戴式耳机。可要么太贵，要么音质不好，在朋友介绍下我知道了 TECNO，特意来体验。"

传音有4所研发中心，两所位于非洲，分别在尼日利亚的拉各斯和肯尼亚的内罗毕，研发人员数百人。十年间，传音陆续在尼日利亚、肯尼亚、坦桑尼亚、喀麦隆等国设立了办事处。全球拥5家制造工厂，除了深圳、惠州的3家，其余2家在埃塞俄比亚，聘用了2 400名本地员工，本地化率约90%。传音还是第一个在非洲建设售后服务网络的外国手机企业。耗资数亿元人民币，在非洲建立86个世界范围的售后服务中心，超过1 000个售后维修服务点，拥有超过1 100名高级技术服务人员，成为非洲最大的手机用户服务网络。

传音近年也进军亚洲和南美洲等地的新兴市场国家。其中2015年进军的印度市场，是传音的重要销售板块之一。2018年在印度市场出货量约640万部，市场份额约4.5%，较上年增长高达75.9%。

在小米、三星和OV统治下，如果说传音在印度扮演的是市场挑战者，在非洲市场则是被挑战的对象。除了非洲本土品牌崛起，传音更多地将面临中国品牌的挑战。值得注意的是，华为及其子品牌在非洲智能手机领域取得了惊人增长。新一波中国品牌正积极寻求在该地区的成长机会，知名度更高的华为也在加快营销努力，扩大分销预算。

资料来源：王云松．小设计帮中国"非洲手机之王"称霸非洲市场［N］．环球时报，2017-07-23；李章洪．"非洲手机之王"传音控股进军科创板：年营收200亿，华为是主要竞争对手［EB/OL］．界面新闻，2019-03-20. https：//www.jiemian.com/article/2965771.html.

**思考与分析**
1. 传音公司是怎样努力做到适应非洲等国家、市场的营销环境的？
2. 通过传音公司的国际营销实践，怎样理解、认识营销环境的重要性？

营销环境泛指影响、制约一个企业的营销活动的最普遍的外部因素，也是形成环境威胁和营销机会的主要力量。开展营销工作，企业不仅要熟知自身条件以及优劣所在，即拥有的资源、能力及其长短；还要分析所处的营销环境，预测其变化和趋势。知己知彼，百战不殆。开展国际服务外包业务，营销者更要清醒地看到，他们面对的还是一种更为复杂、更具风险和竞争更加剧烈的国际环境。

# 第一节 企业营销系统与环境

## 一、企业营销系统与构成

"系统（system）"一词源于古希腊语，意为部分组成的整体。现代意义上的系统，更

## 国际服务外包营销：基于创造顾客满意的视角

多用于泛指相互联系、相互作用的多元素的综合体系。这个由相互作用、相互依赖的若干部分结合而成的有机整体，具有特定的功能，并且还是它从属的更大系统的组成部分之一。

一个企业发起和实现市场交换的努力，也必然受到来自其内部外部诸多因素的影响，它们制约着营销努力的方向和成效。与这些相关因素之间相互交织、相互作用的关系，构成了这个企业的营销系统（见图2-1）。

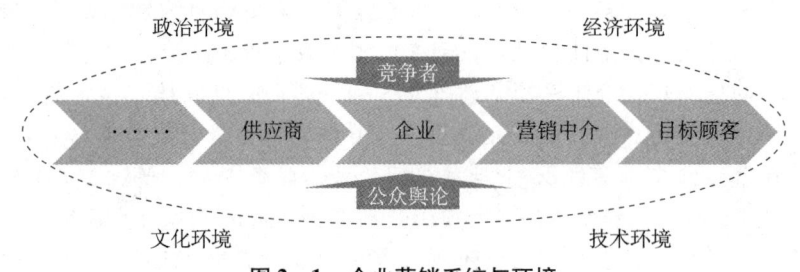

图2-1 企业营销系统与环境

### （一）作为营销者的企业

作为营销者，任何企业在其内部都会设有多个部门，承担不同管理职能，以保障企业整体的正常运行。一般来说，营销职能引导企业与其市场、需求相适应。通过营销管理，企业识别、确认和评估市场上的需要和欲望，选择能够最好为之服务的顾客，引导生产、研发等管理职能，设计、研制和发展适销对路的产品，向目标市场和潜在顾客推荐产品、引导购买，以及分销和配送。生产职能的任务包括设备、原材料采购与供应，形成生产能力，管理作业流程，控制质量水准，按要求完成生产任务。研发职能为企业发展提供"后劲"，进行产品、工艺和技术开发、改造、更新和升级。财务职能解决企业运营所需资金来源，在与创造价值有关的各种活动之间进行分配，对资金使用进行监督、管理，核算成本和收益。人力资源管理通过开发、使用"人"的资源，帮助企业实现经营目标。

没有顾客，企业就失去了存在的意义和价值。因此，无论生产管理、研发管理，还是财务管理、人力资源管理，都要以营销为导向，成为营销管理的支持性职能，形成企业运营的整体效应（见图2-2）。

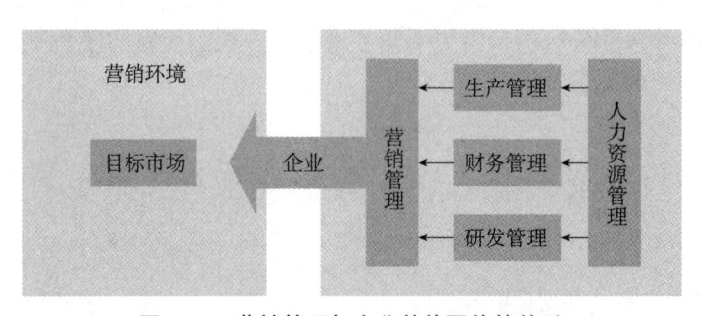

图2-2 营销管理与企业其他职能的关系

在内部各个职能协调一致、系统运行的基础上，营销职能选择企业服务的目标市场和定

## 第二章 认识与熟悉营销环境

位,对各个营销手段以及营销组合进行决策,开展营销活动,影响顾客欲望,实现预期营销目标(见图2-3)。

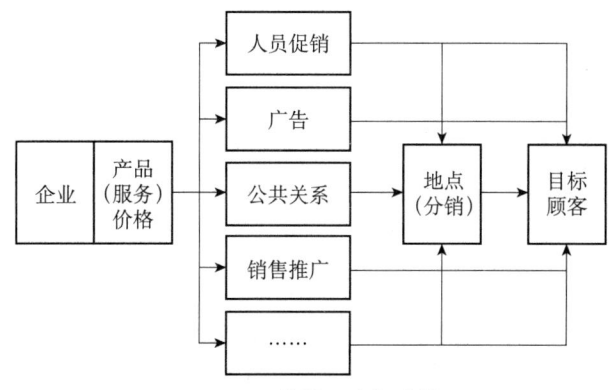

图2-3 营销组合与决策

### (二)微观营销环境

企业在运营中,同时会受到诸多外部因素的制约。这些因素可对营销成效产生直接影响的因素,包括参与到营销系统中的顾客、营销中介、供应商及竞争者、公众和社会舆论等。它们都是企业不可控制的因素,构成了这个企业的微观营销环境(micro-environment)。这个企业的决策和一切营销活动,都要致力于与之适应和协调(见图2-4)。

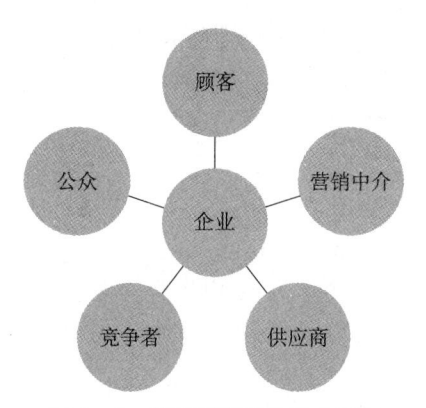

图2-4 微观环境及其影响因素

**1. 供应链伙伴**

企业实现营销目标,要和其上游下游的众多外部伙伴发生相应的业务联系,需要它们的配合和支持。例如,企业要以用户身份向上游供应商购买运营所需的相关资源;其上游供应商可能还要向各自上游的供应商采购,以保障它们运营所需的资源供应;企业研发、制造的产品和服务,需要借助于下游各种营销中介的帮助,以顺畅将价值交付给顾客。供应商和他们的供应商,企业以及各种功能的营销中介之间,聚焦于特定顾客,形成了一种环环相扣的链条关系,即"供应链(supply chain)"(见图2-5)。

## 国际服务外包营销：基于创造顾客满意的视角

```
······ → 供应商 → 企业 → 营销中介 → 消费需求
```

图 2-5　供应链伙伴关系

供应链是从消费的需求开始，经过产品设计、原材料和零部件采购供应，到成品制造、库存并通过经销商分发，最后到达用户的一系列环节，特指其间各项制造、贸易和物流活动所形成的网链式的结构。在企业营销系统和微观环境中，这种供应链伙伴关系也是最为核心和基础的部分。

作为 20 世纪 90 年代以来出现、强调的一种经营方式，良好的供应链管理可给企业及合作伙伴带来额外的价值，如快速反应、对顾客的积极回应、及时供货、零库存和按单定制等。相对于通过扩大规模、降低成本等来增加效益，供应链管理模式提供了一种新的思考方式和战略选择。

☞ **链接 2-1**

### 21 世纪的竞争，是供应链与供应链之间的竞争

21 世纪的竞争，不再是简单的企业之间的"单打独斗"，而是不同的供应链之间的竞争。供应链管理的关键，又在于如何选对合适的供应链。

一般把可满足基本消费、需求稳定和生命周期相对较长的产品，称为"普遍"产品；把创新程度高、利润率高，但市场规模难以预测且生命周期短的产品，称为"新意"产品。"普遍"产品要求"高效型"供应链。由于利润率低，任何降低成本和增加价值的举措只能从效率着手。供应链的成本主要体现在生产、运输、仓储等环节，这些环节效率提高就能减少成本，增加价值。如果利益分配得当，这对组成供应链的各个合作伙伴都是有利的。"新意"产品一旦产生竞争优势，短期内容易吸引大量模仿者、追随者，领先创新的企业要持续创新以保持优势，这就需要"灵敏型"的供应链。因为需求不明朗、产品生命周期短，一旦产品适应了市场就会有丰厚回报，而一旦错过就可能损失惨重。这种供应链的成本主要产生于供应链的运营与市场的不吻合，所以增加价值必须从快速适应市场变化中争取。否则供过于求，产品只能削价或根本卖不出去；供不应求时就会错过良机，还会使顾客不满。

显然，注重效率的供应链管理，重在改善供应链内部各个环节的运营，压低库存、及时交货等是关键，信息主要在供应链内流动；注重反应的供应链，重在其灵活性和对市场波动的及时反应，关键是能够对需求做出准确的判断，此时信息主要在供应链与市场之间流动。简单地说，"高效型"供应链注重降低成本、减少库存等方式以提高效益，核心是"省"，省得越多则创造的价值越大；"灵敏型"供应链不一定追求无条件的节省，而是强调在供应链的某些环节做好必要的储备，以应付突然出现的需求变化，甚至不惜代价缩短下单到交货的时间，哪怕由此导致费用上升。

## 第二章　认识与熟悉营销环境

知道经营的产品是什么性质，从而选择恰当的供应链介入其中，也是形成竞争优势的关键。特别需要注意的是：

（1）性质不同的产品，需要不同的供应链与之匹配。"普遍"产品选择"灵敏型"供应链，或"新意"产品采用"高效型"供应链，都会事倍功半。

（2）供应链管理需要注意产品性质的变化。倘若一种产品从"新意"过渡到了"普遍"性质，供应链就要及时从快速应变转化为提高效率类型。

**2. 竞争者**

企业在运行中不可避免地会遇到各种竞争关系和竞争者。竞争和竞争者的影响，也是营销决策必须考虑的重要因素。例如：

（1）产品销路的竞争——竞争者与企业相互对顾客的争夺；

（2）生产资源的竞争——竞争者与企业之间对供应商及相关资源的争夺；

（3）营销中介的竞争——竞争者与企业对于营销中介的争夺，希望从营销中介获取更好的、甚至独家的服务和帮助。

大多数企业都很关注第一种竞争与竞争者。尤其是买方市场大环境下，产品销路的竞争甚为激烈。也有越来越多的企业看到了第二种竞争的重要性，企业之间屡屡爆发的人才争夺战、原料争夺战等便是例证。第三种竞争关系和竞争者的威胁，已经开始引起企业重视。

**3. 公众和社会舆论**

公众是与特定企业相关，彼此联系、相互影响的个人、群体和社会组织的总称。他们是一个企业的利益相关者，由于相互存在直接或间接的利益关联，总是会对企业表现出或大或小的关注和兴趣。他们的态度以及形成的社会舆论，对企业实现营销目标有重大影响，是营销决策不可忽视的环境因素。

从完整的意义上说，企业内部的员工和股东以及外部的供应商、营销中介、顾客和竞争者等等，都属于其公众的范畴。不同的企业有不同的公众，相同之处是企业运行都会关系到他们的利益，他们的反应也会影响到企业目标的实现。因此必须了解公众的态度和想法，预测他们的动向，并积极有效地与之建立良好关系。

企业与其公众的关系如何，可从社会关系状态和社会舆论状态分析、认识。社会关系状态是企业与公众联系的程度和反应的趋向，例如，交往紧密还是疏远，相处融洽还是紧张，态度、行为是合作还是对抗，等等；社会舆论状态是由此形成的，社会和公众对企业的评价和反映的趋向，例如，热情还是冷淡，赞誉还是批评，支持还是"封杀"，等等。任何企业都不可能脱离特定的社会关系状态和社会舆论状态而存在。

构成社会舆论状态的"舆论"，是公众看法、意见等的公开表达。良好的评价带来良好的反应，形成良好的公众关系状态；不好的评价形成不好的反应，造成不好的公众关系状态。必须注意的是，在现代社会，一个企业与其公众的联系往往是大范围的、多方面的，也包括各种"超视距"、不见面的关联，其状态如何主要经由社会舆论表现出来。舆论好，意味着与公众关系状态好；舆论不好，则可能与公众之间关系状态也不好。舆论代表了大多数公众对企业的基本态度和看法，包含不同层面。例如，传统的人际舆论——"口口相传"、社会传言等形成的"口碑"或"口头舆论";大众舆论——经由大众传播媒介形成的公众舆论、热点舆论;互联网环境下的"网络舆论""网络舆情";局部舆论和全局性舆论,正面舆论和负面舆论等。

(三) 宏观营销环境

企业的营销活动及努力,不仅会受到供应链上的参与者和竞争者、公众及社会舆论的影响。在更大的范围内,企业以及上述因素还受到诸如政治法律、经济、社会文化和技术发展等环境因素的影响。这些同样不可控制的因素,形成了一个企业的宏观营销环境(macro environment)(见图2-6)。①

图2-6 宏观环境及其影响因素

宏观环境也称总体环境,由来自企业外部的比较强大的力量和趋势构成。它们环绕着一个企业及其供应链伙伴、竞争者和公众等,也影响着微观营销环境中各种因素的发展和变化。作为营销机会和环境威胁的主要来源之一,企业通过分析宏观环境及其因素,可以更好地认识环境及其影响,主动适应环境变化,实现自身营销目标。

## 二、营销环境的主要特性

营销环境是开展营销必然遇到的来自外部的各种作用力、影响力的总和。它们都是企业不可控制的因素,每种因素又各有自己的规律在不断地发展和变化。企业必须通过自己的可控制的因素,即各种营销手段的运用,主动、有效地与之匹配和适应。

营销环境作为多因素、多层次且不断变化的综合体,具有以下特性。

(一) 客观性

营销环境是企业开展营销活动的制约因素,所有的营销活动都必须依赖于这些因素才能

---

① 我们在这里将影响一个企业营销活动的宏观因素分为政治法律(politics)、经济(economy)、社会文化(society)和技术(technology)等四种环境。在营销学中还有一种分类方法,将宏观因素分为人口、经济、物质或自然、技术、文化与政治等六种环境因素。

## 第二章 认识与熟悉营销环境

正常进行。作为外在的、不以营销者的意志为转移的客观存在，营销环境对于企业开展营销的影响，具有强制性和不可控性。一个企业无法摆脱也难以控制其营销环境，特别是宏观环境。但是可以主动适应营销环境的变化和要求，制订和调整营销战略与方式。例如，营销者可以自主地使用相关的营销手段，但必须考虑、注意营销环境因素对其选择的影响，不能超越环境的约束和限制；营销者可以分析、认识营销环境提供的机会，但无法把握所有有利因素的变化，更无法有效控制竞争中对手的作为；由于营销者的决策与营销环境之间关系复杂多变，营销者也无法直接控制营销活动的最终结果。企业所需的各种营销资源，要在营销环境许可的前提下获得；生产、经营的各种产品和服务，必须为消费者或用户所认可与接纳。

### （二）差异性

在不同的国家或地区，宏观环境存在广泛的差异；不同企业的微观环境，也是千差万别。这种差异性的存在，使得企业需要为适应不同营销环境及其变化采取不同的、有针对性的营销战略。例如国内营销和国际营销，企业所处营销环境就很大不同。营销环境的差异性还表现在，同一环境因素的变化，对不同行业、不同企业也有不同的影响。例如互联网的普及、竞争环境的日益严峻，对不同行业甚至同一行业的不同企业，影响范围、程度并不完全一样。

### （三）多变性

营销环境还是一个动态变化的体系。首先，构成营销环境的因素也会受到众多因素影响，每一因素都随着社会经济的发展而变化。例如，我国改革开放四十多年，供求关系早已从卖方市场转变为买方市场，营销环境发生重大变化。其次，构成环境的因素也经常处于变化中。其中，既有环境因素主次地位的互换，也有可控程度甚至是否仍旧可控的变化，还有矛盾关系的协调。营销环境通过其内容的不断扩大以及自身各因素的变化，对企业的营销活动及其成效发生不同的具体影响。有的变化给企业提供了营销机会，也有的形成了环境威胁。虽然一个企业难以准确预见所有的未来，但应通过不断地追踪环境变化，及时调整营销战略和方式方法。

### （四）相关性

营销环境的各种因素之间也存在相互影响、相互制约关系，某一因素的变化也可能引起其他因素的变化，从而形成新的机会或威胁。例如，竞争者是重要的微观环境因素之一。宏观环境中政治法律因素或经济政策的变动可以影响一个行业的竞争者进入的门槛以及数量、规模，从而形成不同的竞争格局。又如，需求不仅受收入水平、消费偏好及社会文化等的影响，政治法律因素的变化往往也会产生决定性的影响。

## 第二节 宏观环境及其影响力

宏观环境对企业及其营销活动的影响，具体可从政治法律、经济、社会文化和技术等方

# 国际服务外包营销：基于创造顾客满意的视角

面分别认识。

## 一、政治法律环境

世界各国政治法律制度差别很大。要决定是否进入某国市场，企业必须了解这些因素的具体影响和制约。

### （一）政治法律环境分析的一般内容

一般营销决策所需考虑的政治法律环境影响主要包括以下三个方面。

（1）政局与政治形势。一个国家或地区政局是否稳定，不仅影响经济的发展，影响人们的收入和生活，还会直接影响消费心理和购买习惯等，导致需要和欲望的变化。政治形势则会对需求和消费趋势产生导向的作用。

（2）法令、法规、政策和政府行为。任何国家和地区都有一套调节社会公共秩序、规范成员行为的法律体系，并由各种法令、法规体现出来；政府部门还会以政策、条例和有关的规定作为补充，引导、干预和管理社会生活。其中，为了保护企业合法权益不受侵犯制定的约束企业行为的有关条文，为了保护公众免受不公平商业行为伤害制定的保护消费者权益的有关条文，以及保护整个社会利益的有关条文，都会对企业可以如何开展营销产生重大影响。

（3）有关社会团体、公众组织的态度及活动。它们以社会组织、协会、行会等形式出现，作为一种共同利益群体，往往对企业能否在东道国及社区顺利经营有着举足轻重的影响。例如，政府对消费者权益的重视以及消费者自我保护意识的觉醒，社会上就有了各种以维护消费者权益为宗旨的组织、团体。它们未必是官方的，也不一定能代表法律或政府，但它们可以影响消费趋势和需求选择，也可能影响到政府的态度和决策，从而对企业经营产生约束。

### （二）国际营销需要重点关注的几个因素

**1. 政治因素**

（1）政治稳定性。一个国家政治稳定，必然伴随持续稳定的经济政策，有利于企业的正常经营，也是增强投资者信心和信任的重要因素。相反，一个国家政局动荡，政府频繁更迭，人事屡屡变动，甚至经常发生政变、战争和动乱等，必然影响经济的发展，不仅会给从事国际营销的企业带来严重的不确定性，甚至可能蒙受重大经济损失。

（2）政治体制和行政体制。开展国际营销，必须考察所进入国家、地区的政治体制状况。政治体制的差异决定了国家政治主张和经济政策的差异，进而会影响、制约企业的国际营销活动，还必须了解所进入国家、地区的行政结构和效率，政府对经济的干预程度，政府对外商企业的态度等。例如，有些国家对国际贸易感兴趣，愿意提供鼓励经济往来的宽松环境；有些国家对外贸易处处谨慎，许多规定极为严格，没有任何伸缩性。其中原因很多，有的可能为了发展经济，利用外资；有的可能出于政治原因，保护本国产业、就业，或是意识

## 第二章 认识与熟悉营销环境

形态的差异。企业要对是否进入该国市场和在该国经营等问题,做出适当决策。

(3) 国际关系。在国际营销过程中,企业必然要与东道国及其他国家发生业务往来,会与所在国产生千丝万缕的联系。东道国与企业所在国之间、东道国与其他国家之间的国际关系状况会影响国际营销的开展。

**2. 法律因素**

现代企业在市场经济中的行为,主要通过法律进行规范和约束。企业开展国际营销,必须熟悉有关的法律条文,依法行事,以更好地保护自身的合法权益,避免不必要的法律纠纷。

(1) 国际公约,通常是两国或多国间缔结的关于确定、变更或终止它们的权利与义务的协议。一国只有依据法律程序参加并接受某一国际公约,该公约才对该国具有法律约束力。进行国际营销,企业必须遵循有关国际公约,才能在运营中获得相应的法律保护。

(2) 国际惯例,是在长期国际交往实践中形成的一些通用的习惯、做法和先例。它也会由某些国际组织归纳成文并加以解释,并获得许多国家的认可。国际惯例不是法律,但在国际商务活动中,各国法律都允许各方当事人选择所使用的惯例。一旦某项惯例在合同中被采用,便对各方当事人产生法律约束力。

(3) 涉外法规。东道国的涉外法规,是每个进入该国运营的企业必须遵守的。这些涉外法规主要有三个方面:一是基本法律,如外资法、商标法、专利法、反倾销法、环保法、反垄断法和保护消费者权益法等。虽然都是国内立法,但对进入该国的国际企业仍然具有直接的约束力。二是关税政策,包括进口税、出口税、进口附加税、差价税、优惠税等税种的设置以及关税的征收形式,如从量计税、从价计税和混合计税等。三是进口限制或非关税壁垒,如进口配额制、进口许可证制、进口押金制、进出口国家垄断以及各种苛刻的商品检验技术标准和环保标准等。各国之间这些法律法规不尽相同,有的甚至差别甚大。进行国际营销必须了解东道国法律法规的性质和具体内容,才能有效地进行决策。

☞ 链接 2-2

### "走出去"过程中面临的风险[①]

"一带一路"是"丝绸之路经济带"和"21世纪海上丝绸之路"的简称,在中国企业"走出去"时,面对可能的风险和争议,应当背靠强大国家,善用法律武器,充分防范风险和妥善解决争议。

海外投资在东道国的风险可大致分为两类:政治风险和非政治风险。非政治风险指不是源自东道国政治因素的、投资者(企业)大体可控的风险,又可分为商业风险和法律风险。

商业风险是与企业经营、管理、决策等有关的风险,如经营不善、商业决策失误、技

---

① 廖凡. 企业走向"一带一路"中的风险应对 [N]. 经济参考报, 2016-06-22.

## 国际服务外包营销：基于创造顾客满意的视角

研发失败、交易对手违约的风险等。与企业经营水平和管理能力等密切相关，属于商业运作的范畴。

常见的法律风险首先是准入风险，即海外投资因为不符合东道国相关法律要求，无法通过东道国相关审查机制，不能进入东道国市场。比较突出的，一是外商投资国家安全审查机制；二是外商投资反垄断审查机制。由于社会制度和意识形态等原因，东道国外商投资国家安全审查机制对中国企业审查得更频繁，影响也更大。2012年三一集团收购美国俄勒冈州风电场项目就被美国外国投资委员会以涉嫌威胁美国国家安全为由叫停。其次是合规风险，即企业进入东道国市场经营后，因违反东道国相关法律法规，特别是对于中国企业而言不甚熟悉的环境、劳工、人权等方面的法律法规，受到处罚或制裁的风险。

政治风险是因东道国国内政治、政策变化导致的风险。主要有：一是战争风险，即东道国发生战争、内乱及其他类似战争行为的风险；二是汇兑限制风险，即东道国实行外汇管制，禁止或限制投资者将投资所得转移出东道国的风险；三是征收风险，即东道国对投资者财产实行征收或国有化的风险；四是政府违约风险，即东道国不履行或拒绝承认与投资相关的特定担保、保证或特许协议的风险。

总体而言，尽管非政治风险多种多样，但相对而言还是企业可以不同程度地预测和控制的风险。政治风险属于企业难以预测、不可控制的风险，商业保险机构一般也不予承保政治风险。

对商业风险和法律风险，预先防范极为重要。决定开始投资或启动项目前，一定要对东道国相关法律制度和规则，细致深入进行尽职调查（due diligence），对可能的风险予以梳理、总结，并在合同文本设计中有所体现。一旦风险发生，如交易对手不履行合同或者不按约定履行合同，则要寻求适当的争议解决途径。如果不能通过协商解决争议，则可以诉诸东道国国内诉讼或仲裁。但由于投资者往往不熟悉东道国国内司法程序，或因为"外国人"身份而对其缺乏足够信任，因此更有可能的选择是进行国际商事仲裁，即双方共同同意将争议提交国际商事仲裁机构，依照其仲裁规则进行仲裁。

预先防范政治风险同样重要。决定开始投资或启动项目前，要对东道国国内政治经济状况作较全面和深入的了解，一般尽量回避政局动荡或者政府信用不佳的国家。可以考虑投保海外投资保险，即投资者母国为了鼓励和促进对外投资，专门针对海外投资中的政治风险，由专门的海外投资保险机构承保的风险。

一旦政治风险发生，协商解决争议或诉诸东道国国内诉讼或仲裁都较为困难，因为争议双方主体地位上存在显著的不对等，一方是私人投资者（企业），另一方则是主权国家。较为可行且在国际实践中日益普遍的做法，是通过投资者—国家争端解决机制（investor-state dispute settlement），将争议提交国际仲裁。我国于1993年加入《华盛顿公约》，并同意将与外国投资者之间的有关投资争议提交ICSID解决。企业应当充分利用投资者—国家争端解决机制应对政治风险，维护自身权益。

## 二、经济环境

国际营销活动还受到目标市场国家或地区经济发展的制约。一个国家、地区具体的经济

## 第二章 认识与熟悉营销环境

状况，会对目标市场及有关产品、服务的需求产生深刻的影响。

### （一）经济发展水平和形势

不同国家、地区的国民经济情况，按其发展水平大致可分原始农业型、原料输出型、工业发展中型和工业发达型等几类。它们各自出口的目的和货物、服务不尽相同，进口需求也不一样。所以，以什么样的商品、劳务进入哪个国家和地区，需要了解其国民经济的发展状况。例如，工业发达国家一般凭借技术经济优势，着重于开发高技术产品如精密机械、数控、导航设备、电脑等进入国际市场；发展中国家依据廉价劳动力优势，开发劳动密集型产品、服务进入国际市场。一般说来，高技术产品进入工业发达国家以及劳动密集型产品、服务进入工业发展中国家均须谨慎。

所有国家、地区的总体经济状态都是波动的。经济波动的传统模式，包括繁荣、衰退、萧条和复苏等阶段，即商业周期。不同国家和地区在同一时期可能处于商业周期的不同阶段。我国经济融入了世界经济环流，对许多全球性经济危机的影响和冲击，也不可能独善其身或全身而退。必须看到，国际或国内经济形势总是复杂多变的，机会与威胁并存。企业必须认真研究，正确认识和判断，制订相应的营销战略和计划。

### （二）经济特征

企业可从以下方面，进一步掌握目标市场国家、地区的经济特征：

（1）人口因素。一般来说，市场大小取决于人口多少。人口不是构成市场的唯一因素，却极为重要，因为总需求量与人口的数量成正比。分析人口因素，要针对性地考察诸如总人口、人口增长、区域分布、年龄和性别结构等指标。

（2）收入因素。这也是一个重要的经济概念。一个国家的收入，如 GDP，标志着国家的经济实力和水平；个人和家庭的收入，则构成消费和消费者市场的基础，并引申出相应的组织市场及其需求。其中，消费者收入的变化是影响消费的直接因素。社会消费的数量、质量、结构及消费方式变化，往往与消费者收入的变化有直接的关系。因此，国际服务外包企业也需要高度重视，如总收入和人均总收入、家庭收入、不可支配收入和可支配收入、不可任意支配收入和可任意支配收入、绝对收入和相对收入、实际收入和名义收入等，其变化和波动可能给组织市场带来的影响。

### （三）资源分布

资源分布的影响也不可忽视。资源分布不均，对消费结构和对外贸易的进出口结构等都有重要影响。营销者要善于利用当地资源优势开展经营，并占领对应的目标市场。

地球上的自然资源可分三大类。一类取之不尽、用之不竭，如空气、阳光和水资源等；另一类是有限但可以更新，如森林、粮食等；还有一类是既有限又不可再生的资源，如石油、煤及矿产等。第一类、第二类的自然资源，在世界各地也是分布不均，而且不同年份、季节的情况不同。目前就有许多国家和地区，面临缺水，森林、耕地减少等情况。第三类资源更是长期供不应求，面临短缺，成本极不稳定。这些因素的影响，迫使人们研发、利用新的资源，寻找替代品；建立新的生活方式，形成新的需求。

### （四）经济基础结构

一国的基础设施、机构，资源供应，交通运输和通信条件，商店、银行、金融机构、经销商组织与网点分布等，作为国民经济的基础，数量越多、业务量越大，效能效率越高，整个经济运行就越是顺利有效。它和国际营销活动有着密切关系。不了解一国的经济基础结构，就无法顺利开展国际营销。例如小型乘用车的营销，就不能只分析东道国的人口、收入等，还要看到其现有道路条件、交通状况和配套服务设施等是否有利于家庭汽车的消费。

### （五）汇率、通货膨胀与通货紧缩

汇率或者说货币兑换率，是一个国家的货币对另一个国家的货币的价格，由政府根据供求关系和当时的经济状况决定。一个国家货币对另一国家的货币比率定得很低，该国就必须为进口支付更多本国货币，对一些依赖进口原料和生产零件的国家会造成很大困难。反过来，如果货币升值，通常会给出口带来困难，因为这将使其商品、服务在进口国价格上升，从而直接影响在国际市场的竞争力。货币兑换率也是一种国际经济因素，企业必须掌握汇率波动的特点，全面衡量货币对出口产生的影响。

通货膨胀是指流通中货币量超过实际需要量，引起货币贬值、物价上涨等现象；或是流通中用于交换的货物（服务）随着时间变化，在转移过程中不断升值的过程。通货紧缩则是社会价格总水平，即商品和服务的价格水平持续下降，货币持续升值的过程。两者都是宏观经济不平衡和不协调。前者为"需求过大、供给不足"，物价上涨使价格信号失真，导致生产盲目发展，造成国民经济非正常运行，使产业结构和经济结构发生畸形化，引发国民经济比例失调。后者为"供给过剩、需求不足"，持续下去会导致消费者的消极消费，企业投资收益下降，社会经济可能陷入价格下降与经济衰退相互影响、恶性循环的局面。因此，通货膨胀与通货紧缩，既是经济政策制定者头痛的问题，也是与所有企业和个人息息相关的问题。

### （六）环境保护

人类工业化进程加速，一方面，创造了丰富的物质财富，满足了人们日益增长的消费需求；另一方面，伴随而来的是森林被大面积砍伐，有害的工业废气废液废渣大范围污染土地、河流、海洋和空气。目前出现的水土流失严重、土壤沙漠化加速、酸雨对城市的侵袭、食品中添加剂超量等问题，都直接或间接威胁着人类健康和社会发展。如何既发展经济又优化生态环境，两者相辅相成、同步发展，关系千秋万代。不少有识之士和国际组织一直在呼吁人类加强环境意识；许多国家和地区也在采取更积极的措施。有利于人类健康、有利于环境保护的"绿色产品"，引起社会广泛重视；不利于可持续发展的生产活动、经营方式，受到了越来越多的限制。

# 第二章 认识与熟悉营销环境

## 三、社会文化环境

### (一) 社会文化环境对营销活动的影响

社会文化主要是指一个国家、地区的种族特征、价值观念、生活方式、风俗习惯、宗教信仰、伦理道德、教育水平和语言文字等的总和。主体文化是占据支配地位的、凝聚整个国家和人民的经过千百年历史沉积形成的,包括价值观、人生观等;次级文化是在主体文化支配下形成的文化分支,包括种族、地域、宗教等。社会文化对营销系统中所有参与者的影响都是多层次、全方位和渗透性的,不仅影响一个企业的营销决策,而且影响消费心理、偏好和习惯等,这些影响多半通过间接的、潜移默化的方式进行。

(1) 文化中的核心观念,具有高度的持续性和稳定性。每个人都在其成长和生活的社会文化环境中,形成基本信仰、价值观和生活准则。遇到问题,也往往习惯于从自己文化的基本规范来源寻求答案。与一种社会文化的核心观念相违背的观念、事物,人们通常难以接受。因此,营销者的行为若与一种文化的核心观念相冲突,便很可能被人们视为异端邪说而加以排斥。

(2) 文化中的次要观念,会随着时间推移而发生变化。社会文化可以通过学习获得、通过学习传播,因而其中一些次要观念是可以改变的。例如人应该衣着遮体,这可能是一种核心观念,是子女从父母那里继承,又经由社会生活得到强化;但过去中国人穿过长袍马褂,现在同样接受了西装、牛仔裤等,这可能是一种次要观念的变化。营销西装、牛仔裤,无论怎样都要比号召放弃衣着容易许多。营销者有更多的机会和可能去改变社会文化中一些次要的观念。

(3) 社会文化是有差异的,每种文化都由亚文化组成。语言不同是明显的差异。此外,如美国社会强调个性与竞争,中国的规范是和谐与中庸。这在工作上,表现为态度不尽相同;在消费选择上,偏好不会一样。尤其要注意的,是不同亚文化中的传统和风俗习惯。这是人们根据自己的生活内容、生活方式和自然环境,在一定社会物质生产条件下,长期形成、世代相传的约束思想和行为的规范。它在饮食、服饰、居住、婚丧、信仰、节日、人际交往各个方面,都表现出独有的特征,并影响人的行为、需求和消费。

### (二) 国际营销需要重点关注的社会文化因素

世界各国社会文化的差异,决定了各国消费观念、购买方式和需求偏好等会有较大的不同。因此,在这个国家行之有效的营销方式,换到另一个国家未必可行,营销者需要仔细探究各国社会文化的影响。企业能以适应东道国社会文化的感性形式进入目标市场,往往可获得更好的营销成效。

从事国际营销的企业,尤其需要关注东道国社会文化中的以下因素。

(1) 教育水平。一个国家的教育水平与其经济发展水平密切相关。教育水平的高低,往往与消费结构、购买行为等联系在一起。不仅影响人们收入的高低,而且影响消费者对商品的鉴赏力,影响消费心理、购买的理性程度和消费结构,从而影响企业营销计划的制订与实施。例如，在教育水平低的国家、地区，复杂的和技术性强的产品，销路容易受阻，甚至文字广告难以成功，现场展示和电视媒体等更为有效。受教育程度高的消费者，一般从事较好的职业并有较高的购买力，对产品的质量、品牌等因素可能考虑更多。

（2）语言文字。这是人们交流和沟通的主要载体，深刻而精细地反映着某种社会文化的实质和差别。在国内营销中，语言障碍尚无太大问题；在国际营销中不熟悉东道国语言，或不能准确表达自己，就容易产生沟通障碍。不仅难以顺利开展业务、引导需求，还很容易产生误解。

（3）宗教信仰。一般来说，许多国家、地区都有自己的宗教信仰，影响较大的有伊斯兰教、佛教、基督教和天主教等。宗教信仰是一种重要的意识形态，各种宗教及其教派存在不同的教义、宗教节日和禁忌，对信徒的价值观和消费、需求等也形成巨大约束。在日常生活中，信徒要严格遵守教规，如对吃穿用和婚丧嫁娶以及宗教活动、宗教节日等，都有明确规定。这些宗教在不同国家或民族的生活中起着重要作用，几乎成了难以改变的生活习惯，从而也影响了人们认识事物的方式、价值观和行为准则等，进而影响购买行为和消费、需求。

（4）价值观。价值观是指人们对待世界和事物的一贯性态度、评估标准和看法，能明确或含蓄地影响个人、群体选择行为方法和行为目的的基本理念和取向。它阐明什么是正确的，什么是错误的，或说明一种总的偏爱。不同国家和种族，同一民族不同的文化教育等，都会影响价值观的形成和变化，并产生差异。价值观对人们消费习惯、审美标准等有很大影响，从而制约着企业的营销方式和决策。

（5）民风民俗。一个社会、一个民族的传统和风俗习惯，对消费偏好、购买方式等有着决定性的影响。在不同国家销售产品、设计品牌和进行广告、促销活动等，必须充分考虑到东道国一些特殊的民风民俗。

☞ 案例 2−1

## 文化的影响

无论哪个民族，都有必须了解的独特个性。比如，阿拉伯人对期限很反感，一旦受其约束便会产生一种因受人威胁而陷入困境的感觉。相反，大多数美国人常常规定期限，以掌握事情的节奏。所以在中东的修理店，数百台美国人的收音机躺在那里"久病不愈"的原委便一清二楚了。美国人犯了文化上的错误，他们曾要求店方在期限内完成修理任务。

美国人在其他文化圈的国家里，也因过分看重时间价值有过同样的遭遇。一家美国公司在希腊错失一笔很大的生意，原因在于他们欲将美国人的习惯强加于希腊的谈判者。在希腊人看来，这些美国人谈吐欠客气，措辞少含蓄，并且总想对会谈时间加以限制。他们认为限制时间既有失礼貌，又容易被人认为自己缺乏圆满处理事务的能力。美国人还希望希腊人在大原则确立之后，细节由下属解决。而希腊人认为，这是美国人玩弄的欺骗性手腕。希腊人喜欢将问题当场解决，哪怕花更多时间也在所不惜。

## 第二章 认识与熟悉营销环境

缺乏对文化差异的充分了解，有时会导致深重的灾难。一个赴南太平洋某岛国任职的美国经理，事先没有对当地传统的社会结构进行任何了解，就过多地雇用了某一阶层的当地人。这个愚蠢的行动，致使社会力量的均衡和传统观念出现了动摇的隐患。岛上居民为协调这种难以接受的状况，自发聚集一起共计替代方案，商量完毕已是凌晨3点。在他们的文化意识里，时间概念并不十分重要，因此认为没有理由等到天亮再向美国人提交自己的方案。于是，他们极自然地汇集到美国人的住宅前。美国人对这种不合时宜的造访深感恐惧，无论如何也想不到他们会在凌晨3点来谈公事。他确信岛上居民是为暴动或更糟糕的事情而来，最后竟然向美国海军求救。后来，公司为恢复"正常业务"颇费了些时间。

在国外环境中，必须时常了解当地文化。尤其是知道该干什么和知道不该干什么一样重要。比如在印度，人们把家里及社交场合谈论工作，看作是对热情待客这一神圣社会风尚的亵渎。同时，一个印度商人对你说"请随时光临"，那是出于真心。这句话在美国或许纯属礼貌用语，在印度却表示诚心相邀。印度人即便邀请对方，也会礼貌地给予客人决定会晤时间的权利。如果没有得到时间上的答复，会认为客人拒绝了邀请。

有时，事情会仅仅因为拒绝一杯咖啡而变得复杂。一家美国公司的经理商谈一笔大有赚头的生意时，毫无恶意地回绝了热情的沙特阿拉伯人一起喝一杯咖啡的邀请，从而生意告吹。虽然美国人只是急于签订合同，但这种草率行为却使人感到屈辱。在后来的谈判中，这位沙特人越发态度冷淡，使原本大有希望的洽谈陷入僵局。

赠送礼品也有可能因礼品不妥而把事情弄糟。虽然送礼在多数场合颇受欢迎，但以为事事都须送礼才不失礼节，有时反而会挫伤对方感情。比如在中东，如果客人将食物或饮料带到东道主家，意味着主人无力款待，这等于是侮辱东道主（酒类是伊斯兰教的禁物，当然更是危险的赠品）。在拉丁美洲的许多地方，送刀具之类甚至送手绢意味着断绝关系，或将有悲剧发生。向中国人送钟也是一种失策，因为中国话"送钟"与"送终"谐音。馈赠方式也很重要，在亚洲许多地方要避人耳目，以免对方难堪；在中东地区，为了不使当事人有行贿受贿的嫌疑，要当着别人面相赠。

资料来源：戴维·A. 利克斯. 商业大失败 [M]. 裴学钊，高晓钢，译. 成都：四川人民出版社，1989：6-8.

## 四、技术环境

技术是影响人类生活的一种极其重要的推动力量。科学发展和技术进步，创造了青霉素、心脏手术等许多奇迹，汽车、电脑、互联网等许多造福人类的新事物。技术一旦与经济、生产密切结合，势必直接或间接推动相关产业、行业的演变和交替。伴随而来的是新兴行业的出现，传统行业的改造以及落后行业的被淘汰；人们形成新的思维方式、生活方式，产生新的欲望和需求。

### （一）技术环境对营销活动的一般影响

技术环境主要决定企业可以如何利用劳动手段、设备条件和工艺方式，作用于物质资

## 国际服务外包营销：基于创造顾客满意的视角

源，进行生产、加工和经营。对营销的影响，突出表现在相互联系的两个方面。

（1）新技术的应用，可为消费创造更多的选择。消费者和用户拥有更多、更好的产品和服务满足欲望，推动需求的多样化、市场的分散化，也使得企业之间竞争更为激烈。

（2）新技术的应用，会冲击技术陈旧的老行业、打击老产品。例如，晶体管打击真空管；复印机的问世和普及冲击了复写纸行业，电视拉走了电影观众；互联网、新媒体又拉走了电视媒体的受众，等等。

### （二）国际营销需要重点关注的技术环境因素

开展国际营销除了对技术环境作一般性分析，还要重点关注以下内容。

（1）知识经济的影响。国际营销中技术环境的显著变化，是信息技术革命带来的全球范围内的知识经济。知识经济是直接依据知识和信息生产、分配、使用的经济。知识经济的重要影响，首先在于知识成为生产的支柱和主要产品，服务业将在国民经济占据主要地位。其次，高新技术产业飞速发展。由信息革命带来的技术革新和技术革命，将以更迅猛的速度发展，全球范围的技术竞争也更为剧烈。换言之，国际市场的竞争已不仅是产品、品牌的竞争，更是制订技术标准的竞争。最后，电子商务等网络营销技术的迅速发展和普及，消费者、用户可在互联网获得任何图片、资料，阅读产品说明书，按最适宜的价格、条件网上购买产品、服务。大多数公司也建立了专门数据库，以保存客户基本资料，据此向单一客户提供按要求定做的差异性产品。

（2）知识产权的保护。知识经济的发展，也使得复制或抄袭其他技术、产品变得易如反掌。与此相联系，国际营销中对知识产权的保护至关重要。一般而言，违背知识产权而生产、提供的产品和服务，在国际市场寸步难行，并将受到严厉的惩处。

☞ 链接 2-3

## 凯文·凯利预言"四大趋势"

《失控》一书的作者、美国《连线》（Wired）杂志创始人、21世纪最具影响力的预言家凯文·凯利（Kevin Kelly），曾在广州就"未来20年商业趋势与中国机遇"主题演讲，指出分享、互动、流动和认知将是未来商业发展的大趋势。

"未来经济是按需经济，不是所有经济。"凯文·凯利认为，你随时可以获得一个东西，比拥有一个东西更重要。"我拥有的还要储存它保管它，所以所有权不是优势了。和书一样，电子书随时可以看，这比买一本书更好。在数字世界里，可用性比所有权重要。"

凯文·凯利认为，"分享是什么？是去中心化，它已经发生并将是一个长期重要的趋势。"Uber是世界上最大的出租车公司，却没有一辆汽车；Facebook是全球最大的媒体公司，却不创造内容；阿里巴巴是世界上最大的零售商，也没有库存；Airbnb是最大的旅行房屋租赁社区，它们没有房产。

这意味着什么？那就是——所有权不再重要，使用权才最重要。"有车可以用要比拥有

# 第二章 认识与熟悉营销环境

一辆车更重要。现在拥有一种东西变成一件麻烦的事情了，对企业或对消费者都是这样。"

未来，共享经济还将成为中国长期、重要的新经济引擎之一。凯文·凯利认为，你分享的东西越多，你的产品和服务就更好。这是一种慷慨，打开门邀请别人参与，就能吸引到更多的用户。"我们才刚刚开始，能分享的东西太多了，按需经济会创造出各行各业的'Uber'，这就是接下来20年里会发生的事情。"

凯文·凯利表示，未来由技术驱动是不可避免的，"它们是流动得更多的数字、互动以及人工智能，这些都是未来的方向。"凯文·凯利提到，"互联网+"将对现在每个行业产生颠覆性的作用。

"我们还只是在新纪元的开始。接下来20～30年要发生的互联网化和'互联网+'的概念，绝对会颠覆、影响每一个行业。中国是互联网的未来，在中国发生的事情，恐怕要和硅谷等地方一样重要，甚至更重要。"

资料来源：佚名. 共享经济：凯文·凯利预言"四大趋势"［EB/OL］. 中国新闻网，2015-07-01. http://finance.chinanews.com/cj/2015/07-01/7377664.shtml.

## 第三节 微观环境与分析

微观环境对企业及其营销活动的影响，一般可从顾客、营销中介单位、供应商和竞争者、公众等方面开展进一步分析。

### 一、顾客

企业存在的目的和意义，在于满足顾客。创造满意的顾客，是建立和形成良好顾客关系的基础。企业与供应商、营销中介等保持密切联系与合作，就是为了更有效地向市场和顾客提供合适的产品与服务。

一般来说，一个企业的顾客可以是以下五种中的一种或几种。每位顾客或市场都有其自身特点，必须分析、理解他们的想法和要求。

（1）消费者，也叫最终消费者。其购买目的通常是满足个人或家庭生活的各种需要，他们构成了消费者市场。

（2）生产者用户，也叫中间消费者。购买是为了满足自身生产的相关需要，加工、制造其他产品、服务以供出售或租赁，创造收益和利润。具有强烈的盈利性要求。这一类组织或个人，构成了生产者市场。

（3）转卖者。购买目的是直接转手销售，并从中获取盈利。这些组织和个人，构成了中间商市场。

（4）非营利组织。它们通过购买和消费，发挥自身的社会功能和作用。例如政府机构、公立学校、医院、博物馆和图书馆，以及各种社会团体、公众组织等。这一类顾客构成了非营利组织市场，其运营不带有营利性目的。

## 国际服务外包营销：基于创造顾客满意的视角

（5）国际市场。来自国境之外的购买者，包括外国消费者、生产者用户、转卖者和非营利组织等各类顾客。

从事国际服务外包业务，企业直接面对的顾客主要来自国际市场，通常是一些生产者用户和非营利组织。作为组织顾客，它们共同的特点是组织购买、组织消费。因此，国际服务外包营销是一种组织间营销。

### 案例 2-2

#### "入乡随俗"，沃尔玛这样竞争市场

一位顾客正在深圳一家沃尔玛门店的一堆鱼中挑选。她仔细查看着鱼鳃，看看它们是不是鲜红和硬实；仔细查看鱼眼睛，看看是不是鼓出来了。她说："我来这里，就是来看看。如果好，就买。如果只是便宜，我不会买。"

在美国，顾客不会这么挑鱼。但正像这家全球最大零售商认识到的，美国不是中国。如果这家总部在阿肯色州的公司希望赢得外国客源，就必须放弃一些美国的方式，迎合变化迅速的不同的习惯与习俗。

顾客最终将几条鱼放入塑料袋中。这是沃尔玛力争构建国际帝国的努力赢得的一次小小的胜利。

赌注是高的。该公司指望不上在美国有很大增长，它在美国正面临来自亚马逊和"一元店"的激烈竞争。因此，这家零售商对海外业务的依赖性不断提升。

中国是终极大奖。全球消费品研究公司 IGD 说，年销售额 1.1 万亿美元的中国食品杂货市场已是世界最大市场，预计未来 4 年增加到 1.5 万亿美元。沃尔玛百货公司首席执行官董明伦说："中国依然是关乎我们未来的一个战略市场。"

准确了解食品业对沃尔玛至关重要。顾客购买食品杂货的频率，比其他任何东西都多。如果能让他们定期上门来买食品，他们或许就会更频繁地购买其他商品，如睡衣和咖啡壶，最终也会成为沃尔玛忠实的在线客户。

该公司食品零售方面冲出国门的努力，遭遇了一些挫折。上一年公司海外销售总额增幅下降 9.4%，主要是美元走强造成。虽然沃尔玛海外业务年初有强劲的开端，但它面临着长期挑战。沃尔玛 2006 年相继退出德国和韩国市场，还关闭巴西的门店。

在海外，沃尔玛缺乏规模，不能像在美国那样在价格上对当地供货商施压。它还面临机敏竞争者的挑战。它一直竭力复制其持续议价的基本战略。但这些年来，沃尔玛已从失误中汲取教训，认识到需要适应当地方式，而耐性会带来回报。

在墨西哥、加拿大和日本，随着时间推移，它赢得了客户。在智利，它发起了企业文化运动，与供货商密切合作，好言劝说它们按照自己的方式做生意。

资料来源：佚名. 美媒：沃尔玛"入乡随俗"竞争中国市场 以耐性换回报 [EB/OL]. 参考消息网，2016-06-07. http://www.cankaoxiaoxi.com/finance/20160607/1184378.shtml.

# 第二章　认识与熟悉营销环境

## 二、营销中介单位

营销中介单位通常位于一个企业的下游，居间在营销者与顾客当中。它们既向营销者也向它们的竞争者提供有关营销中介服务，帮助它们把产品和服务出售、运输、配送及推介到消费者和用户。在企业的营销系统中，营销中介力量主要承担顾客价值的交付功能，解决如何在"合适的地点""合适的时间"为目标市场提供合适的产品、服务与满足的问题。作为一种企业外部力量，营销中介单位在介入一个企业的营销过程以后，成了这个企业的分销渠道（或称营销渠道、销售渠道）。

### （一）营销中介单位的性质与分类

营销中介单位有的是组织，有的是个体。可以按它们的功能和作用大体分为三类。

（1）帮助销售产品，主要有各种各类的中间商。例如，并不取得商品所有权，只是媒介客户关系或与客户磋商合约，从中收取佣金的中间商，通常称为代理商、经纪人等；从企业购进产品、服务再予转卖的中间商，如批发商、零售商等。它们为企业提供产品、服务进入市场的"出海口"，解决"商流"即实现流通中商品所有权的转移问题。

（2）帮助储存、运送产品。这一类营销中介单位或从事商品储存、保管工作，或开展运输、装卸和配送业务等。常见的如铁路、航空和水运部门，以及仓储企业和快递公司等，主要提供支持和保障"商流"的各种"物流"服务。

（3）提供其他便利交换的辅助性服务。例如，企业为了顺利向顾客交付价值，需要媒体、广告公司等帮助传播信息，公共关系公司帮助沟通公众，银行等提供资金融通服务，保险公司提供保险，法律机构提供法律帮助等。它们为"商流""物流"的畅通，提供信息流、资金流及其他基础性服务。

### （二）营销中介单位对企业营销活动的影响

上述的营销中介工作，大多数企业交给合适的外部机构承担，也有越来越多的企业实行"服务外包"。有一些企业也自己承担其中部分工作，与外部机构相互衔接，如内部设立销售公司、仓储部门和运输车队等。但是，没有任何企业可以在其营销中，单独依靠自身力量，完全取代营销中介单位的存在。企业的销售部门可能需要与中间商接轨，以架设通往消费者或用户的渠道；需要外部仓储企业、运输公司等，完成货物从原产地到消费地的转移。即使不考虑战略选择等问题，大多数情况下，购买外部营销中介服务，也要比凡事自己去做可能更合算。

对营销中介力量的这种依赖，会从以下四个方面对企业的营销活动产生影响。

（1）合作的可行性，反映营销中介单位对合作的态度、诚意和可靠性。例如，当地中间商对外来品牌持有"敌意"，非本土公司就不太容易直接渗透当地市场；零售商对营销者缺乏热心或有歧视，就不会积极推介其产品；广告媒体在同样付费条件下优先刊播他人广告，企业的促销效果也可能打上折扣。

（2）数量的充足性。涉及目标市场所在的地理区域，有无足够的营销中介单位可以选择。商业网点的类型丰富、数量越多，仓储、运输条件越充分、越发达，企业的选择余地越大，可以不断取其优者合作。

（3）分布的适宜性。有足够的营销中介单位可以选择，若空间分布不合理，比如过于集中或分散，一般也不利于深度进占市场。随着互联网的普及和电子商务的兴起，有可能改变实体网点物理空间分布不合适的状态。

（4）手段的先进性。这是指营销中介单位所依靠的设备、技术及管理水平等。设备缺乏，技术落后，扮演了"猪一样的队友"，影响的不会只是营销中介单位的自身经营，营销者也一起受累。曾有一家企业，对其新口感饮料的市场销路不畅感到大惑不解。后来总算发现问题所在，仅仅因为经销商处缺少冷藏保鲜设备，其饮料在夏季高温中容易发酵膨胀，因而倒了消费者胃口。

## 三、供应商

在一个企业的营销系统里，供应商位于企业上游，向企业及其竞争者提供、出售它们运营所需的各种资源。一个企业要有预期的产出，要先有相应的资源投入。这些人、财、物和信息资源，企业有的实行自给自足，有的通过对外采购或外包。因此，寻找、选择合适的供应商，以确保外购资源的数量质量，也是一个企业能否顺利运营的基础条件。

通常可从以下三个方面分析上游供应商以及它们对企业营销活动的影响。

（1）供应商数量、规模或供应能力，以及供应质量。如果上游厂商不能保质保量提供原材料、零部件等，那么企业的生产和价值提供也难以保证质量或数量。一些企业进入国际市场之后，发现缺乏适用的人力资源，也使得它们开展营销活动困难重重。

（2）供应商与企业合作的态度、诚意和可靠性。若供应商不重信誉，或难以长期交往，企业所需资源的供应也就没有长期、稳定的保障。

（3）供应商地理距离的远近。企业采购一般不应舍近求远，除非附近没有合适的供应商。远途采购一般会增加采购成本，可能不利于竞争。

## 四、竞争者

竞争者与企业相互争夺同样的事物，所以通常认为竞争者来自同一个行业。但站在顾客的立场，遵循顾客购买决策的思路，可从更广泛的意义上发现和界定竞争者的范围。

（1）欲望的竞争者。它们提供不同的产品，满足的是相同的顾客的不同需要和欲望。例如，一家企业购买者既意识到需要效率更高的某种生产设备，又感觉到需要呼叫中心与顾客保持沟通，通常由于资金相对有限，只能优先考虑认为更重要的需求。这样，原本风马牛不相及的行业和企业，例如生产设备制造商和呼叫中心业务提供商之间，便产生了竞争关系。

（2）一般的竞争者。它反映的是满足同一欲望的不同产品之间的可替代性，也是顾客决定需求类型之后的次一级竞争关系，又称平行的竞争。假设这家企业认为呼叫中心更为需要，那么它还要考虑是内部组建呼叫中心部门还是外包呼叫中心业务，或其他选择。这样，

## 第二章 认识与熟悉营销环境

提供相关产品、服务的行业和企业之间,也因此形成了竞争关系。一般的竞争出现在满足相同需要、欲望的不同方式之间。

(3)产品形式的竞争者。假设上述企业购买者认为,呼叫中心业务外包更为适宜。接下来它就要考虑外包内容、方式和程度等,即购买的呼叫中心服务的具体"形式"。如同在一般的购买中,顾客需要选择具体产品的功能、规格和型号一样。于是,提供相同产品、服务但具体形式不同的企业之间,也形成了一种竞争关系。这种竞争以及竞争者来自同一行业。

(4)品牌的竞争者。这种竞争发生在不同品牌但提供同一形式同一产品、服务的厂商之间。例如,提供相同形式的呼叫中心服务的不同企业,它们相互争夺顾客的选择性需求。

因此,竞争者和竞争可能来自不同的行业,也可能来自不同的企业。在如此之多而又复杂的竞争关系中,一般来说,企业总是先考虑品牌竞争的威胁,然后依次考虑如何赢得产品形式的竞争、一般的竞争以及欲望的竞争。

在实践中,一个企业被潜在竞争者超越的可能性,往往大于现实中已有的竞争者。例如,对于胶片企业乃至整个行业,最大的竞争威胁是数码相机——它们不再需要胶卷。如今,数码相机又在承受来自具有摄影功能的智能手机的冲击。

☞ **链接 2-4**

### 自动化或将部分替代人员外包

在制造业,机器人取代自然人以降低成本似乎已成定势;在劳动密集型的服务业,情况会有不同吗?

根据 Computer World CIO DIVE 等互联网数据资讯网发布的观察分析,企业对于 IT 离岸外包兴趣的增长正在减弱,自动化正在部分取代人员服务外包的职能。

IT 服务企业的竞争优势不再单纯依靠低人力成本,"机器人过程自动化"(RPA)越来越多地得到重视和采用。如 IBM 正在把大部分精力转向认知引擎,微软将更多关注"智能个人助手"产品。Infosys、TATA 和 Wipro 等印度服务外包企业,也纷纷转向关注基于人工智能的自动化工具。Infosys 在最近的年报中称,由于潜在服务的自动化,其已经能够把 4 000 个全职员工从项目工作转移到其他任务中。

IDC 公司 5 月做的一项数据调查显示,IT 外包合同的平均规模正在缩小。前 100 大全球 IT 外包合同的规模,从 2005 年的 68 亿美元,下降至 2015 年的 39.2 亿美元。2015 年 10 月 ISG 做的一项调查发现,1/3 的企业计划,到 2020 年缩减 25% 的 IT 工人,其中后台 IT 工作的自动化将是主要的驱动力。离岸外包业务还在继续增长,但它将不再被作为企业的主要竞争优势。自动化、云、物联网等下一代服务的增长,将使传统服务外包逐渐退居次要地位。未来自动化能力,将比人力成本优势更为重要。

资料来源:佚名. 自动化或将部分替代人员外包[EB/OL]. 尚庆琛编译. 商务部网站——中国服务外包研究中心网, 2016 - 08 - 16. http://coi.mofcom.gov.cn/article/y/gjdt/201608/20160801380507.shtml.

## 五、公众

公众作为利益相关者,他们对一个企业的认识、看法和举动,以及形成、影响的社会舆论,往往对一个企业的运行甚至生存产生重要的、直接的影响。如果需要实施大营销战略进入国际市场,公众力量及其影响更是不可小觑。

(一)国际营销的重点公众

**1. 政府公众**

政府公众一般包括了行政、立法、司法以及代表国家管理的各级权力部门,即承担国家、公共事务的指导、管理、监督、协调、保卫和服务等职能的各级各类机构及其工作人员。任何企业、组织作为社会的一分子,都不可能超越或脱离政府管理,都会与政府部门、相关机构或其工作人员发生这样或那样的联系。保持与本国及东道国政府的良好关系与沟通,有助于企业获得良好的法律、政策和社会管理环境,争取有利的政策和相关支持,获得良好的社会舆论和媒体关注。

**2. 媒体公众**

传统上媒体公众包括了新闻界从业人员,如记者、编辑、节目主持人和专栏作家等,也包括各种新闻机构,如通讯社、电台、电视台、报社和杂志等。随着互联网普及和新媒体发展,一些企业开始将诸如自媒体名人"大号""网红"等,也纳入媒体关系的视野。

媒体公众是一个企业所有公众中最重要也最敏感的部分。一方面,媒体也是必须努力争取的重要公众;另一方面,又是企业与其他公众沟通的基本渠道。这种双重性决定了良好的媒体关系有助于企业建立良好的社会舆论,也有利于大范围、远距离地传播顾客价值。

**3. 社区公众**

社区公众与一个企业在地域上互邻。在利益上相关。社区关系优劣直接影响企业周边的现实的人文环境;社区关系好坏也是直接影响企业形象的根本。形成良好的社区关系,不但需要一个企业积极承担社会责任,做"好公民",还要努力造福社区,成为人们认可、喜爱的"好邻居"。

**4. 内部公众**

在任何企业,员工都是最基本的公众,也是内部沟通的重点对象。员工作为劳动者,以各种具体用工形式受聘(雇)于企业,直接通过脑力体力劳动为企业工作。员工关系好坏,直接关系到企业能否正常运行,也影响企业目标的实现。

员工关系是近年来广泛采用的概念,此前普遍流行劳资关系或产业关系的说法。广义的员工关系不仅包括企业与员工之间的内部关系,而且涵盖了企业与代表部分或全部员工的工会之间的关系,包含了雇佣关系中涉及的集体谈判及集体谈判制度。在国际营销的情境中,尤其是在跨文化的工作和管理环境中,尤其需要重视不同的政治法律环境和文化环境的差异。

## 第二章　认识与熟悉营销环境

**5. 一般公众**

一般公众不一定是潜在的顾客,甚至可能与企业运行也没有直接关联。但他们对企业的印象、看法和形成的舆论,同样会对顾客或其他直接的利益相关者产生一定的影响,如学校、医院和慈善团体等。许多企业都重视通过捐助和其他的公益活动,在一般公众中努力树立社会大家庭中好成员的形象。

### (二) 区分公众类型及其影响力

不同的公众与企业交往的具体状态也有不同。因此,企业应当对公众分类,分析不同类型的公众可能对营销活动的影响,考虑相应的互动与沟通方式,以争取良好的社会关系状态和友善的社会舆论状态。从事国际营销活动的企业,更加需要注意公共关系。

**1. 依据公众与相关问题的重要性进行分类**

依据距离远近、具体位置和作用大小等因素,公众可以区分为:

(1) 首要公众。他们对具体问题的解决或企业相关目标的实现具有决定性的影响和作用。在这种分类中,首要公众最为关键,必须始终关注。

(2) 次要公众。对问题解决、目标实现等有较大影响,但不起主导性作用。

(3) 边缘公众。他们与企业或相关问题有一定联系,对问题解决有一些"外围"的影响。

需要注意的是,在一定条件下三类公众是可以转化的。企业必须适时跟进,相应地调整不同阶段首要公众、次要公众和边缘公众的范围及构成。

**2. 依据公众与企业双方的需要进行分类**

依据公众与企业之间相互需要的性质,可以分为:

(1) 受欢迎的公众。这是指营销者、企业以及公众双方都愿意交往、合作的公众。他们主动对组织表示兴趣,组织也非常乐意与他们交往。

(2) 被追求的公众。企业对他们有好感,他们不一定知晓,或缺乏交往的意愿。例如一个企业与媒体、名人之间、一个营销者与其潜在顾客之间,相互关系最初往往就是这种状态。要与之建立、发展联系,需要一个企业主动作为。

(3) 不受欢迎的公众。这是指对企业有兴趣,而企业却极力回避的那些公众。例如某些索取赞助的团体、纠缠不休的投诉者。他们"一厢情愿"地对企业发起互动,而企业却不愿意与其交集,唯恐避之不及。

**3. 依据公众对特定问题的态度进行分类**

依据公众对具体问题的不同态度考察,可以区分为:

(1) 顺意公众。他们赞同、认可特定的企业,理解和支持企业的政策、行为,与企业站在一起。例如高忠诚度客户、友好往来的合作伙伴等。顺意公众是一个企业需要努力发现、培养和聚集起来的主要的依靠对象。

(2) 逆意公众。他们往往站在特定企业、特定问题的对面,反对企业的相关行为、政策和做法。这是一种"敌意",一种坚定的负面态度。通常,逆意公众与特定企业之间存在根本的利益矛盾和冲突。这些矛盾或大或小，或直接或间接，已发生、正在发生或将要发生。应对之策是通过分析逆意公众的敌意程度，找到根本原因，争取"化敌为友"、达成谅解，将他们转化为独立公众。

（3）独立公众。这些公众持中间立场，或态度不明朗。往往数量众多，尤其是既可能转化为顺意公众又可能发展为逆意公众，是必须努力沟通和争取的重点对象。

☞ 链接2-5

### 公众态度的"中间"状态与成因

公众的"中间"态度一般可细分为三种情况和程度。

（1）"偏见"。这些公众看似反对某事某物，其实源于偏见误导，对反对的事物缺乏全面、客观的认识，本质上还是一种中间态度。一般来说，偏见可能来自家庭、教育、环境和个人经历，也可能是受到传统习惯等文化差异的影响，还可能就是因为误解。例如，大多数人对于新事物通常总是趋于保守、观望，本能地抗拒变革；一旦接受又容易变得异常热心，甚至有些盲目。化解偏见，需要一个企业不断地、多方位地进行沟通，在信息交换和事实本身的双重作用下，增进他们对有关事物的了解，逐渐认可与接受直至放弃偏见。

（2）"冷漠"。这是中间态度的主要部分，表现为对具体事物漠不关心、麻木不仁和"无所谓"。产生冷漠，原因不是缺乏了解，而是没有了解的兴趣，甚至对了解本身也抱有抵触情绪。企业需要冲破冷漠的阻隔，使他们变得有兴趣、想关心，愿意了解、感受事物的具体意义和价值。

（3）"不知"。这也是一种中间态度。当今社会"知识爆炸"和"信息泛滥"，人们不可能知道所有，也不可能对一切了如指掌。转变"不知"，就是努力使他们有所了解，具体事物能在他们心目中占一席之地，最终成为顺意公众。

## 本章小结

企业开展营销活动，不仅要熟知自身条件以及优势、劣势，还要分析所处的营销环境，预测变化和趋势，以及产生的机会和威胁。开展国际服务外包业务，还要考虑到国际环境更为复杂、更具风险和竞争更加激烈的性质。

"系统"泛指相互联系、相互作用的多种元素构成的综合体系。企业发起和实现市场交换的努力，会受到来自内部外部诸多因素的制约和影响。一个企业与相关因素之间相互交织、相互作用的关系，构成了其营销系统。在营销系统中那些影响、制约企业行为的最普遍的外部因素，即营销环境。它们具有客观性、差异性、多变性和相关性等特性。

宏观环境也称总体环境，由来自企业外部的比较强大的力量和趋势构成。诸如政治法律、经济、社会文化和技术发展等因素，它们环绕着企业并影响其微观环境的发展和变化。分析宏观环境可以更好地认识环境构成及其影响，争取主动适应宏观环境变化。

## 第二章 认识与熟悉营销环境

微观环境也是来自企业外部的不可控因素，诸如企业营销系统中的顾客、营销中介、供应商及竞争者、公众和社会舆论等因素。它们对一个企业以及营销活动产生比较直接的影响。营销决策必须考虑如何与之保持匹配和协调。

## 思考题

1. 怎样分析和认识一个企业的营销系统？试举例说明。
2. 营销环境有哪些重要特性？如何影响、制约企业营销活动？
3. 可从哪些方面分析国际营销的政治法律环境？
4. 怎样分析国际营销的经济环境及其影响？
5. 怎样分析国际营销的社会文化环境及其影响？
6. 怎样分析国际营销的技术环境及其影响？
7. 怎样认识顾客在营销系统中的意义和重要性？
8. 怎样认识营销中介单位的作用，分析它们对营销活动的影响？
9. 怎样分析供应商在营销系统中的作用？
10. 怎样进行竞争者的识别和分析？
11. 怎样分析国际营销中的公众环境及其影响？

☞ 案例练习

### 服务外包的下一个风口

2016年，整整十年的发展。中国服务外包产业从很小的规模，成为全球产业规模第二的主导产业。

**三变：市场变了，环境变了，外包变了**

首先，服务外包市场萎缩，尤其是离岸外包市场的欧美市场。欧美外包产业采购总体减少，每年以2%~4%的数量下降。2016年欧美市场外包产业规模增长只有0.6%，预计未来几年总体增长量约（-4%）-1%，离岸外包市场发展趋势严峻。国内市场2012年GDP增长率12%，党的十八大之后我国GDP增长率维持7%左右，处于经济发展"新常态"。总体来说，服务外包整体市场量呈现减少状态。

其次，人力成本和技术手段等产业环境变化。市场下滑，随之带来劳动力成本增长，数据统计IT行业人力成本约是2006年的5倍，大大挤压了服务外包企业利润。技术手段的单一化发展到利用云计算、大数据等开放化，促使了产业环境的变化。

最后，市场和环境的改变，让我们重新认识服务外包产业和客户。在跨界融合趋势下，一体化趋势将更加明显。诸如HP并购EDS，戴尔并购毕博和佩罗，施乐并购ACS等案例，进一步证明在终端客户需求变迁下，服务的一站式和综合性发展。随着"大物移云"等新

## 国际服务外包营销:基于创造顾客满意的视角

兴技术普及、应用和变革,服务外包交易模式、交付模式、服务模式和定价模式都发生了重要改变。

### "三变"引起传统外包服务模式的终结,需重新理解服务外包的本质

市场、环境、外包的变化,使得传统外包服务模式的成长机会没有了。人力资源价格刚性上涨,中国承接服务外包转移方面的成本优势减弱,离岸市场发展增速下滑。新技术的广泛使用改变了外包服务模式,服务外包业务收入和人员规模成正比的"卖人头"形式已经不适合,逐渐被云外包服务模式取代,企业将越来越多地利用网络或者生态系统创造竞争优势以获得价值。越来越多的跨界竞争者在侵蚀传统市场,越来越多的新企业开始进入服务外包领域;更多的传统意义上的其他行业的企业,跨界进入外包服务领域;也有很多行业传统意义上我们认为的服务外包企业,领域在不断拓宽。例如阿里云、google、亚马逊等,正由过去的互联网企业向新兴云服务拓展;IBM 在新加坡、美国、中国等国家和地区,建立一批云计算实验室和云计算中心,加大服务部门销售云计算方案和服务。

利用新技术手段帮助客户解决问题,是我们重新理解的服务外包本质。软件或服务之所以能被用户购买,是因为用户购买软件或服务的投资回报率(ROI)大于1。计算这个投资回报率的时候,分子是软件或服务的价格,分母往往是同样劳动需要耗费的人力成本。从产品和服务的角度看,提供客户产品必须能够帮助客户提高工作效率,降低客户成本,满足客户个性化和定制化等一切要求。未来企业将在同样的技术和平台基础上,为广大企业提供标准化服务,或为单一企业提供个性化服务。

### 服务外包的本质要求提供移动化、云端化与数据资产化的服务

抓住移动、云、大数据这三个新的基础概念和新的技术手段,实现传统企业 IT 服务的升级,必将迎来产业又一次跨越。将企业服务实现移动化、云端化与数据资产化,形成新的商业模式和服务模式,将是服务外包企业未来十年的产业发展路径,也是企业发展的下一个"风口"。

从整个互联网产业的核心趋势来看,当前正是从 C 端到 B 端转向的节点。过去二十年,互联网企业面向的都是 C 端,淘宝、google 和亚马逊等都是面向 C 端。现在产业发展的大趋势是面向 B 端的企业级服务,利用互联网改造 B 端为企业做服务,是未来十年最大的"风口"。因此,企业级服务是服务外包产业发展的最大机遇。

从国内外数据看,中国企业级服务市场的渗透率还非常低,即便细微的改变也能撬动巨大的市场。在目前的中国市场,面向 C 端的消费级互联网和面向 B 端企业级服务投入比在 20∶1,这与美国消费级互联网和企业级服务的 6∶4 形成天壤之别。欧美企业级市场三家市值约 3 000 亿美元,中国目前没有超过市值 10 亿美元的 B 端企业。预计 2030 年,产业互联网在全球将形成 15 万亿美元,在中国形成 3 万亿美元的市场规模。即 2030 年产业互联网在中国的规模,将是 2014 年中国网络经济总规模的 20 倍。

### 从数据来看,未来中国企业端发展空间巨大

产业环境的变化倒逼服务外包企业转型升级。2016 年企业级服务元年,大批资本正在寻找创新型项目投资。如果能够把握当前产业发展大环境,抓住机遇重新理解服务外包的本

## 第二章 认识与熟悉营销环境

质,势必迎来产业发展的黄金时代。

资料来源:鼎韬咨询. 服务外包的下一个风口:企业级服务 [EB/OL]. 中国外包网,2016-02-22. http://www.chnsourcing.com.cn/outsourcing-news/article/102598.html.

## 讨 论

1. 运用宏观环境、微观环境的分析框架和理论,完整、系统地列出中国服务外包产业面临的变化和趋势。

2. 分析在营销环境的变化中中国服务外包企业有可能面临的机会和威胁。

# 第三章　洞察组织市场及其购买行为

☞ **本章学习目标**

- 组织市场及其特点
- 组织顾客的性质与分类
- 组织购买者行为模式
- 国际服务外包业务分类
- 投产型产品、基础型产品和辅助型产品
- 直接重购、调整性重购和新购决策
- 企业用户购买过程的参与者
- 影响企业用户购买决策的主要因素
- 企业用户购买过程与决策
- 非营利组织市场的顾客及其分类
- 政府市场与购买行为
- 非营利组织的采购方式

☞ **开篇案例**

肯德基的供应链管理

对大型餐饮连锁企业，强大的供应链管理体系是其健康和持续发展的必练内功。百胜餐饮集团中国事业部主席兼首席执行官苏敬轼说："百胜在中国取得好成绩的重要原因之一，就是我们在供应链管理上下功夫。即便'自讨苦吃'也要管好供应商。"

**供应链管理不等于采购**

百胜餐饮集团中国事业部首席供应链官陈玟瑞指出：供应链管理并非简单的采购。大型餐饮企业每天面临数量众多且种类繁杂的采购需求，只有科学系统的管理才能满足并保证几千家餐厅供应的高效、稳定与安全。

从田间到餐桌是一条很长的链。随着食品工业的发展，链条越来越复杂。复杂就意味着容易出问题。对企业来说，规模越大，供应链管理任务越艰巨。

中国百胜有包括采购、品质管理、食品安全办公室在内的439位经理人组成的专业团队，管理400多家食品及相关供应商。"立基全球、扎根中国；积极管理、食品安全；质量

# 第三章　洞察组织市场及其购买行为

为先、多元策略、有序竞争；上游延伸、新品研发。"陈玟瑞说，"这36个字概括了中国百胜的供应链特点。"

**供应商全部由自己管理**

大型连锁餐饮企业供应链管理主要有两种模式：一种是由终端企业直接管理供应商；另一种是终端企业只对应一级供应商，一级供应商再对应上游诸多供应商。百胜的选择是第一种，"如果你的供应商就是一家，这个利益共生关系太大了，太大了就会变成互相没有选择。很多问题就可能会被压着捂着，不能很好地解决。"也正是这种被苏敬轼比喻成"自讨苦吃"的供应链管理模式，在企业出现危机时体现了其价值所在。

2014年8月的"福喜事件"，一度令肯德基、麦当劳、汉堡王等快餐连锁企业受到牵连，然而肯德基受到的影响较小。即使第一时间全面停用上海福喜的原料，也没有发生断货情况，这背后体现的正是其供应链管理体系的优越性。

**分散风险，供应商多元化**

在百胜看来，使用单一供应商的管理相对简单，但风险高度集中。一旦这个供应商出了问题，后患和危害难以估量。多元供应商的好处是避免双方利益捆绑太大，可以有效监督和牵制，但管理难度也由此产生。

如何管理好这400多家供应商？陈玟瑞介绍，"我们大多是不通知的'飞行检查'，今年还建立'吹哨人'制度，鼓励企业内部人士举报危害百胜食品安全的任何违法违规行为。这只是我们供应链管理中防范风险机制的一部分。""吹哨人"制度被视为第一时间发现公司不法行为最有效的途径。

**创造"软性比价"，引入良性竞争**

通常，大型连锁餐饮机构会用竞标方式选取供应商。竞争带来品质保证，市场决定优胜劣汰。这样也可对采购人员形成约束，不易出现腐败现象。

如何选出这400家供应商？百胜摸索出"软性比价"，即在质量为先的前提下，根据食品安全、质量和商务审核的总体绩效，供应商先获得资格，然后以起始份额进行竞标。百胜对竞价最低的供应商提供奖励份额；其他供应商有机会跟标，但拿到较少份额。一次竞标失利的供应商，有机会下次赢回份额。百胜鼓励供应商在产品质量和服务上竞争。通常一年两次，半年竞争一次，每次输赢不大。这种设计避免了过大的激励造成供应商恶性竞标。

苏敬轼表示："我们是做一辈子的事业，不但着眼现在还着眼未来。你必须依赖上游，把它统统都要做好了，我们餐饮才能拿到好原料、可靠的原料。我们还要不断发展，要发展新产品，发展新的来源，还要把成本下降。这些都需要很积极地去做管理。"

资料来源：李丹. 肯德基"自讨苦吃"供应链管理再升级：从飞行检查到"吹哨人"制度建立 [N]. 中国经营报，2014-12-20.

**思考与分析**

1. 从供应商的角度，如何理解"百胜在中国取得好成绩的重要原因之一，就是我们在供应链管理上下功夫"，"供应链管理并非简单的采购"？

2. 百胜的供应链管理和采购经验，对我们认识、分析国际服务外包市场的顾客行为有什么启示？

## 国际服务外包营销：基于创造顾客满意的视角

国际服务外包营销面对的是组织市场和组织顾客。它们由企业、非营利组织和政府部门等组成，为合成产品（合成产品的零部件和原材料）、集团消费（办公、咨询、作业使用的必需品）或生产过程使用（装置和设备）而购买相关产品和服务。在这个市场中的购买活动也称为"采购"。

# 第一节 组织市场及其购买模式

## 一、组织市场的特点

组织市场的最大特点是组织购买、团体消费。因此，就和以个人、家庭等购买为主的消费者市场有极大的区别。

### （一）顾客数量少，购买规模大

组织市场的顾客是组织，如企业、非营利组织和政府机构等；不像消费者市场，顾客主要是家庭、个人。因此，组织市场顾客数量要少很多，但是单次购买规模、金额却大得多，有的行业往往几家买主就"消化"了大部分的购买。组织市场上还有许多产业顾客，它们地域分布相对集中。以至于来自某些区域的采购，在整个市场占了相当比重。

由于顾客数量少和购买规模大，因此大客户对供应商尤为重要。买卖双方密切彼此的关系，有利于降低生产、经营成本，管理上也方便。一般来说，顾客总是希望供应商能按自己的要求，"个性化"地提供产品和服务，也更愿意和那些在技术、规格和交货方面好沟通的供应商成交。

### （二）需求具有衍生性特点

消费者市场的需求具有初始性质；相对而言，组织市场的需求更多属于派生的性质。例如消费者市场对食物的需求，一般产生于人们生理、心理的需要，受到食物价格、替代品供应和价格水平以及文化环境、传统习惯等影响，是一种直接的反应。但是食品加工商对大米、面粉和食品加工设备等需求，则发端于消费者对有关食物的需求。消费者对食物的需求，会影响食品加工商扩大生产、增加购买的积极性；食品加工商的需求，同样会刺激其上游厂商有关生产的积极性和购买行为等，反之亦然。组织市场顾客自身的需求，总是随其下游需求的变化而变化。这种需求的派生性往往是多层次的，又是一环扣一环的。所以，即使一个企业只是面对组织顾客，专门从事组织间营销，也同样需要关注相关的消费者市场，预测其动向可能会给组织市场带来的变化。

### （三）需求缺乏弹性

由于需求的派生性，组织市场的总需求受价格变动的影响一般不大，价格弹性相对较小。例如，大米、面粉等价格的大幅度下降，食品加工商不一定就会增加购买数量，除非它

## 第三章 洞察组织市场及其购买行为

们预见到消费者市场有关食物的需求会大幅度增加，即人们会更多购买食物；反之，大米、面粉等价格上涨，食品加工商也未必大大减少采购，除非它们找到了节省原料消耗的更好办法，或者预见到消费者会大大减少相关食物的购买。在短期内，组织市场的需求刚性更为明显。

### （四）技术要求较高，购买程序复杂

组织顾客与一般消费者不同。一般消费者对所购产品不一定具有专业知识，组织购买则通常是由"懂行"、掌握较多商品知识、价格和市场信息的专业人员负责。他们不仅了解所购产品的性能、质量和规格等技术细节，而且采购方法、谈判技巧也更加娴熟。所以，供应商必须提供相关技术资料和一些特殊服务，比如某些机械设备在成交之前，要向客户提供试用或演示。

受到购买目制约，组织顾客会更多地考虑成本、利润等因素，购买行为显得理性。所购物品或服务的时效性强、专用性强，可替代性差。不仅需要按时按质按量地保证供应，设计、性能和售后服务等也有严格要求。因此，买方参与决策的人员较多，其背景不仅有专职采购人员、具体使用者，还有技术专家、高层管理者和其他相关人员。购买决策的程序也更复杂，通常是集体讨论、共同商定。

### （五）流行直接采购、互惠购买和租赁等做法

组织市场的顾客购买，经常是直接从供应商进货，不经过中间环节，尤其是那些价格昂贵和技术复杂、对其生产经营意义重大的采购项目。它们可能拥有强势的讨价还价能力，经常逼迫卖方在价格等方面让步，有时甚至要求供应商也购买自己的产品、服务。这种"我买你的，你也得买我的"，还可能发展为三边或多边贸易关系。例如，甲是乙的潜在顾客，乙是丙的潜在顾客，丙是甲的现有客户。甲可能提出，只有乙也向丙采购那些产品，它才向乙购买这些产品。

近年来，厂房、写字楼、机器设备和车辆等一些高价值项目，也有许多组织顾客转向租赁方式，以取代自行购置。这样，承租方可获得更多的可用资本，获得出租方最新的产品、上乘的服务以及一些税收上的利益。出租方最终也可得到较多的净收益，并有机会将产品出售给那些无力支付全部货款的顾客。

**案例 3-1**

#### 服务外包的"杭州模式"

"服务外包"作为一个经济术语，词条是这样被定义的：企业将价值链中原本由自身提供的具有基础性的、共性的、非核心的IT业务和基于IT的业务流程剥离出来后，外包给企业外部专业服务提供商来完成的经济活动。但熟悉杭州服务外包企业发展现状的人，一定对此定义有所异议。

**国际服务外包营销：基于创造顾客满意的视角**

"与发包方的关系正在由被动等待变为主动引导，接包方过去是你让我做什么，我就做什么；现在则是接包方引导发包方，做这些系统，对你的业务发展有益。"杭州服务外包协会会长钟明博在接受采访表示，由于外包企业逐渐深入行业，拥有了咨询能力，接包方与发包方之间的关系已由简单的甲乙方转变为合作伙伴，这对于杭州的服务外包企业的转型之路来说已然是质的飞跃。

资料来源：吴锡根，李燕妮. 探寻服务外包"杭州模式"[J]. 服务外包，2016（6）．

## 二、组织顾客的性质和类型

组织市场的顾客是"组织"，即通常说的社会组织。① 它们可从不同的角度分类。依据组织存在的营利性和非营利性、竞争性和独占性等，可将组织类型交叉分为以下四种（见图 3-1）。

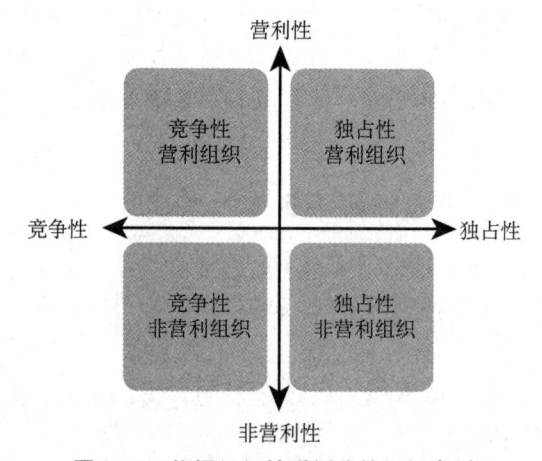

**图 3-1 依据组织性质划分的组织类型**

（1）竞争性的营利组织。它们是营利性的组织，但又面对众多同行和竞争者。如生产制造业、商业流通业和服务业中的大多数企业。

（2）竞争性的非营利组织。它们属于非营利组织，又有较多的同行和竞争者。包括各类公办学校、公立医院、行业协会和专业学会，以及各种社会团体、宗教团体等。

（3）独占性的营利组织。它们属于营利性的组织，但居于垄断地位，几乎没有来自行业内部的竞争威胁。如电力供应、铁路交通和一些大企业，其产品或服务具有垄断性，独占市场，没有其他的企业可与之直接竞争。

（4）独占性的非营利组织。它们是非营利组织，却又"仅此一家""独一无二"。典型的如政府机构、军队和警察等。

---

① 完整意义上的"组织"或通常说的社会组织，其概念有广义和狭义之分。广义的泛指人类从事共同活动的所有群体形式，如氏族、家庭、政府、军队和学校等；狭义的专指人们为了实现特定目标，有意识地组合起来的社会群体，如企业、政府机关、学校、医院、社会团体等。它们都是人类组织形式的一部分，是人们为了特定的目标组建的稳定的合作形式。

## 第三章 洞察组织市场及其购买行为

对营利性组织来说,谋求利润是其生存、发展的基础。非营利组织泛指不从事营利性活动的机构、团体,其存在的意义通常不是创造利润。一般来说,竞争性营利组织的运行要求通过市场竞争以赢得顾客;竞争性非营利组织没有营利性动机,但也要在竞争中争取自身目标的实现;独占性非营利组织和独占性营利组织居于行业垄断、市场独占地位,缺少直接竞争的压力等,这些不同的性质,也会影响到它们作为顾客购买的特点。

☞ 链接 3-1

### 我国产业用户的一般分类

按照我国的一般习惯和分类,营利性组织或企业顾客由以下产业构成:

(1) 工业——从事工业性产品(服务)生产经营的产业,包括采掘工业和加工工业。工业性产品的生产和服务活动,是运用物理、化学、生物等技术,对自然资源、农产品和它们的中间产品加工,使其转化为工业用品和生活消费品或维持其功能的过程。工业企业的种类较多,也是产业市场的主要顾客。

(2) 农业——通过人的劳动强化、控制或利用动植物(包括微生物)的生理机能和外界自然力,从而取得产品的产业。从事农林牧渔采集等生产经营的农业企业,也是产业市场的重要顾客。

(3) 交通运输业——利用运输工具,专门从事运输生产或直接为运输生产服务的产业。包括铁路运输、公路运输、水上运输和航空运输等行业。

(4) 邮电通信业——通过邮政、电信传递信息,办理通讯业务的企业。

(5) 建筑安装业——主要从事土木工程和设备安装工程施工的企业。通常包括建筑公司、工程公司等。

(6) 金融业——专门经营货币和信用业务的企业。它们吸收存款、发放贷款和发行有价证券,从事保险、投资、信托等业务,发行信用流通工具,提供货币支付、转账结算、国内外汇兑等服务,并经营黄金、白银和进行外汇交易,同时还会提供咨询服务或其他金融服务。金融企业类型很多,主要有银行、保险、证券公司等。

(7) 旅游观光业——以旅游资源为根本、服务设施为条件,通过组织旅行、游览活动向游客出售服务的服务性产业,素有"无烟工业"之称。如旅行社、宾馆酒店、观光景点和娱乐场所等。

### 三、组织购买者的行为模式

组织购买者以及消费者购买行为模式,都可视为一个投入产出过程,差异在于两者的具体内容与构成。它们都是一方面受到外部环境各种刺激,另一方面形成相应的购买反应。环境刺激和购买反应往往看得见,摸得着;如何"消化"环境刺激,进而产出某种特定反应,则常常难以揣摩,似乎是"黑箱作业"的结果。其实,其中也是有其规律可

## 国际服务外包营销：基于创造顾客满意的视角

循的（见图3-2）。

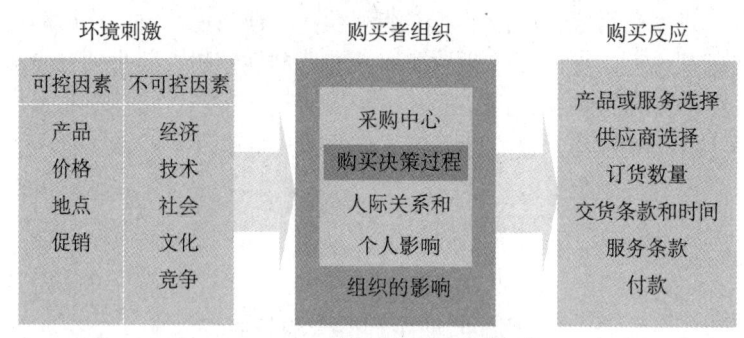

| 环境刺激 | | 购买者组织 | 购买反应 |
|---|---|---|---|
| 可控因素 | 不可控因素 | 采购中心 | 产品或服务选择 |
| 产品 | 经济 | 购买决策过程 | 供应商选择 |
| 价格 | 技术 | 人际关系和 | 订货数量 |
| 地点 | 社会 | 个人影响 | 交货条款和时间 |
| 促销 | 文化 | 组织的影响 | 服务条款 |
| | 竞争 | | 付款 |

图3-2 组织购买者行为模式[①]

构成组织购买者的环境刺激的投入因素可以分成两类。一类来自特定供应商即营销者，它们创造、交付和传播的顾客价值及吸引力、竞争力，通常表现为购买者对具体的产品或服务、价格水平、购买地点或获取路径及促销方式的感受和评价。它们是供应商企业的可控制因素，构成其营销组合和不同的营销方式，成为影响购买者决策最具体、最直接的"小环境"。另一类是宏观环境有关因素的影响，属于企业不可控因素，构成笼罩整个市场的"大气候"。它们制约着需求和消费变化的总体趋势，对购买者决策发生显著影响。同时，供应商企业的各种营销手段及其运用产生的环境刺激，也受制于宏观环境。

在组织顾客内部，购买行为由两个主要部分构成。一是采购中心，其范围包括购买决策涉及的所有人员；二是购买决策过程，每个组织都有的一套遵循的程序，可能是成文的规章，也可能是"默认"的规矩。

采购中心和购买决策过程，既受到内部组织、人际关系和个人因素等影响，也受到来自外部环境刺激的影响。在诸多因素共同作用下，购买者组织最终做出一定反应，决定如何满足自身需要和欲望。

对于供应商企业来说，尤其需要重视和关注以下问题。

（1）买方企业"买的是什么"和"当什么来买"，即购买对象的问题。比如，来自国际市场的组织顾客，它们需要购买的是什么具体的外包业务或国际外包服务；在它们的正常运营中，这些业务或服务发挥的是什么样的作用——换言之，扮演的是投产型产品还是基础型产品，抑或辅助型产品的角色。

（2）企业用户一般需要做出哪些购买决策，它们怎样做出这些决策。

（3）在企业用户内部，一般都由谁参与相关的购买过程和决策。他们的介入程度可能产生的具体影响。

（4）影响买方企业购买决策的主要因素。例如，外部的环境刺激和内部的购买者组织等因素如何交织、互动，有什么规律可以认识。

（5）买方企业如何购买，不同阶段的"痛点"和供应商企业的工作重点。

---

[①] ［美］菲利普·科特勒，加里·阿姆斯特朗. 市场营销：原理与实践（第16版）[M]. 楼尊，译. 北京：中国人民大学出版社，2015：170

## 第三章 洞察组织市场及其购买行为

供应商企业既要善于利用环境的"大气候"构建有利的"小环境",还要擅长于分析组织购买者"消化"刺激、做出反应的具体规律,通盘思考,以选择、制订有效的营销政策和措施。

必须关注的是,随着互联网技术的发展和应用,原有一些采购管理模式受到冲击,发生很大变化。有的买方企业自建或联合设置采购网站,一些行业协会统一开通采购网站,还有大量的采购中介网站代理采购业务。互联网模式的采购降低了采购成本,大大提高了采购效率。

☞ 链接 3-2

### 互联网模式下的采购

互联网模式下的采购,狭义的如电子商务、电子贸易和电子采购合同等,广义的是利用互联网能够进行几乎全部的采购管理活动。即从开始的采购计划,到寻找供应商、谈判、在线收付款、开具发票、物流配送、库存控制、商品管理及价格管控等,都通过互联网完成。这也意味着企业将采购环节的资金流、商品流和信息流,全部通过网上实现。

互联网模式下的采购有以下优点:

(1) 扩大比价范围,提高采购效率,降低采购成本。互联网面对的是全球市场,可以突破传统采购模式局限,货比多家,比质比价找到满意的供应商,大幅度降低采购成本。通过互联网可聚集资源,集中采购,减少中间环节和直接费用支出;可大大增加信息量,减少信息不对称产生的机会成本。

(2) 实现采购过程公开化。由计算机根据设定的流程,自动进行价格、交货期、服务等信息的确定,并完成供应商选择。整个采购活动公开于网络,方便监督,避免暗箱操作。

(3) 采购业务操作程序化、标准化。基于电子商务的采购模式,是在业务流程优化基础上进行的。业务操作必须按照规定流程进行,否则无法通过。可以规范采购行为、规范采购环节,大大减少随意性。

(4) 促使采购管理定量化、科学化。相关企业可利用大数据、云计算等分析方法,为采购者提供更多更准确、高度量化的决策信息,改变了传统采购决策中信息量缺乏、信息传递缓慢、各环节数据无法量化等问题,采购管理从原来的塔型结构向扁平化结构方向发展。由于大大改善了买卖双方的关系,信息沟通更快捷,信息共享的范围不断扩大。买方可以准时化采购、个性化采购,卖方可以即时生产、柔性化制造,从而增强双方的市场竞争力。

(5) 实现采购管理向供应链管理转变。上游企业可给采购方及时反馈原材料、半成品价格、供应等信息,下游企业可给采购方反馈消费者偏好及需求情况,采购方企业可根据信息准时化采购和生产,从而降低供应链上企业的总成本。

资料来源:陈普青. 互联网时代下的采购管理模式分析 [J]. 物流工程与管理,2016 (1).

## 第二节　企业用户购买行为与影响因素

### 一、企业用户的购买对象

购买对象回答的是"购买什么"的问题。供应商企业可从两方面探究,即顾客"买的是什么"以及"当什么来买"。对后者进行分析更为重要。

#### (一) 国际服务外包业务的一般分类

就国际服务外包市场而言,顾客向供应商购买的,是它们需要外包出去的相关业务。买方企业将其运营中的某个或几个环节的服务交由专门的卖方企业担当。这些服务可以有不同的分类。[①]

**1. 按照业务性质分类的服务外包**

(1) 信息技术外包(information technology outsourcing,ITO)。服务外包发包商(顾客)将其IT系统,即信息技术类服务的全部或部分,通过长期合同委托信息技术外包提供商(卖方)提供。如系统操作服务——客户将其系统操作外包;系统应用服务——客户将其应用系统设计、升级和维护等活动外包;基础技术服务——客户将其IT系统支持技术外包等。

(2) 业务流程外包(business process outsourcing,BPO)。服务外包发包商(顾客)将自身的基于信息技术的业务流程,委托给专业化服务提供商(卖方),由其按照服务协议进行管理、运营和维护服务。如内部管理服务(人力资源管理、财务管理等服务)、业务运作服务(呼叫中心、客户咨询等服务)和供应链管理服务。

(3) 知识流程外包(knowledge process outsourcing,KPO),这是围绕对业务诀窍的需求建立的业务。通过把广泛利用全球数据库及监管机构等信息资源获取的信息,经过即时、综合的分析研究,最终将报告呈现客户作为决策借鉴。其流程为获取数据—进行研究、加工—销售给咨询公司、研究公司或终端客户。

信息技术外包服务(ITO)和业务流程外包服务(BPO),都是基于IT技术的服务外包。ITO强调技术,更多涉及成本和服务;BPO更强调业务流程,解决有关业务的效果和运营效益问题。BPO往往涉及若干业务准则,并常常需要接触客户,更像是一种商业伙伴关系,更注重业务效果,因此,意义和影响更大。

---

① 卢丹萍. 国际服务外包 [M]. 北京:清华大学出版社,2011:18-24;李雪,邓春姊,等. 服务外包实用教程 [M]. 北京:清华大学出版社,2012:7-11;[美] 格利哥,卢丹萍,[美] 肖步泽. 国际服务外包理论与实务 [M]. 北京:清华大学出版社,2012:10-22.

# 第三章　洞察组织市场及其购买行为

> **链接 3-3**

### 国务院部署加快服务外包转型升级，推动服务业优结构上水平

"发展服务外包有利于推动产业升级和扩大就业。"李克强总理在2020年1月3日的国务院常务会议上强调，"要加快服务外包转型升级，推动服务业优结构上水平。"

会议确定了加快承接服务外包能力建设、推动转型升级的措施。

李克强说，我国服务外包起步虽晚却发展较快，这与近年来新模式、新业态层出不穷紧密相关，一定要继续坚持包容审慎原则，支持发展众包、云外包、平台分包等新模式和服务型制造等新业态。要深化服务外包领域"放管服"改革，逐步将服务外包纳入国际贸易"单一窗口"。对服务外包示范城市研发、设计、检测、维修等行业，提供服务出口所需进口料件开展保税监管试点。"要将服务业扩大开放试点经验做法向更多地区推广。"要深化服务外包产业开放，推动向高附加值业务转型升级，为年轻人特别是大学生就业提供更多岗位。

会议决定修订《服务外包产业重点发展领域指导目录》。运用信息技术推进"服务+"，提升医药研发、设计、会计、法律等领域承接服务外包竞争力，提高"接单"能力和"交单"水平。

资料来源：中国政府网．李克强为何这么看重服务外包产业转型升级［EB/OL］．(2020-01-05)．http：//www.gov.cn/premier/2020-01/05/content_ 5466568.htm.

**2. 依据供应商企业区域分类的服务外包**

依据供应商区域不同，服务外包可分为境内外包（on shore outsourcing）、近岸外包（nearshore outsourcing）和离岸外包（off shore outsourcing）等。从国际服务外包的发展来看，也大体经历了境内外包到近岸外包、再到离岸外包的过程。

（1）境内外包，也称在岸服务外包。即外包转移方（顾客）与其外包承接方（卖方）来自同一国家，外包业务在国内完成。范围十分的广泛，涉及IT服务、人力资源管理、金融、保险、会计、物流、研发和产品设计等诸多领域。外包商更注重核心业务战略、技术和专业知识，注重价值增值，对于国内市场广阔的国家有特别重要的意义。

（2）近岸外包，又称近海外包。服务转移方和承接方分别属于邻近国家。"近岸"外包是相对于"离岸"外包的概念。优点是近岸地区地理相邻，时区相近，语言接近，沟通容易；教育、经济和文化等具有相似性、趋同性，工作团队的协调性及资源的相对稳定性；旅行和通讯也方便和便宜。缺点是近岸外包与本国距离较近，人力资源等成本等也较为相近，成本一般比离岸外包要高。

（3）离岸外包。指外包商与其供应商来自不同国家，外包业务跨国完成。由于顾客对供应商即卖方的选择余地大，有利于节约成本、提高质量和增强竞争力，有助于业务流程再造和过程的改善。买方或外包商通常来自劳动力成本高的国家和地区，如美国、西欧和日本等；卖方或供应商主要来自劳动力成本较低的国家，如印度、菲律宾和中国等地。形成明显

**国际服务外包营销：基于创造顾客满意的视角**

经济效益的同时，也带来政治、地域、文化、法律、价值观和管理方式等方面的差异，以及由此产生的风险。

☞ 链接3-4

## 服务外包，从1.0、2.0到3.0时代

1.0时代的服务外包在印度也称为ITES（IT enabled service）。起源于20世纪60年代，随着以计算机为代表的IT技术革命兴起同步进入商业领域。从ITO到BPO，1.0时代服务外包的核心诉求来自降低成本。其经济学基础是比较优势理论，即企业为了专注核心竞争力业务和降低软件项目成本，可将非核心业务中的全部或部分工作，发包给提供外包服务的企业完成。除了早期大型机的租用服务外包（实际上已经类似云计算服务了），IT资产一般是归发包方拥有，交付方式为现场或者近岸交付。很多后来的大型IT服务商如ACN、EDS、CSC等均在此时成立，典型业务即为数据处理和运维服务。印度外包巨头如Tata，也在这一时期开启了IT服务。

2.0时代的服务外包在印度也称为IT-BPO。是20个世纪90年代，在互联网革命及ICT产业发展的推动下，出现的离岸外包在全球的蓬勃发展。发达国家的公司将一些非核心的软件项目（如非核心模块的单元测试、集成测试与编码，软件的运维）和业务流程（如呼叫中心、电话销售等）通过外包形式，交给人力资源成本相对较低国家的公司开发，以达到降低成本的目的。这一时期开启的典型事件即1989年柯达外包事件，当时这起外包交易涉及金额高达10亿美元，时间跨度长达5年，首次突破单个项目限制而实现了整体数据中心管理外包。在2.0时代，地域限制被逐渐打破；IT资产所有权的重要性降低，出现发包方和接包方共同拥有，甚至仅仅外包商单独拥有IT资产的局面；企业对外部资源的整合与利用上升为战略，外包双方合作关系由纯粹的商业关系向伙伴关系迈进；外包也由传统的ITO、BPO扩展到KPO等。成本已不再是最重要的，技术和业务流程掌握跃升为首选，技术和人才取代成本成为产业的关键竞争因素。

3.0时代的服务外包在印度被称为IT-BPM。是2010年前后，随着云计算、大数据和移动互联网为标志的第三次信息技术革命的兴起开启的服务外包新阶段。代表性事件是2006年，亚马逊推出弹性云计算服务。在云服务模式下，企业无需自行构建IT系统，只需按需使用相关软件、平台。传统IT硬件商销售产品、软件商销售许可证的模式，变为按需付费模式。服务成为流动性的商品，企业的IT支出由固定资本支出变为运营资本支出。外包客户可在任意位置使用各种终端获取服务，过程中无需了解应用运行的具体位置。企业购买服务的方式发生了根本性改变，是对传统外包模式的颠覆。云外包模式下企业的经营更加网络化，更加依赖于外部资源整合利用，个性化需求能得到更好地满足。新的服务和技术，将促使企业业务流程、组织结构和业务模式发生根本变化。

资料来源：齐海涛. 鼎韬观点：3.0时代的服务外包［EB/OL］. 中国外包网，2013-12-31. http：//www.chnsourcing.com.cn/outsourcing-news/article/72473.html.

## 第三章　洞察组织市场及其购买行为

### （二）营销学意义上的购买对象及其分类

顾客购买的产品和服务，本质上是其需求问题的解决方案，满足需要和欲望的根据和媒介。因此，供应商企业不仅需要知道它们"买的是什么"，还必须进一步应用营销学思维，分析它们的购买用于什么，即把自己的"市场提供物""当什么来买"。

企业用户购买的各种产品和服务，一般按其需求目的和用途分为三类。供应商企业要善于区别具体情况，考虑不同的营销战略和方式。

**1. 投产型产品（entering goods）**

投产型产品包括原材料、半制成品和部件等。通过买方企业的生产过程，它们将完全转化为新制造出的产成品，如农产品、构成材料（铁、棉纱）和构成部件（马达、轮胎）等。

投产型产品的营销方式有许多具体的差异。如农产品，需要集中、分级、储存、运输和销售等服务，加上自身的易腐性、季节性等特点，决定了它们需要特殊的营销措施和设施。构成材料与构成部件等通常有标准化的要求，价格和供应商企业的可信度、可靠性等，是影响用户购买的最重要的因素。

**2. 基础型产品（foundation goods）**

基础型产品也称"资本项目"，是部分进入到买方制造的产成品中的物品和服务，包括装备和附属设备等。

装备是指建筑物（如厂房、写字楼等）和固定设备（如发电机、电梯等设施）等。其营销特点是，售前需经长期谈判才有可能成交；卖方要有训练有素的销售队伍和素质良好的营销人员；供应商企业能够设计买方所需的各种产品规格，并提供良好的售后服务。

附属设备包括轻型制造设备、工具和办公设备等。它们不会成为买方最终产品的组成部分，在生产过程中仅仅起辅助作用。一般来说，可能用户地理位置分散，数量多而又订购数量少。卖方提供的质量、特色、价格和服务等，是买方选择供应商考虑的主要因素。在营销中，人员推销方式往往显得比广告更重要。

**3. 辅助型产品（facilitating goods）**

辅助型产品主要是用于保障买方企业正常运营的各种供应品和服务。它们不进入买方企业的生产流程，也没有构成其产成品，成本被列入费用项目。

供应品是保障买方企业正常运营所需要的供给物资（如打印机墨盒、复印纸等）和维修保养物资（如清洁材料、涂料等）。其性质相当于消费者市场的"便利品"，顾客人数众多、区域分散且产品单价低，一般都是通过中间商分销。由于供应品的标准化，顾客可能没有强烈的品牌偏好，价格和服务等因素就成了影响购买决策的重要因素。

买方企业购买的服务，通常是生产性服务，如维修保养（机械维护、修理等服务）和企业咨询（管理诊断等服务）。通常以签订长期合同的形式，由专业的卖方企业提供，即实行"服务外包"。

## 二、企业用户的购买决策与类型

作为供应商企业,还必须了解买方会有什么购买决策。依据组织市场和组织顾客的特性,一般有三种主要的类型。

### (一) 直接重购

企业用户按部就班"复制"以往的购买决策,需要时"照常"采购。这是组织市场中最简单的一类购买。通常由买方采购部门负责,他们依据过去的做法,继续向原供应商进货。可能会有一些数量、时间的调整,但不会有其他太大变动。

直接重购的购买决策,面对的主要是需要不断补充、购买频繁的物品,如主要的原材料、零部件等。用户一旦发现库存低于预定的安全水平,就会考虑发出进货通知。通常也是由原供应商继续供应,除非这个供应商出了意外,或者用户发现了新供应商,而且它们供货条件、质量和价格等更有吸引力。

已经入选的供应商企业,重要的是如何继续努力,以保证提供的质量、数量和服务水平,并积极争取降低成本以稳定顾客,形成良好的顾客关系和增强"客户黏性";未被选上的供应商,可行和妥当的营销政策就是设法先争取少量的订货,使用户通过"试用"和不同的体验,比较和重新考虑货源。

### (二) 调整性重购

调整性重购也叫"修正性重购",即买方企业希望调整所购的规格、价格或其他交易条件,甚至提出更换供应商的想法。这类购买决策更复杂,所以用户内部介入决策的人员更多,范围也更大。

由于买方提出新的要求,做出某些购买条件的改变,就可能需要与原供应商重新谈判、协商,甚至可能发生供应商的变更。因此,用户一旦进行调整性重购,会给已经入选的供应商形成威胁,也会给未曾入选的企业带来机会。

### (三) 新购

用户初次购买业务,也叫"新任务采购"。通常买方会有一整套标准和要求,考虑一批可能的卖方或供应商,并从中择优选择。新购项目价值越大,对买方正常经营意义越大,购买者感受的风险也会越大,介入、参与购买过程和决策的人员、所需的信息一般也会越多。由于买方企业还没有现成的供应商,新购决策不仅复杂,购买者要考虑的问题、经历的手续更多,购买过程的时间也更长。但这对所有可能的供应商企业,都意味着是一个机会。

在实践中,调整性重购是企业用户一种较普遍、常见的购买类型。直接重购作为一种常规决策,购买行为简单,供应商企业要掌握其规律也相对容易。新购比较的复杂,一般面对的是买方从未购买、不常购买而且比较重要的项目。

# 第三章　洞察组织市场及其购买行为

## 三、企业用户购买过程的参与者

企业采购作为一种组织行为，特点之一就是集体决策。一般来说，大多数情况下的购买决策，都是不同领域、不同身份的人员和群体，在不同的阶段，直接或间接参与的结果。他们因此被称为"采购中心"或采购决策单位，在采购过程与相关决策中，各自扮演了以下某一种或几种角色（见图3-3）。

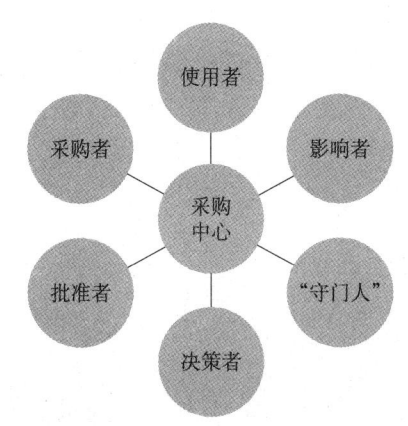

**图3-3　企业用户的"采购中心"及参与者**

（1）使用者，即具体使用、操作所购产品、服务的有关人员。他们往往也是最初提议购买的人，并对品种、规格选择有着重要影响。如果所购产品不适合使用、不能达到预期的目标，使用者承担的风险、损失最大，也最直接。因此他们的意见和看法，一般更为其他同事所看重。如果他们拒绝某个供应商，"采购中心"的其他角色很可能会做出妥协。

（2）影响者，企业内部及外部可以直接间接影响到购买决策的相关人员。他们或以自己的技术知识、经验等影响购买，比如强调保持生产进度、维持设计要求等；也可运用价格、行情和交易等方面的专业知识，对决策者产生影响，协助确定品种、规格。扮演影响者角色的，有采购经理、总经理、生产人员、办公室人员、研发工程师和技术人员等。

（3）采购者，用户内部具有实施采购业务正式职权的有关人员。他们通常负责挑选供应商，并参加谈判工作。如果是复杂、系统的采购项目，采购者还会包括企业高层管理人员。

（4）决策者。具有正式的和非正式的权力，可决定购买与否的角色。如果是一般的例行采购，采购者常常就是决策者；若是复杂项目采购，决策者往往是企业高层管理人员。他们对"采购中心"的其他成员拥有最后的否决权。因此，对于供应商来说，了解谁是决策者并考虑其风格、特点，对于促成交易十分重要。一般来说，用户内部的工程师、生产主管、销售和营销经理、研发工程师以及采购经理等，都可能扮演决策者的角色。

（5）批准者，有正式权限批准决策者或采购者方案的人员。

（6）信息控制者。也叫"守门人"，他们有能力管控信息流向决策者或使用者。比如用户的采购代理、技术人员，可拒绝或中止某些供应商及信息到达"采购中心"主要成员。有时候秘书、接待员和门卫等，也可以阻拦供应商及其营销人员与使用者、决策者联系和接触。

当然,并不是任何采购都必然存在这样六种角色的参与。实际上,一个企业"采购中心"的大小及其组成,也会因拟购项目性质、价值和数量不同而异。例如,购买成套设备,往往就比单件购买电脑的决策参与者多。作为供应商,必须清楚在目标顾客那里,谁是主要的决策参与者,他们能影响的是哪些决策,他们的相对影响力如何,尤其是他们使用的是什么评估标准。

### 四、影响企业用户购买决策的主要因素

企业用户作出购买决定,也会受到许多因素的影响。供应商企业要了解、分析这些因素的具体构成、变化趋势,考虑相应的营销方式和措施,以引导买方企业的购买行为(见图3-4)。

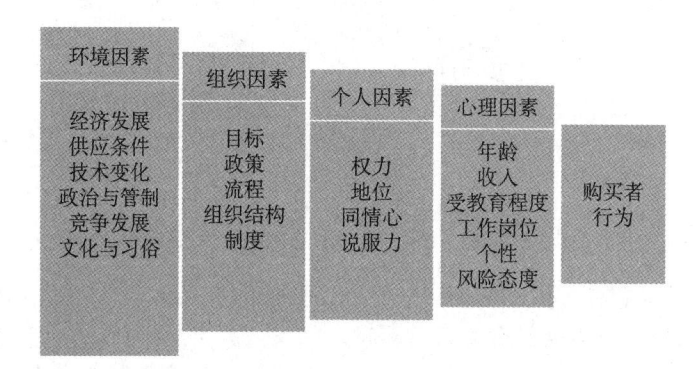

| 环境因素 | 组织因素 | 个人因素 | 心理因素 | |
|---|---|---|---|---|
| 经济发展<br>供应条件<br>技术变化<br>政治与管制<br>竞争发展<br>文化与习俗 | 目标<br>政策<br>流程<br>组织结构<br>制度 | 权力<br>地位<br>同情心<br>说服力 | 年龄<br>收入<br>受教育程度<br>工作岗位<br>个性<br>风险态度 | 购买者<br>行为 |

**图 3-4 影响组织购买者行为的主要因素**

资料来源:[美]菲利普·科特勒,加里·阿姆斯特朗. 市场营销:原理与实践(第16版)[M]. 楼尊,译. 北京:中国人民大学出版社,2015:173.

#### (一)环境因素

环境因素主要指来自用户外部环境的各种影响,如经济发展前景、市场供求变化、技术发展动态、政治与管制情况、竞争态势和文化、习俗等。例如,某个市场与需求被普遍看好,或政府支持、鼓励某一产业的发展,相关企业就可能增加投资、增加相关的采购和库存,以备扩大生产之需;经济不景气或局势动荡,用户也会减少甚至停止一些项目采购。

☞ 链接 3-5

**Everest 发布全球服务外包动向**

Everest 集团是一家知名的美国咨询机构,对全球企业商业布局也有较大的影响。其发布的2015年服务外包回顾报告,就分析了印度、美国、拉丁美洲、中东欧服务外包领域的

## 第三章 洞察组织市场及其购买行为

动向,值得思考。

2015年美国IT和业务流程服务企业,开始大量雇佣退伍军人,如惠普、亚马逊、英特尔、埃森哲、IBM、摩根大通、富国银行和美国银行等。美国海军、空军和情报部门的军人,大多在技术、平台和安全等方面训练有素,非常受欢迎。美国联邦和州政府对录用培训退伍军人的企业,实施每人年2 000~10 000美元税收返还奖励,允许这些企业在军事设施附近建立交付中心,军队为这些企业承担招聘老兵的管理成本。

印度政府于2015年启动数字印度计划,在数字社会、知识经济、智慧政务等领域大幅投入,预计给IT和业务流程外包领域带来30亿~40亿美元的业务机会。印度政府在农村建立高速互联网连接等数字化基础设施,将进一步吸引国际发包企业前往印度二三线城市建立交付中心,预计比印度一线城市运营成本下降25%~35%,也将使印度的服务外包在国际上更具吸引力。

拉丁美洲地区的巴西、哥伦比亚的服务外包产业,得益于货币贬值,吸引力提升。巴西相比美国劳动力的成本优势,2015年有100%的提升。不过巴西宏观经济以及税法方面的变化,令国际服务发包企业对进一步投资持谨慎态度。

中东欧的乌克兰,一直是该地区最主要的服务接包国。2015年因地缘政治的影响,大量乌克兰IT和业务流程外包企业、人才流往中东欧地区的波兰、保加利亚、罗马尼亚和斯洛文尼亚等国。

报告也提到了中国的服务外包产业。2015年人民币相对美元贬值4%,预计未来几年人民币会进一步贬值。这将为中国的离岸服务外包企业和在中国运营的跨国买家带来更多机会。

资料来源:商务部网站-中国服务外包研究中心网.Everest发布全球服务外包最新动向[EB/OL].朱华燕编译.(2016-05-19).http://coi.mofcom.gov.cn/article/y/gjdt/201605/20160501321996.shtml.

### (二) 组织因素

是指与企业用户自身相关的一些因素,诸如目标、战略、政策、组织结构和制度体系等,也会制约买方的购买行为。例如,一个追求市场领先地位的企业,往往对效率更高、效能更好、更先进的机器设备、工艺流程和管理方式等抱有浓厚的兴趣;一个以"勤俭"为方针的企业,可能更喜欢采购适用的二手设备。供应商必须了解和掌握买方企业的这些情况,作为制订营销战略、选择营销方式的重要依据。

☞ **案例3-2**

### 华为公司的核心价值观

华为公司的核心价值观蕴涵着华为公司的愿景、使命和战略。

华为公司的愿景是丰富人们的沟通和生活。

华为公司的使命是聚焦客户关注的挑战和压力,提供有竞争力的通信解决方案和服务,

## 国际服务外包营销：基于创造顾客满意的视角

持续为客户创造最大价值。

华为公司的战略：(1) 为客户服务是华为存在的唯一理由，客户需求是华为发展的原动力。(2) 质量好、服务好、运作成本低，优先满足客户需求，提升客户竞争力和盈利能力。(3) 持续管理变革，实现高效的流程化运作，确保端到端的优质交付。(4) 与友商共同发展。既是竞争对手也是合作伙伴，共同创造良好的生存空间，共享价值链的利益。

资料来源：佚名．华为公司简介，价值主张 [EB/OL]．华为公司官方网店，http://www.huawei.com/cn/about-huawei．

### （三）个人因素

如前所述，在组织顾客内部一般会有一个事实上存在的"采购中心"。这些与采购业务、采购项目相关的具体人员，在里面扮演着不同角色，他们的职权、地位、态度、说服力及相互关系并不相同。供应商企业需要了解，买方企业有多少人介入该采购，他们是谁，能影响哪些决策；他们选择、评价供应商的标准是什么；单位内部对他们有什么要求和限制。

在这里，重要的是分析有关人员的具体角色，他们在购买决策中可能发挥的作用。例如，要明确谁是购买决策者，在大公司可能是负责采购的部门经理，在小企业或许就是公司领导者。在有的用户单位，金额、数量小的项目可以个人决定，大宗采购则要集体讨论定夺。某人在单位职位很高，比如说是董事长或总经理，但在采购方面或者说某些项目的购买与否上不一定是权限最大。即使是购买决策者，还可能因时因事因地而异。此外，购买决策者固然重要，但有时却要从使用者、影响者入手寻找机会；即使对信息控制者，也不可一概掉以轻心。

### （四）心理因素

参与购买决策的相关人员，其年龄、所受教育程度、个性等以及对风险的态度等各有不同。这些因素也会影响他们对拟购货物、品牌及供应商的感觉和看法，并对购买行为产生相应的影响。

☞ **案例 3－3**

### 为什么德国人工作这么慢，但效率却很高

来到欧洲采购中心 3 个月了。适应新环境的同时，也在感悟德国同事的工作风格。第一感觉：慢！德国同事一个口头禅，"not that hurry（凡事都不会催）"。中国同事则更多会问，什么时候可以给我，能不能再快点……

为什么德国人工作这么慢，效率又这么高呢？为什么自己在国内工作状态热火朝天，却还是忙碌不已呢？差异体现在哪里呢？

欧洲公司均采用邮件办公。邮件办公可以让每个员工按部就班、逐个处理。同时，邮件可以分类整理存档，每个事情的前因后果一目了然。国内办公更注重电话、QQ、微信等，手段多样化、综合化，速度很快，响应也快。但造成的一个问题是，后期想要追踪一件事的

# 第三章　洞察组织市场及其购买行为

前因后果无从下手。

工作要求一次到位，中间过程保证连贯。德国同事处理事务，要求细枝末节一次到位，而且中间不能被打扰，不能被中断。这也是预约习惯在德国特别流行的原因。国内的办公习惯经常是事情 A 做到一半，事情 B 就来了；事情 B 刚准备开始，事情 C 又来了……这样的结果就是，国内同事一天做了 100 件事，可能成了 10 件；德国同事一天做了 20 件事，但是成了 20 件。

工具化思维。德国作为制造业大国，工具化思维深深印刻在每个人的工作思路中。德国科研人员做测试，经常是先把一套测试思路和测试软件编辑出来，论证了这个工具后，再用这个工具去快速测试数据。国内人员更多是找到机器就开始收集数据，收集完了数据再想办法分析，最后得出结论。这样，一次的工作德国人是慢的；如果测试十次，德国人和国内人员效率开始相当；测试一千次，德国人的效率开始大幅度提升。同样，他们各个职能的员工在工作之前，都会花一段较长时间，设计最适合自己的一套模式、一套软件包、一套方案、一套习惯。然后，后面的工作就用这个做出来的工具箱一遍遍开展工作。

资料来源：郑忠伟. 为什么德国人工作这么慢，但效率却很高 [EB/OL]. (2016-05-16) [2020-09-30]. https://wenku.baidu.com/view/1b1946ecaf45b307e971973b.html.

## 第三节　企业用户购买过程与决策

企业用户的购买过程在理论上可区分为八个阶段。在每个阶段，买方都要进行一系列决策；供应商也要认真分析，思考和选择相应的营销做法。当然，在实践中并非买方企业的任何采购都要完全经历这样复杂的过程。其中，调整性重购和直接重购可能跳过其中某些阶段（见表3-1）。

表3-1　　　　　　　　　企业用户购买过程的主要阶段

| | 新购 | 调整性重购 | 直接重购 |
| --- | --- | --- | --- |
| 认识需要 | 是 | 可能 | 否 |
| 确定需要 | 是 | 可能 | 否 |
| 说明需要 | 是 | 是 | 否 |
| 物色供应商 | 是 | 可能 | 否 |
| 征求供应建议书 | 是 | 可能 | 否 |
| 选择供应商 | 是 | 可能 | 否 |
| 签订合约 | 是 | 可能 | 否 |
| 效果评估 | 是 | 是 | 是 |

### 一、认识需要

企业用户的购买过程，始于对其自身需要的认识。这种认识有的来自组织内部的刺激，

## 国际服务外包营销：基于创造顾客满意的视角

如决定研制某种新产品，需要采购有关设备、原材料；发现之前的供应质量不好或不适用，需要更换供应商；有些设备设施发生故障或磨损，需要考虑更新……有时候，对需要的认识也产生于外部环境的刺激，如买方相关人员看到广告或参观展会以后，发现了新的更适用的值得购买的物品与服务。

在这个阶段，买方企业考虑的重点是"是否需要"。供应商企业应当在目标市场，有目的、有针对地增加"曝光率"，包括广告推介、派员访问可能的买主等，促使潜在顾客感觉并发现"需要购买"。

### 二、确定需要

买方企业在认识需要以后，还要明确所需购买的品种、特征和数量等。如果所需项目是标准化产品，也许很快就能决定；如果项目复杂、非标准化，买方企业采购人员就要与使用者和技术人员共同明确需要。

在这个阶段，买方企业考虑的重点是"需要什么"。供应商则要努力帮助潜在顾客，确定它们需要购买的产品特征和数量，即明确"需要这个"。

☞ 链接 3-6

### 首席信息官（CIO）破冰 IT 外包困局的关键步骤

IT 外包使 CIO（Chief Information Officer）看到了切实的好处，公司可集中精力于核心业务，IT 维护交给更专业的 IT 公司。尽管 IT 外包多年来一直以不同面貌活跃于企业之间，却鲜有 CIO 能真正掌握如何破冰 IT 外包的困局。很多 CIO 还不断作出一些糟糕的决策，给企业价值带来不必要的破坏。

**发现价值，追随价值**

外包能带来财务收益、核心竞争力提高等很多潜在的优势。但外包不是企业的默认选择，也不是包治百病的灵药。个别公司把所有 IT 业务外包，希望迅速削减成本；还有一些企业缺乏有力的商业理由，也把某些特定业务外包。一开始就不知道能获得多大潜在收益，这是不明智的。

了解究竟能从外包获得多大的合理收益，CIO 需要根据企业经济状况、需求等进行分析。尤其要对成本、特别是隐性成本仔细分析，如外包过渡、管理和终止的成本。事实上，一笔外包交易的认知价值和它的真实价值之间，可能相去甚远。CIO 要对整个 IT 体系有规划，要认识到并非所有 IT 业务都适合外包。只有应用软件开发、支持、管理和基础设施等比较适合外包，而 IT 战略、治理和架构则不应该全部外包，即使只对其中部分业务外包也要小心行事。

**即使 IT 外包，但仍责无旁贷**

主动管理外包事务，加强对外包合同管理，对 CIO 来说至关重要。外包关系只是一种

## 第三章 洞察组织市场及其购买行为

合作，CIO 首要任务通常是坚守底线。如果没有一支核心技术队伍能对外包服务质量进行检查，就会将公司及外包伙伴共同置于失败的险境中。CIO 必须牢牢掌握监督控制权，IT 外包能把操作外包，但责任则永远不能外包。

**消弭外包的潜在风险**

控制外包风险，不等于风险已经消逝。CIO 需要知道一些常用法则，争取让风险"小事化了"，降低外包风险的危害。有一套合理的评估方法是重要的。只有充分了解外包目标才会降低风险，对公司保持未来的竞争地位有相当大帮助。例如合同签订和外包启动前，双方应就外包的工作范围达到明确一致。包括外包需求、所有要完成的任务及完成任务的基础条件，都要一清二楚。否则，外包实施时会有很多不清楚的地方，验收时会出现由于范围理解不一致带来的麻烦。

**服务协议尽可能详尽**

IT 外包协议和说明越是详尽和便于衡量，就越是成功在望。CIO 应确保能清晰阐述外包目标和 IT 衡量指标。力求在任何一份外包合同中，纳入一条支配性原则——无论服务水准是否已经详尽界定，外包方提供的服务都必须成本较现在更为低廉，而水准应超过已有的服务。否则就得问自己，在经济不景气时为什么还要选用这个外包商呢？

资料来源：商务部网站-中国服务外包研究中心网．CIO 破冰 IT 外包困局的关键步骤［EB/OL］．（2013-02-18）．http：//coi. mofcom. gov. cn/article/y/wbxt/201302/20130200029433. shtml.

### 三、说明需要

买方企业确定需要以后，或组织专人或指派专家小组，会对拟购项目作进一步分析，意在说明购买"是否值得"。"价值分析（value analysis，VA）"是一种常用的方法。所谓"价值"，是指拟购项目的"功能（function）"与其耗费资源的关系，即与成本费用的比例关系；"功能"则包括所购项目的用途、效用和作用等。为了提高效益，买方相关人员会调查拟购项目是否具备所需的、必要的功能，并分析在保障功能的前提下，如何降低采购费用，甚至包括去除一些不必要的冗余功能。承担此责的专人或专家小组，最后要写出技术说明书，作为"采购中心"或采购人员决策、取舍的依据和标准。

供应商企业也必须学习、应用价值分析的方法，向潜在顾客说明自己的品牌、产品和服务以及功能为何更好，或怎样使顾客的成本更低，以争取成交机会。

☞ 链接 3-7

### 价值分析

价值分析又称价值工程（value engineering，VE）。这种方法通过集体智慧和有组织的活动，对产品或服务进行功能分析，使目标以最低的总成本（寿命周期成本）可靠地实现产品或服务的必要功能，从而提高产品或服务的价值。其主要思想是通过对选定研究对象的功能及费用分析,提高对象的价值。这里的价值指的是反映费用支出与获得之间的比例,即价值＝功能/成本。

价值分析于20世纪40年代起源于美国,劳伦斯·戴罗斯·麦尔斯（Lawrence D. Miles）是创始人。"二战"以后由于原材料短缺,采购工作常常碰到难题。经过不断探索,麦尔斯发现一些相对不太短缺的材料可以很好地替代短缺材料的功能。后来麦尔斯总结出一套解决采购问题的有效方法,并把这种思想推广应用到其他领域,这就是早期的价值工程。

价值分析已发展为一门较完善的管理技术,在实践中形成了一套科学的程序。通常围绕七个问题展开:(1) 这是什么;(2) 这是干什么用的;(3) 它的成本多少;(4) 它的价值多少;(5) 有其他方法能实现这个功能吗;(6) 新的方案成本多少,功能如何;(7) 新的方案能否满足要求。按照顺序回答和解决这些问题的过程,就是价值分析的工作程序和步骤。即选定对象;收集情报资料;进行功能分析;提出改进方案;分析和评价方案;实施方案;评价活动成果。

## 四、物色供应商

接下来,买方企业要考虑"谁能供应"的问题。它们尽可能寻找所有的合乎要求的供应商,作为备选。如果是初次采购,或所购项目复杂、价格昂贵,潜在顾客花费的时间会可能比较长。通常,买方企业采购人员通过企业名录、行业协会组织,或向同行、其他顾客了解等,寻找合格的供应商。

显然,供应商企业不仅要使自己的名号、品牌进入企业名录等,更应设法掌握主要的潜在顾客的具体情况,加强联系和沟通,还要使自己的企业、品牌在市场上有良好的声誉。

☞ 案例3-4

### 沃尔玛的供应商标准

在沃尔玛看来,供应商标准是对其供应商在社会和环境的影响方面的基本期望。所有为沃尔玛及其附属机构提供服务的工厂,都必须将此标准以英文或员工所操之语言张示在公共区域。所有供应商及其工厂,包括转包商和包装厂均应遵守。

供应商标准中的期望和义务,主要包括:(1) 完全遵守所有适用国家及/或地方法律法规;(2) 苦工、童工、未成年工、强迫劳工、抵债劳工或契约劳工都不被允许;(3) 供应商必须保证工作时间符合法律规定且不得超出限制;(4) 必须根据个人能力和工作意愿进行雇佣、支付薪酬、培训、提供晋升机会、终止劳动合同及准予退休;(5) 向所有工人支付符合或超过法律标准或集体协定的工资、加班补贴及福利;(6) 尊重工人根据自己的选择合法、和平地组建或加入工会并进行集体谈判的权利;(7) 为工人提供安全、健康的工作环境,防止工作场所危害;(8) 食宿设施必须安全、健康、卫生;(9) 确保每个工厂遵守环境法律,包括与废物处理、气体排放、水体排放、有毒物质和有害废物处理相关的所有

## 第三章　洞察组织市场及其购买行为

法律，根据国际公约及协议证实所有输入原料及部件均来自合法产地；（10）供应商不得向Walmart员工提供赠礼或招待；（11）不得与Walmart员工达成造成利益冲突的交易；（12）供应商不得容忍、允许或参与贿赂、贪污或不道德行为；（13）供应商应根据标准会计实践，保存所有与Walmart交易相关事宜之准确记录。

若有违反沃尔玛标准的行为，可使用当地语言秘密报告。

对于沃尔玛来说，它首先考察的是企业，然后才是看产品，对供应商的选择高于对商品的选择。选择了合适的供应商，才可能采购到合格的商品；没有好的供应商，一切都将无从谈起。

资料来源：Walmart中国官方网站. Walmart供应商标准［EB/OL］.（2012-01-01）［2020-09-30］. http：//wal-martchina. com/supplier/downloads/vendor%20standard. pdf.

### 五、征求供应建议书

买方企业会在合格的供应商名单里挑选合适者，并请它们提交供应建议书。若是项目复杂、价值较高和意义重大，用户还会要求每个潜在的卖家提供相对详细的书面材料。这样做的目的，是从合格者中找出合适者，避免漏选、误删。

供应商企业的有关人员，必须擅长客户调研和提出建议。若是书面提交，尤其要注意从营销的角度，分析该项采购对于提升用户竞争力或市场份额的作用，不能只是一些技术参数文件；如果口头陈述的话，要鼓舞人心，可增强对方的信心。总之，要善于将自己企业的能力、资源条件等因素，在潜在顾客心中占据有利位置，才可能在竞争中胜出。

### 六、选择供应商

在这一阶段，买方企业内部"采购中心"将会讨论、比较各家供应商提交的建议书，以决定最终的供应商。依据产量、质量、价格、信誉、技术服务和及时交货能力等，对不同供应商作出评价，即进行卖主分析，并根据结果认定各供应商的吸引力大小。做出最后决定之前，"采购中心"人员可能还会与那些吸引力更大、更为中意的供应商面谈，试图争取更低的价格或更好的供应条件。最后，确定一个或几个供应商作为企业合作伙伴。

一般来说，用户多会同时保留数条供应渠道。比如，同时向三家供应商购买同一项目，这样也可以使卖方之间保持竞争，促使它们更努力做好供应。

### 七、签约

最终决定供应商之后，买方有关部门会根据所购产品的技术说明书、需求数量、预期交货时间、退货条件和担保等，与供应商签订协议。一般来说，多数企业用户愿意采取长期合同形式，而不是定期的订单。因为采购的次数少，每次的批量就大，虽可获得价格优惠，但也增加库存甚至积压；反之，采购的次数多，每次的批量小，可减少库存，也可能失去价格优惠。长期合同可保证在一定时期的购买总量达到一定的规模，获得价格等方面的优惠；同时，供应商按买方需要的时间分批次交付，又可减少库存的压力，甚至做到无库存采购。

买方企业将库存转移到供应商企业，一方面，供应商为保障供应，可能增加库存压力；另一方面，又可因此与买方形成、发展更密切的合作，使客户更多地依靠自己而不是多条供应渠道。更有战略意义的是，新竞争者想要涉足其间更为困难，除非买方企业对供应商的价格或服务等产生了严重的不满。

☞ **链接3-8**

### 多源采购（multi-sourcing）或成外包新趋势

2016年毕马威（KPMG）公司发布的全球CEO发展展望调查报告显示，50%以上的被访CEO表示对企业的未来发展有信心，保持增长是未来的首要关注。他们普遍反映，正面临着成本、监管压力、网络安全风险、技术变更等多种复杂的变革，根本性地影响了企业战略和整个业务价值链。约有86%的全球CEO认为，保持客户忠诚度是发展中最大的挑战，未来企业或更倾向于多源采购。CEO们所顾虑的其他挑战还包括：市场新进入者颠覆性地改变业务模式；如何紧跟新技术的发展；未来三年产品服务颠覆性革新等。

中国服务外包研究中心认为，企业采取多源采购方式，比如增加合格供应商的数量，面向更多技术方向、更宽业务领域和更广国家地区的发包，将深刻影响全球服务外包未来的市场格局。

资料来源：商务部网站-中国服务外包研究中心网．多源采购（Multi-sourcing）或成外包新趋势［EB/OL］．（2016-03-21）．http：//coi.mofcom.gov.cn/article/y/gjdt/201603/20160301279369.shtml.

## 八、效果评估

采购项目交付后，买方企业人员会对供应商的表现做出评估。比如收集使用者意见，要求他们对不同供应商的满意程度打分。评估的结果可能是继续订货，也可能导致调整性重购，甚至停购。

供应商必须一如既往地密切关心用户的"购后体验"。尤其要分析在买方企业采购者与使用者是否使用相同标准进行评估，自己提供的价值，是否使他们获得了预期满足。

☞ **链接3-9**

### 互联网模式的采购过程与步骤

互联网模式下的采购，改变了传统采购业务的处理方式，是对传统采购的一种升级跨越。在具体实施中，一般包括以下步骤：

（1）网上询价。即用户在网上编制询价方案，向供应商发布询价书或招标公告。供应商在网上对询价书报价、投标。

（2）网上比价。用户在网上对各供应商报价或标书比较，结合网上采购过程积累的关于各供应商质量、服务、交货期、资信等情况，选择和确定供应商。

（3）网上信用担保及支付。是实现供应商与采购方资金流动的具体表现。目前更多的互联网采购通过电子支付完成，如网上支付、电话支付或移动支付。

（4）网上在线集成用户与供应商之间的供求信息与资源。通过实现需求动态、可供产品信息、新产品情况等重要信息和库存资源的共享，为减少储备资金占用、降低采购成本提供条件，也为各级采购人员提供大量决策信息。

（5）网上供应商动态考评。即买方企业在网上对供应商企业的交付质量、价格、交货期、售后服务等进行考核，依据每一份合同做出评价，为下一次采购决策提供依据。

资料来源：陈普青．互联网时代下的采购管理模式分析［J］．物流工程与管理，2016（1）．

## 第四节　非营利组织、政府机构购买行为

非营利组织（non-profit organization，NPO）泛指所有不以营利为目的的机构团体。一般来说，非营利组织的运营并不是为了创造利润，这也通常被视为是非营利组织的主要特性。[①]

### 一、非营利组织市场的顾客

非营利组织不从事营利性活动。其存在的价值在于推动某种社会事业发展，或普及某种知识、观念，或唤起公众对一些社会现象的关心，或共同商讨解决某个共同的社会问题。

不同的非营利组织有不同的目标和任务。一般来说，依据它们承担的社会职能及特征可区分为三种类型。

（1）公益性非营利组织，即履行国家职能的非营利组织。以国家或社会整体利益为目标，服务于社会。它们除了各级政府和有关部门，还有保卫国家的军队，负责公共安全的警察、消防等应急抢险力量等。

（2）互益性非营利组织，或者为促进群体交流的非营利组织。包括各种职业组织、业

---

① 也有专家认为非营利组织和营利组织最主要的差异，是非营利组织受到法律或道德约束，不能将盈余分配给拥有者或股东。非营利组织还是需要产生收益，以提供其活动的资金，但是其收入和支出受到限制。非营利组织往往由公、私部门的捐赠获得经费，而且经常是免税的。私人对非营利组织的捐款有时还可以抵税。慈善团体就是一种非营利组织，非政府组织（NGO）也可能同时是非营利组织。狭义的非营利组织有时也称为第三部门（the third sector），与政府（第一部门）和企业（第二部门）形成三种影响社会的主要力量。

## 国际服务外包营销：基于创造顾客满意的视角

余团体、宗教团体以及大多数专业学会、行业协会、同业公会等。它们比较重视内部成员的利益和共同目的，看重组织对其成员的吸引力。

（3）服务性非营利组织。侧重以满足某些公众的特定需要，或以此为基本使命提供相应服务。常见的有公立学校、医院及卫生保健机构、新闻媒体、图书馆、博物馆及慈善机构等。

各种各样的非营利组织，是庞大复杂的社会组织体系的重要部分，也是组织市场的重要顾客。其中，政府通过税收、财政预算等，掌握相当的国民收入，形成了一个潜力很大的政府市场，它们是非营利组织市场的主要顾客。

## 二、政府市场与购买行为

政府市场由各级政府部门、机构组成。政府采购是各级政府、有关部门为了日常政务活动或满足公共服务的需要，利用财政资金和政府借款等，购买货物、工程和服务的行为。政府采购不仅是指具体采购过程，也是采购政策、采购程序、采购过程以及采购管理的总称。它是一种公共采购管理的制度，也是财政支出管理的一个重要环节。

### （一）政府采购的主要特点

政府市场的购买者，主要是各级政府的采购部门。与其他组织顾客比较，政府采购由于资金来源的公共性、政府组织的非营利性等，表现出以下特点。

（1）采购对象的广泛性、复杂性。政府购买的目的主要是维护社会安全及健康运转，因而采购范围宽泛、内容复杂。从一般办公用品到生活用品，从快消品到不动产，有可能"什么都会购买"。

（2）较强的政策性。政府采购与政府的宏观调控政策相协调，可以调节经济运行；经费来源主要是财政预算，一般不能突破；注重社会效益，以维护社会公共利益为出发点。

（3）公开透明，并以竞争方式作为实现采购目的的主要做法。政府采购把竞争机制引入公共支出的使用，符合纳税人对政府少花钱、多办事的要求。同时，也提高了采购活动的透明度，便于纳税人监督公共资金的分配和使用。这一制度在市场经济发达国家已有两百多年历史，被称为"阳光下"的交易。

（4）受法律的严格限制。采购决策必须按照法定程序审批才能实施，采购方式和程序都有法律明文规定，采购机构的权力受法律制约，采购内容也受到法律限制和采购标准控制。一项复杂的、涉及金额较大的采购项目，往往可能要经过多个部门审批，有的还要反复论证。决策时间长，手续繁杂。

（5）强调价格。之所以如此，一是因为政府采购经费有限；二是作为买方的政府部门是唯一的，作为卖方的供应商会有多家。供应商之间的竞争，使得价格不能过高。一般情况下，政府总是向既能提供合格的产品、服务，同时报价又低的供应商采购。

（6）极大的影响力。政府采购的主体是政府部门，在一个国家也是最大的单一消费者。由于购买力巨大，政府采购规模、采购结构的变化，会对社会经济的发展、产业结构及公众

## 第三章　洞察组织市场及其购买行为

生活带来明显的影响。政府采购产生的这种影响是其他采购主体不可比拟的，也常常成为各国政府使用的一种宏观经济调控手段。

应当注意的是，在政府与供应商的业务关系中，政府往往处于主导地位，竞争主要在卖方企业之间。由于政府部门支出的总额既定，所以政府市场的潜力也有一定的限度。每个供应商企业的努力，主要是对自己所占的市场份额大小产生影响。政府采购看重价格，供应商唯有不断地降低成本，在保证质量的前提下维持合理的价格水平，才能有更强的吸引力和竞争力。

### （二）政府采购的基本模式

政府采购一般有三种模式。
(1) 集中采购模式。由一个专门的采购机构负责本级政府全部采购业务。
(2) 分散采购模式，由各支出采购单位自行采购。
(3) 半集中、半分散采购模式。由专门的政府采购机构负责部分项目的采购，其他的各单位自行采购。

在我国，集中采购模式占有很大的比重。列入集中采购目录和达到一定采购金额的项目，都必须集中采购。

### （三）影响政府购买决策的因素

政府的购买决策同样受到环境因素、组织因素、人际关系因素和个人特性因素等的影响。根据政府组织的特点，还要注意以下的影响。

(1) 社会和公众监督。虽然各国政治经济制度不尽相同，但政府采购无一例外会受到各种监督。例如在我国，重要的政府预算项目必须提交相应的人民代表大会审议，经费使用情况要接受监督。有的国家成立专门的行政管理和预算办公室，审核政府的各项支出，并试图提高使用效率。新闻媒体、公众舆论也很关注政府经费使用。公民和社会团体经常通过各种途径表达他们对税赋如何使用的意见和看法。
(2) 国际、国内政治形势的影响。
(3) 政府追求的其他一些非经济性目标。除了价格因素，政府采购也可能结合考虑其他目标。当我国出现"卖粮难"现象的时候，政府会按最低保护价组织粮食收购。美国前总统罗斯福在经济衰退时期实行的"新政"，就是由政府投资大力兴建基础设施，刺激经济增长。

## 三、非营利组织的采购方式

非营利组织的采购方式一般分为公开招标选购、议价合约选购和日常采购等类型。

### （一）公开招标选购

公开招标是指买方通过刊登公告、广告或发出信函，公开说明拟购品种、规格和数量等,邀请不特定的供应商在规定期限参与投标。有意争取业务的卖方企业按规定填写标书(格式通常由招标人规定),说明可供项目名称、品种、规格、数量、交货日期和价格等条件,密封送交组织招标的买方有关部门。有关部门在规定日期开标,一般选择报价低且符合其他要求的供应商成交。买方一般无须与卖方反复磋商,而且处于较主动的地位。在供应商之间,会产生激烈竞争。

供应商企业为了夺标,除了遵守相关的法律规定,还要注意以下方面:

(1) 自己能提供的价值可否达到招标方的要求,合约条件对自己是否有利。特别是一些非标准化的项目及其规格,往往成为夺标的障碍。

(2) 标价是否最低。一般情况下,买方总是愿意把订单交给报价低的供应商,除非供应商企业提供的项目属于名优品牌才有可能让步。既要有利可图,又要保证夺标,如何选择报价是一个关键。

(3) 能否符合买方的一些特殊的要求。比如政府机构采购一些设备,可能提出维护及相关费用由供应商负担,通常免费维修期长的供应商夺标的可能性大。

### (二) 议价合约选购

议价合约选购是指采购部门和几个供应商接触,最后与其中合适的卖家签约达成交易。这种方式多用于复杂的工程项目,因为这类项目往往涉及较高的研发费用和更大的风险。在美国,一旦政府采购业务涉及复杂的计划和重大的不确定性,供应商之间的竞争性又较小,往往采用这种方式采购成交。

这类合约的定价有多种方法,如成本加成定价法、固定价格法和固定价格加奖赏法(供应商企业降低其成本则可多赚)等。供应商利润过多,可重新议价,使之合理又无损双方。大企业取得合约之后常把项目分解,把其中一部分转包给其他公司完成。因此,政府采购往往产生连锁效应,在企业用户市场产生引申需求。接受转包的小公司在大承包商控制下,按要求交保证金并分摊风险。

### (三) 日常采购

这是指非营利组织为维持日常办公、运转进行的采购。与公开招标和议价合约采购的做法不同,这种方式不公开招标,多数情况下也不用签订书面合同。采购金额较少,则交款和交货通常采用即期交付。例如添置办公桌椅、采购纸张和文具等。其特点类似于企业用户的直接重购。

## 本章小结

组织顾客的最大特点是组织购买、团体消费。组织市场的顾客数量少,购买规模大;需求具有衍生性质;需求缺乏弹性;对技术要求较高,购买程序复杂;流行直接采购、互惠购买和租赁等做法。组织购买者的行为模式也是一个投入产出的过程,一方面受到外部环境各种刺激,另一方面形成相应购买反应。

## 第三章 洞察组织市场及其购买行为

企业用户的购买对象,从营销学意义上可分为投产型产品、基础型产品和辅助型产品。企业用户的购买决策有直接重购、调整性重购和新购等类型。在一项购买中,通常会有使用者、影响者、采购者、决策者、批准者和信息控制者等角色介入其中,产生不同的影响,形成事实上的"采购中心"。企业用户的购买决策受到环境因素、组织因素、参与者个人因素和心理因素的影响。

企业用户的购买过程,最复杂的可区分为八个阶段,即认识需要、确定需要、说明需要、物色供应商、征求供应建议书、选择供应商、签订合约和效果评估等。每个阶段,买方都要进行一系列的决策;供应商企业也要认真分析,并采取相应、有效的营销方式与措施。

非营利组织泛指所有不以营利为目的的机构团体。其中,政府通过税收、财政预算等,掌握相当的国民收入,形成了一个潜力很大的政府市场,是非营利组织市场的主要顾客。

## 思 考 题

1. 试述组织市场的性质和主要特点。
2. 为什么说,即使供应商只是面向组织顾客、从事组织间营销,也同样需要关注相关消费者市场的变化和动向?
3. 如何认识组织购买者的行为模式?
4. 国际服务外包业务一般有哪些分类?
5. 将组织顾客的购买对象区分为投产型、基础型和辅助型产品,有什么重要的营销意义?
6. 直接重购、调整性重购和新购等购买决策有什么不同?营销决策需要注意什么?
7. 怎样分析和识别企业用户购买过程的参与者及其承担的角色,以提高营销措施的针对性?
8. 哪些因素影响企业用户的购买决策?试举例说明。
9. 在企业用户购买过程与决策的不同阶段,供应商企业开展营销需要注意什么?
10. 试述政府市场的购买特点与影响因素。
11. 试述非营利组织的采购方式。
12. 怎样认识互联网的发展和普及对组织顾客购买行为的影响?

☞ 案例练习

### 美国军方使用外包服务的经验

美国军方对外包服务的理解,是在招标基础上通过签订长期合同,由外部组织来完成军事机构的非专业(辅助性)职能。外部组织可以是国家机构,也可以(基本上)是私人公司。

美国军方在保障日常活动和军事行动中都使用外包服务。根据美国法律,军事机构应将

## 国际服务外包营销：基于创造顾客满意的视角

专业化商业企业作为选择对象，从性价比的角度对其能力进行有效运用，从而完成自身的辅助性职能。

五角大楼是使用外包服务的最主要政府机构，其广泛使用外部私人机构的服务来保障自己的活动，并解决某些问题。美国军方通常交由外包公司完成的职能有物质技术保障，基础设施项目、部署地点的营运及维护，武器与军事技术装备的技术维护和维修，提供日常服务及金融服务，完成建筑工程及维修工程。

五角大楼的专家认为，外包服务能够：在开支明显消减的情况下，小范围地吸收具有某些领域工作经验的专业人员参与工作并保证工作质量；使军方将主要精力集中用于解决主要问题，从而保持较高的战备状态和战斗力；推广现代技术；保证决策的高度灵活性和机动性；节省用于提高人员专业水平及技能、设置工作岗位、支付保险费用及奖金的临时性及财政性支出；使各级领导层腾出时间和资源，用于履行主要工作职责；在潜在的承包人之间开展竞争，了解其对发包人任务的适应性以及是否有兴趣开展长期协作，进而以此为基础选择使用外包公司的最佳方案；提供财政及法律保障，从而使外部机构在造成损失的情况下进行赔偿。

服务外包的主要不足有：（1）军方人员有可能蒙受损失（其中包括不可挽回的损失），丧失独有的、完成一系列专门性任务所必需的知识和经验。这些专门性任务，包括对最新武器及军事装备进行维修、使用准备和维护，开展侦察，对获取情报进行评估和处理，以教官身份对人员进行实用科目培训等。（2）在做出将某些任务交由外部机构完成的决定时，可能对基础性的附加开支明显估计不足。（3）对大规模工程完成进程实施控制难度较大，可能造成工程完成的质量不高。（4）对外包服务执行者的控制手段具有局限性。（5）在承包公司更换的情况下不能保证工作的连续性。

美国及其盟友在伊拉克及阿富汗开展军事行动后，以及在上述国家实施后续局势稳定和冲突后的调停过程中，以空前的规模吸收私人军事公司人员来代替军方人员完成任务。根据与五角大楼签订的合同，当时在阿富汗和伊拉克境内开展行动的私人军事公司人员有138 000万人，其中仅有42 900人为美国公民。

尽管美军继续广泛使用外包服务，但近年来五角大楼采取了一系列措施，旨在降低国防部门活动对外部公司的依赖性。2009年4月，国防部长罗伯特·盖茨宣布，决定在2010财政年度设置13 000个文职人员职位，由他们履行传统上由商业机构人员承担的职责。到2015年，文职人员的职位将达到30 000个。2011年9月五角大楼向国会通报，2010财政年度为了取代外部机构人员设置了16 782个文职人员职位，这些新设置的职位42%在陆军，28%在空军，16%在海军，14%在国防部直属机构。之所以调整，主要（半数以上）是出于节省财政资金的考虑。

美国国防部及联邦监察机构领导层承认，由于所采取措施在财政、社会及人事领域所取得的效果要经过相当一段时间才能表现出来，目前还不能够对其成果进行全面、客观的评估。

资料来源：知远. 美国武装力量使用外包服务的经验 [J]. 服务外包，2014 (2).

# 第三章　洞察组织市场及其购买行为

## 讨　　论

1. 从美国军方使用外包服务的经验分析，作为一种组织顾客，其采购体系和购买过程有什么特点？

2. 面向美国军方这样的组织顾客，供应商企业需要注意什么？应当怎样考虑和设计营销方案？

# 第四章 评估竞争格局和竞争者行为

☞ **本章学习目标**

- 行业动态和竞争格局
- 竞争对手及其类型、反应模式
- 平衡需求导向和竞争导向
- 市场领导者、市场挑战者、市场追随者和市场利基者
- 市场领导者的营销战略与选择
- 市场挑战者的营销战略与选择
- 市场追随者的营销战略与选择
- 市场利基者的营销战略与选择

☞ **开篇案例**

## 华为鸿蒙之战

稳居全球三大手机厂商的华为,一直是 Android 生态的最强参与者之一。2019 年 5 月 19 日,谷歌宣布将遵守特朗普华为禁令,华为将不能再使用 Android 智能手机的基础功能,甚至 Google Play 应用商店都不会出现在华为新款手机中。3 个月后,2019 年华为开发者大会,鸿蒙(Harmony OS)发布。

近一年来华为高管不止一次向外界示好,"优先使用 Google 服务和 Android 系统""鸿蒙操作系统只是 Plan B"。然而谷歌态度没有丝毫松动。9 月 10 日,2020 年华为开发者大会上,华为消费者业务总裁余承东宣布鸿蒙(Harmony OS 2.0)开源的消息。至此,华为的生态之箭,已经箭在弦上。

华为身上兼有苹果和谷歌的特色和优势。华为像苹果那样是全球顶尖的手机厂商,拥有超强和庞大的自有产品线;华为鸿蒙系统将兼容所有 Android 应用,这是苹果所缺乏的广阔生态。"做一个操作系统的技术难度不大,难度大的是生态。"华为创始人任正非曾表示。据全球网站通信流量监测机构 Statcounter 相关信息显示,至 2019 年底,全球五大操作系统 Android 为 39%、Windows 为 35%、iOS 为 13.87%、macOS 为 5.92%、Linux 为 0.77%。第三方咨询机构 Counterpoint Research 称,鸿蒙操作系统预计在 2020 年底超过 Linux,冲到全球前五。此前有机构预测,2020 年底鸿蒙 OS 在中国市场份额有望达到 5%,全球市场份额

# 第四章 评估竞争格局和竞争者行为

冲击2%。

无论上述目标是否能达成,鸿蒙OS的首要目标仍是移动生态,苹果和谷歌是主要竞争者。Statcounter数据显示,在移动端操作系统中谷歌Android系统约占75%、苹果iOS占23%,鸿蒙的第一步是在这个"两强世界"中抢占份额。

华为消费者业务CEO余承东表示,鸿蒙OS是开源的,代码可供开发人员免费修改和使用,并旨在与硬件"分离",开发人员仅需设计一次,软件UI就可跨多个设备部署。鸿蒙OS基于Linux,是与Android相同的开源平台,意味着鸿蒙和Android可彼此共享兼容性。将来某个时刻,"鸿蒙OS"将成为"华为OS",几乎可以支持华为全线消费级产品,使华为生态立足天下;最坏的结果也不过是就像苹果iOS,只有自家产品使用。

按照计划,2021年4月,华为的源代码将面向内存128MB-4GB的终端设备;2021年10月,将面向4GB以上的设备。从某种意义上说,全新的鸿蒙OS与Android相比,拥有更新的设计思路和面向万物互联的超级链接生态模式。在经历若干年华为产品和生态实践后,完全能够具备技术上抗衡甚至超越Android和iOS的可能性。

鸿蒙OS与Android同源,所以将有机会直接与Android竞争,谷歌"无险可守"。虽然Android的移动市场占有率与Google搜索一样只手遮天,但这是建立在Android向除了iPhone外的所有智能手机厂商开放的基础上的。鸿蒙OS和Android一样,甚至鸿蒙在智能家电和可穿戴产品上拥有更佳的用户体验。鸿蒙OS可以完全替代Android。Android唯一的护城河就剩下"Google全家桶"(谷歌移动服务GMS)。

鸿蒙OS与iOS的竞争方式和关键点不相同。其采取全开放模式,对苦"苹果税"久矣的应用开发者来说更有吸引力。近年来,四处惹战的苹果与应用生态圈的关系一直糟糕。剩下的护城河是iPhone,但近年来iPhone创新不足早已被业界公认,甚至在全球前十大手机厂商中最晚发布5G手机。苹果目前依靠降价激励销量,控制iPhone成本来维持利润,无异于"饮鸩止渴"。

苹果近期的另一举措,也将其与社交等一大批App开发商的关系降到了冰点。苹果iOS14修改了版本,要求所有应用开发人员必须提示、询问用户:你希望分享你的IDFA(广告客户标识符)吗?这等于在广告与iPhone用户之间竖起一道篱笆。对以Facebook为首的互联网广告服务商来说,将损害整个广告收入增长。

"华为手机+鸿蒙OS",将完全有能力挑战"iPhone+iOS"组合。

未来几年,鸿蒙OS将成为华为在软件生态中的最大压强点,Android和iOS将无可避免感受到巨大冲击。

资料来源:王昕.推演鸿蒙、Android、iOS"三国杀":谷歌无险可守、苹果四处惹战[EB/OL]. IT时报,2020-09-14. http://www.it-times.com.cn/a/hulianwang/2020/0914/32677.html.

**思考与分析**

1. 面对Android和iOS,华为鸿蒙是应该做市场挑战者还是追随者?
2. 华为公司的战略选择,可以给我们开展国际服务外包营销什么启示?

现实中企业之间的竞争关系往往是多方面、全方位的,国际市场的竞争更是错综复杂。竞争者的一举一动,都会对企业及其营销活动和决策产生相应影响。因此需要厘清竞争的形势和脉络,明确具体的对手及其目标,并依据自己的市场地位选择和决定对应的行动。

# 第一节 竞争与竞争者

做出任何竞争选择之前,首先,需要了解所处行业动态,自身地位和方位,市场竞争的基本格局;其次,需要了解谁是竞争对手,其目标、优势劣势和竞争态度、反应方式等。以考虑在自身运营中如何妥善处理需求导向和竞争导向的关系。

## 一、行业动态和竞争格局

行业动态取决于需求与供给的基本状况。市场供求影响行业结构;行业结构影响行业和行业内企业的行为,诸如产品开发、定价和广告战略等;行业和企业的行为决定绩效,诸如行业、企业的效率和成长。其中,决定竞争格局的主要因素有集中程度、产品差异和进入与退出障碍。

### (一)集中程度与产品差异

集中程度是指一个行业里厂商的数量,通常用行业中最大企业的销售额或市场占有率衡量;产品差异是指行业内各个企业的产品、服务可被顾客感受和认知的不同之处。有的产品不论出自何家,在顾客眼中都基本一样。例如,没有人会认为两户农民、两家农场种植的同一品种稻米混在一起就成了不同的产品;两家钢铁企业生产的钢材即使规格型号相同,也会有很大区别。更多的产品,如汽车、服装、家具和电子产品等,不同品牌会带给顾客不同的感受,如苹果、三星和华为等手机。甚至互联网门户网站和网上购物,如新浪、网易、阿里巴巴、当当和亚马逊,顾客认知也会大不一样。产品差异使得不同品牌的产品、服务之间难以直接比较,顾客对它们也往往是萝卜青菜各有所爱。

集中程度和产品差异的关系,理论上会形成四种不同类型的市场结构。其中完全竞争和完全垄断是两个极端,现实生活中也很少见;垄断竞争和寡头垄断介乎于之间,市场上普遍可见。它们是考虑企业竞争战略的依据之一(见表4-1)。

表4-1 不同市场结构下的竞争程度

| 项目 | | 产品差异 | |
| --- | --- | --- | --- |
| | | 无或少 | 大或多 |
| 集中程度 | 众多 | 完全竞争 | 垄断竞争 |
| | 较少 | 无(产品)差异的寡头垄断 | 有(产品)差异的寡头垄断 |
| | 独家 | 完全垄断 | |

**1. 完全竞争**

是指一种市场竞争不受任何干扰和阻碍的"自由"状态。其特征是:

(1)行业集中程度很低,即买主卖主很多。其中任何一家的购买或销售在总交易量中都只占很小比例,谁也无法左右市场价格。

# 第四章　评估竞争格局和竞争者行为

（2）产品同质化。即在顾客眼中不同企业的产品、服务没有什么不同。所以买主对由谁生产、向谁购买并不在意，也不会有特别的偏好。

（3）卖主进出行业自由，不存在任何的限制。

（4）市场信息是畅通的。买卖双方都无法凭借信息不对称，即自己信息占有的优势或对方信息缺乏的劣势，抬高或压低市场价格。

在完全竞争的环境中，卖主只能遵从而无法高于现行市场价格水平，买卖双方都只能是"价格的接受者"，而不是"价格的决定者"。市场竞争的焦点一般是降低成本、增加服务，努力形成、扩大与竞争品牌的差异。

**2. 垄断竞争**

这种市场的特征是竞争与垄断因素的并存。一方面卖主很多，行业主要由中小企业组成，企业进入退出行业自由；另一方面产品存在差异，导致部分垄断的可能。这些差异可以基于某些实质性因素，如汽车、电脑和手机的性能，服务提供的内容、水平等的不同；也可以是来自某些心理因素或其他的影响，如广告、包装、品牌和工作态度，甚至渠道和网点的便利性等，都可能使买主产生不同的体验和认知。这种不同的感受越强烈，顾客对喜欢的品牌依赖性就越大，产生的"顾客黏性"也越强，企业在竞争中被其他的产品、服务替代的可能性就越小。卖主涨价，不会失掉全部顾客；对手降价，也不能把顾客都吸引过去。价格的需求弹性因此变小，卖主在一定程度上可以自主定价。

**3. 寡头垄断**

寡头垄断格局也是一种竞争与垄断因素混合的市场结构。不同于垄断竞争格局的是，寡头垄断的市场只有少数几家大企业存在，任何一家的效益好坏不仅取决于自身怎么做，还要受制于对手如何反应。

寡头垄断有两种具体形式：

（1）无（产品）差异的寡头垄断，或者完全寡头垄断。各家企业产品同质化，如水泥、钢铁、糖、铜等原材料的生产。这些行业的产品都有规定标准，买主主要关心规格、型号和价格等，一般不太在意具体哪家生产。其中一家卖主降价，可能迫使其他企业也跟随降价，或增加服务，否则可能会滞销。大家都降价，最多吸引一些新顾客，但不可能把对手的顾客全拉过去。一家卖主涨价，对手并不跟进涨价，这家企业就会丢失买主。因此，主要的竞争方式是改进自身管理水平、降低成本和增加服务等，价格相对稳定。

（2）有（产品）差异的寡头垄断，也叫不完全寡头垄断。在这种市场上，各家产品至少在顾客看来是有差异的。买主不仅关心价格，还注重品牌、生产者等。一般卖主都希望成为有差异的寡头垄断企业，使顾客相信其品牌、产品和服务与别家不同，以增强不可替代性。这样，企业可以制定更高的价格，获取差异化的优势和利益。相互之间竞争的焦点一般也不是价格，而是各自特色，即差异化。

**4. 完全垄断**

完全垄断也叫纯粹垄断，是指一个行业中只有一家企业，故其没有同类产品和直接竞争的状况。在现实中，一个行业完全没有竞争、只由一家企业控制的情形是很难做到的。比如

# 国际服务外包营销：基于创造顾客满意的视角

铁路运输一般属于垄断，但是有公路、水路和航空运输等与之竞争；电力供应一般也属于独家经营，但仍然面临着煤气、石油和其他能源的竞争。即使没有品牌竞争者，也会面临产品形式竞争者或一般竞争者等。新竞争者和替代品的威胁，也会迫使企业改进和完善管理，争取提供更好的产品、服务，作为阻挡竞争者的障碍。

从理论上说，由于没有不同品牌的竞争者，卖主完全控制市场价格，可在法律许可的范围内自主决定产品、服务的价格。

## （二）进入与退出障碍

"障碍"反映一个企业进入或退出某个行业的阻力或困难大小。一个行业的厂商数量，受到进入与退出障碍的影响。

一般而言，一个行业平均利润较高，就容易吸引其他企业进入。但进入一个行业并成功运营，必须具备某些基本的条件，否则无法进入。比如足够的资本，规模经济的要求，专利许可，原材料供应保障，分销商的合作性和必需的市场、品牌声誉等。其中一些障碍是行业本身固有的，还有一些则是先期进入企业为维护既得利益，单独或联手设置的。一个企业即使已经进入某一行业，在向更有吸引力的细分市场流动时，也可能遇到种种障碍。不同行业进入障碍大小不同，比如开一家小商店、小餐馆，无论报批还是资本、技术要求，都比进入汽车制造、房地产和人工智能等行业，要容易、简单许多。

一个行业如果长期利润水平偏低甚至亏损，已经进入的企业也会考虑退出，将人财物力等资源转移到更有吸引力的业务领域。退出一个行业，有时也会遇到种种的阻力，如对顾客、债权人或员工法律上道义上的义务，政府的限制，过分专业化或设备陈旧造成的资产利用价值低，未发现更有价值的机会，高度的纵向一体化，感情障碍等。即使不完全退出一个行业，仅仅是缩小经营规模，也可能遇到障碍。由于退出障碍的存在，一些企业即使无利可图，只要能收回可变成本和部分固定成本，也都会继续维持运营，它们拉低一个行业的平均利润水平。

从竞争的角度看，对于已在行业的企业，进入障碍高、退出障碍低是"好事"。这种情况下新竞争者由于进入障碍高难以进入，经营难以为继的对手因为退出障碍低也容易离开，行业内部恶性竞争风险小，可以保持相对较高和稳定的收益。反之，进入障碍低和退出障碍高，新竞争者容易进入，已经形成的生产能力难以从离开和转移，行业内部竞争必然激烈。如果进入与退出障碍都高，即使潜在的收益大，这个行业的风险也是较大。进入和退出障碍都低，这个行业一般只能保持在较低的收益水平上（见图4-1）。

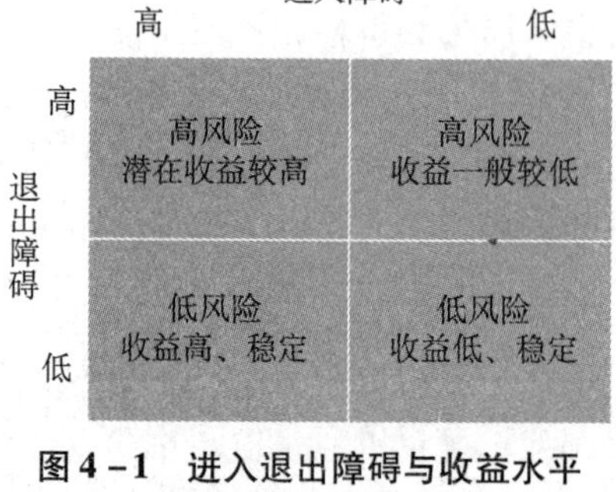

|  | 进入障碍 高 | 进入障碍 低 |
|---|---|---|
| 退出障碍 高 | 高风险<br>潜在收益较高 | 高风险<br>收益一般较低 |
| 退出障碍 低 | 低风险<br>收益高、稳定 | 低风险<br>收益低、稳定 |

图4-1 进入退出障碍与收益水平

# 第四章　评估竞争格局和竞争者行为

## 二、分析竞争对手

通过分析行业动态和竞争格局，企业可以明确自己的竞争环境。同时，还要注意界定竞争者的范围，例如它们与企业之间是争夺产品、服务的销路，即顾客；还是争夺生产所需资源，即供应商；或是争夺营销中介力量，即有关渠道商提供的帮助。站在顾客的立场，还可将它们分为欲望的竞争者、一般竞争者、产品形式竞争者和品牌竞争者等。不仅要善于识别对手是谁、有谁，还要分析其在竞争中的类型和目标。

（一）分析对手的类型

从区别和选择对手的角度，一般可对竞争者作以下的分类：

（1）强的竞争者与弱的竞争者。古人云，"杀敌一万，自损八千"。因此，在竞争中，如果可以选择的话，企业一般更愿以弱于自己的对手为竞争对象。攻击弱的竞争者，可以较快地提高市场份额，用于竞争的耗费也可能更少；但是，与弱的对手竞争，对于自身能力的提高和利润增加，帮助也可能更少。与强的对手竞争，更有助于提高自己的生产、管理和经营能力，获取更多市场份额和利润，但代价和风险更大。

（2）近的竞争者与远的竞争者。大多数企业重视的是与地域相近、行业相同的对手之间的竞争，认为它们的威胁更大。例如更加关注品牌竞争者、产品形式竞争者，容易忽略一般竞争者，尤其是欲望的竞争者。数码相机制造商可能更关心其他数码相机品牌的举动，对具有拍照功能的智能手机的发展反应迟缓；一家啤酒制造商也可能更在意同行的表现，却很少考虑饮料、饮茶习惯和茶叶等会对啤酒需求产生什么影响……因此，企业一方面要注意避免"竞争者短视症"，另一方面要提防"螳螂捕蝉，黄雀在后"。例如，在"消灭"容易对付的对手之后，可能又招来了更难对付的竞争者。

（3）"好的"竞争者与"坏的"竞争者。竞争者的存在不仅是客观现实，而且也有可能给行业、企业带来一些战略利益。例如，相互竞争扩大了整个市场，更多的竞争者分担了开发原始需求的成本，为较为弱小、落后的营销者提供了成本方面的"保护伞"，进入吸引力不大的细分市场或使彼此之间形成更多的产品差异等。

但竞争者也有"好""坏"之分。一般来说，"好"的竞争者遵守行业规则和市场秩序；根据行业增长的潜力，提出切合实际而不是"非分"之想；按照成本合理定价；把自己限制在行业的某一领域或某一细分市场；推动他人降低成本，提高差异化程度；接受为它们的市场份额和利润规定的大致界限。而"坏"的竞争者违反行业规则，破坏市场秩序；企图靠花钱而不是靠努力去扩大市场份额；敢于冒大风险；生产能力过剩仍然继续投资……它们破坏行业平衡，给全行业带来"麻烦"。企业应当联合"好的"竞争者，共同对抗"坏的"竞争者。

（二）分析对手的目标

不仅要判断对手的类型，还要了解其战略追求和目标。企业必须盈利，不能提高效益的竞争是没有意义的。因而也可以此为线索，结合对手历史传统、企业文化和具体的战略情境等，探究其竞争目标。

需要注意的是，不同企业对长期利润和短期利润的重视程度不同，期望值也不一样。例如有的追求"最大化"，不达最大决不罢休；有的只要利润"满意"，达到预期就可"鸣金收兵"；还有的刚刚在市场起步，目标是"生存"。具体目标也多种多样，如盈利能力、市场份额、现金流量、成本降低、技术领先和服务领先等，各个企业都有不同的侧重点和目标组合。所以，一个企业包括其竞争者，目标都是由多种因素共同决定的，如企业规模、历史、管理思想、经营状况、经济状况甚至领导层的行事风格等。

了解对手的战略、目标及其组合，可以判断它们对不同竞争行为的反应。比如一个追求成本领先的企业，会对对手生产领域的技术突破做出强烈的反应，但对其增加广告投入则可能不太在意。

### （三）分析对手的优势劣势

企业还要根据对手类型和目标，评估其实现战略意图的实力。这取决于竞争者的资源、条件和能力，以及由此决定的达成目标的优势和劣势。

**1. 收集信息**

收集范围包括竞争者业务、绩效最新的关键数据，如销售量、市场份额、心理份额、情感份额、毛利、投资报酬率、现金流量、新投资和设备能力的利用等。其中，"心理份额"是调查中回答"在行业首先想到哪一家"时，提名对手的顾客所占比例；"情感份额"是回答"你最喜欢购买的是哪一家"时，提名对手的顾客所占比例。

可以查找二手资料，以及顾客、供应商和中间商调研所获得一手资料。

**2. 分析评价**

根据资料，综合分析对手的优势与劣势。假设见表4-2。

表4-2　　　　　　　　　竞争者优势与劣势分析

| 品牌 | 顾客对竞争者的评价 | | | | |
|---|---|---|---|---|---|
| | 顾客知晓度 | 产品质量 | 情感份额 | 技术服务 | 品牌形象 |
| A | 5 | 5 | 4 | 2 | 3 |
| B | 4 | 4 | 5 | 5 | 5 |
| C | 2 | 3 | 2 | 1 | 2 |

表4-2中，5、4、3、2、1分别表示优秀、良好、中等、较差和差。可见，竞争者A的产品知名度和顾客认为的质量最好，但技术服务和品牌形象较为逊色，导致情感份额下降；竞争者B的产品知名度和质量不及A，但技术服务和品牌形象优于A，致使情感份额达到最大。

**3. 优胜基准**

找出对手最好的做法作为基准，模仿、组合和改进，力争赶超。包括：

（1）确定优胜基准的项目；

## 第四章　评估竞争格局和竞争者行为

（2）确定衡量关键绩效的变量；

（3）确定最佳级别的竞争者，衡量最佳级别竞争者的绩效；

（4）衡量企业的绩效，制定缩小差距的计划和行动；

（5）执行和监测结果。

### （四）分析对手的反应模式

通过了解对手的经营哲学、企业文化、主导信念和领导层心态等，预测其对各种竞争威胁可能作出的反应。

（1）从容型竞争者。它们对某些特定的对手及竞争行为，通常不会着急或强烈作出反应。可能认为自己的顾客忠诚高，不会很快转移购买；或认为对手的行动不会产生太大影响；也可能一时缺乏反应必需的条件，如资金等。

（2）选择型竞争者。它们特别关注某些类型的竞争行为，对其他的可能不太在意。比如对降价行为不可容忍，一定针锋相对；对手增加广告投入则"无所谓"，不做反制。了解对手反应范围和"底线"，利于企业考虑和选择适宜的竞争行为。

（3）凶狠型竞争者。它们对所有竞争行为都会迅速、强烈进行反应，意在警告其他的竞争者。

（4）随机型竞争者。对竞争行为的反应随机、"任性"，无法根据它们以往的情况，预测有无反应和反应强弱。

### 三、平衡需求导向和竞争导向

遇到市场竞争在所难免。但是，企业不能只关注竞争者和对手，更应关心顾客及需求，因为"顾客是企业的基础，并使其得以生存"[1]。

科特勒指出，应该注意区别两种类型的企业，一种以竞争者为中心，一种以消费者为中心。[2] 他举例提出，以竞争者为中心的公司（competitor-centered company），通常这样面对形势和做出反应。因为：（1）竞争者W将竭尽全力在迈阿密压垮我们；（2）竞争者X正增大休斯敦的分销覆盖，并危及我们的销量；（3）竞争者Y在丹佛已经降价，结果我们失去3%的市场份额；（4）竞争者Z在新奥尔良推出一种新的特别服务，我们的顾客开始把业务转向它……所以，（1）我们将撤出迈阿密市场，因为无力打好这一仗；（2）我们要在休斯敦增加广告开支；（3）我们将在丹佛采取相应的降价措施，以应对竞争者Y；（4）我们要在新奥尔良要增加促销预算；等等。

这种模式有其优点，也有缺点。从积极的方面看，企业拟订的是一个"奋斗者"的计划。它要求企业保持警惕，注意自己的弱点和对手的劣势。从消极的方面看，企业反应过度——它不是在执行一项始终如一的顾客导向的战略，而是根据竞争者的行动确定自己该

---

[1] ［美］彼得·德鲁克. 管理实践［M］. 毛忠明，程韵文，孙康琦，译. 上海：上海译文出版社，1999：41.

[2] ［美］菲利普·科特勒. 营销管理（第11版）［M］. 梅清豪，译. 上海：上海人民出版社，2003：297-298.

做什么,结果没有按照预定方向始终面对、走向目标。由于很多决策都要取决于竞争者会做什么,所以不知何处才是终点。

以顾客为中心的公司(customer-centered company),提出战略会更多地集中在顾客的发展方面。比如它们更注意:因为(1)总体市场每年增长14%;(2)增长最快的细分市场也是容易受到质量影响的细分市场,每年增长8%;(3)容易成交的细分市场也在增长,但这些顾客与任何供应商的关系都维持不长;(4)越来越多的顾客表示,对24小时热线电话供货有兴趣,本行业中还无人提供这种业务……所以,(1)我们要在达到和满足高质量细分市场方面,集中更多力量,计划是购买更好的元件、改进质量控制系统,并把我们的广告主题转向强调质量;(2)我们将避免削价和妥协,因为我们不需要喜欢这种方式购买的客户;(3)如果前景良好,我们将安装24小时热线电话;等等。

科特勒认为,以顾客为中心的企业能更好地识别新机会,并建立具有长远意义的战略。通过观察顾客需要和欲望的演变,在资源和目标允许的条件下,它能决定何种顾客群体和哪些新出现的需求才是最重要的服务对象和营销机会。例如亚马逊(Amazon.com)的开创者杰夫·贝佐斯,强烈支持以顾客为中心的导向。亚马逊的使命就是"我们围绕顾客而不是竞争者。我们观察我们的竞争者,向它们学习,学习它们为顾客做有意义的事情,以及尽我们所能地复制它们。但我们从不缠住它们。"

☞ **案例 4-1**

### 华为如何看待竞争、顾客与产品和服务

华为企业创始人、总裁任正非表示,"华为走到今天,就是守住常识——做企业就是要对得起客户,你给他们满意的产品,他们付钱养活你。华为走到了今天,就是靠着对客户需求宗教般的信仰和敬畏,坚持把对客户的诚信做到极致。""华为没有秘密,追求产品品质的研发,追求对客户需求的实现,追求对高绩效员工的回报。华为就是守住了常识,就是在这一点上几十年如一日地坚守。""现在供给侧改革的中心,就是提升产品的品质。你不提高品质,就会驱赶老百姓到国外去爆买。""提升品质,需要巨大的投入和决心,需要几十年厚积薄发。"

资料来源:王育琨. 任正非:对客户需求要有宗教般的信仰和敬畏 [EB/OL]. (2016-03-06) [2020-10-01]. https://www.sohu.com/a/62064415_355144.

## 第二节 市场领导者与营销战略

在一个行业中,根据不同企业的市场地位及战略追求,一般可将它们分为市场领导者、市场挑战者、市场追随者和市场利基者等类型。市场领导者是一个行业的"排头兵",占有相对最大的市场份额;也是"领头雁",在技术、产品开发和营销乃至企业运营的各个方

# 第四章　评估竞争格局和竞争者行为

面，常常会是行业焦点和众矢之的。作为市场领导者企业，它们通常从三个方面考虑和实施营销努力，以巩固和保持自己的行业地位，反击对手入侵。

## 一、发现和扩大总体市场

市场领导者占有的市场份额最大，总体市场一旦"扩容"，自然也会受益更多。一般它们通过开发新用户，或为产品、服务找到新用途，或增加顾客使用等途径，设法寻求、扩大总体市场。

### （一）开发新客户

（1）转化未使用者。重点是开发市场的原始需求，促使从未使用的潜在顾客接受与购买。例如航空业通过广告、消费者教育等活动，比较飞机出行相对于火车、汽车的优势，吸引一直都是乘坐地面交通工具的顾客改乘飞机；服务外包提供商通过展示服务外包的利益和好处，说服从未外包服务业务的企业用户，将相关业务外包给自己承担，将它们转化为客户。

（2）进入新的细分市场。总体市场可依据不同标准，区分为不同的细分市场。例如航空公司可从普通客运业务、商务舱服务中，辨识出一个商务客运包机细分市场。

（3）开拓新的地理市场。即寻找尚未使用相关产品、服务的地区，发展和推广业务。例如航空公司开辟新的航线，将客运市场扩展到新的国家、地区；服务外包企业的业务由原来的国内市场发展到国际市场，或由原来的北美市场进入西欧市场；等等。

### （二）寻找新用途

为现有产品、服务找到新的用途，也是扩大总体市场和销售的重要路径。例如，食品制造商在其包装上介绍多种烹制"模式"，使顾客了解更多的做法与口味，增加兴趣、购买数量和重复购买；手机或移动电话，早期是"随时"通话和短信收发，现在是从上网"冲浪"到移动支付，几乎开始无所不能；再如呼叫中心业务，不仅帮助企业用户为其目标市场提供热线咨询、投诉处理等服务，而且可用于售前咨询、售后服务（预约）、营销调研和数据分析、顾客满意度调查以及电话营销等活动。许多产品、服务的新用途，常常是在使用中发现的。企业要保持敏锐的触觉，善于把握并及时总结和推广。

### （三）增加使用

（1）增加使用次数。例如，电信运营商在大学校区周边的公交车站，以家庭亲情画面为主题、背景打出广告，循循善诱告之莘莘学子要"多给妈妈打电话"；汽车制造商向顾客赠送小册子或电子版宣传品，或与旅游行业合作，推介适合自驾出游的旅行线路，沿途的民俗民宿、山水风光、景点名胜以及优惠措施……设法引导顾客提高产品、服务的使用频率。

（2）增加每次的使用量。例如，电信运营商通过促销活动，鼓励和引导顾客提高每次通话时长。

(3) 增加使用场合。例如，可乐、凉茶等饮料摆上餐馆和家庭餐桌，成为酒类产品的一种替代性选择。

## 二、保护现有市场份额

占据市场领导者地位的企业，还必须时刻注意保护自己现有的业务。最好的防御是有效进攻，可以通过不断创新，在产品开发、成本降低、市场覆盖和渠道、顾客服务等方面，创造更好的顾客价值和体验，名副其实地成为行业的旗手。即使不主动发起进攻，也要加强防御，堵塞漏洞，不给挑战者以可乘之机。

市场领导者企业不可能防守所有的阵地。必须认真分析，哪些领域需要"严防死守"，哪些可以放弃而且不会带来太大的损失，将资源集中于关键领域。防守战略的基本目标，是减少遭受攻击的可能性，或将进攻目标引到威胁更小的领域，并设法削弱进攻的强度。

### （一）阵地防御

阵地防御是防御的基本形式。企业通过围绕目前的主要产品或业务，建立牢固防线。根据竞争者在产品、价格、渠道和促销等方面可能发起的竞争，制订和准备预防措施，在其进攻时能够守住原有的产品和业务阵地。

阵地防御也是一种静态防御。虽然在许多情况下是有效的、必要的，但若单纯依赖这种防御形式，也是一种"营销近视症"。企业更重要的任务，应该是技术创新、产品开发和扩展业务领域。历史上福特公司固守T型车惨遭失败，年盈利10亿美元的企业险遭破产。华为公司没有局限于赖以起家的运营商网络业务，不仅拓展了企业用户业务，还开发了以手机为代表的消费者业务。

### （二）侧翼防御

市场领导者企业还可在主阵地的侧翼建立辅助阵地，以保护自己的周边和前沿，并在必要时作为反制对手的基地。20世纪70年代，美国各大汽车制造商的主流产品是豪华型轿车，并未注意小型、省油的轿车这一侧翼的"非主流"产品。因此在遭到日本和欧洲厂商这种产品的侵袭时，曾经失去大片市场。传统上，超市在食品、日用品等市场占据统治地位，但其食品经营也受到以快捷、方便为特征的快餐业蚕食，日用品经营则受到廉价为特征的折扣商店的困扰。后来它们纷纷延伸产品线以抵御快餐业，广泛提供冷冻、速食食品和熟食，而且货源充足；推出无品牌廉价产品，在城郊和居民小区开设更多的新店，与折扣商店竞争。

### （三）以攻为守

企业还可在竞争者尚未构成严重威胁，或它们进攻之前抢先发起攻击，以削弱或挫败对手。

"以攻为守"是一种先发制人的防御战略，所以需要正确研判何时进攻效果更好，避免

# 第四章　评估竞争格局和竞争者行为

贻误战机。有的企业在对手市场份额接近某一水平，评定将要危及自己市场地位时发起进攻；有的在对手推出新产品或重大促销活动之前进攻，如推出自己的新产品、宣布新产品开发计划，或大张旗鼓开展促销，以压制对手。

先发制人的方式多种多样。可以运用"游击"战术声东击西，使对手疲于奔命、忙于招架；也可全面进攻，如精工手表有2300种款式，覆盖了各个细分市场；可持续降价，使尚未达到规模经济的对手险象环生；也可打心理战，警告竞争者将采取某种报复行动，实际上不一定付诸实施。当然，这种做法可偶尔为之，不宜频繁使用。

### （四）反击防御

受到攻击之后，进行反击要注意时机。市场领导者企业可以迅速反击，也可延迟反击。如果对手并未造成自己市场份额迅速或大幅下降，可在了解清楚其攻击的意图、目标、预期效果及其薄弱环节等之后再行反击，不打无把握之仗。

反击防御的主要做法有：

（1）正面反击。采取与对手相同的措施，正面迎击进攻。如竞争者大幅降价和大规模促销，市场领导者可凭借雄厚资金、实力和品牌声誉，以牙还牙地同样或更大幅度降价、促销，以有效遏制对手。

（2）攻击侧翼，即选择对手薄弱环节进行攻击。例如，企业A业务或产品、服务弱于对手，遇到对手削价攻击；但B业务或产品、服务明显强于对手。可考虑通过B业务降价反击，迫使对手放弃对A市场的进攻。

（3）钳形攻势，即企业同时实施正面攻击和侧翼攻击。如上述市场领导者企业，不仅B业务降价反击对手，A业务也降价。不仅如此，同时还推出新的C业务甚至D业务，一起剑指对手。

（4）退却反击。在对手进攻时先从市场退却，不在其士气旺盛时正面交锋，避其锋芒，减少不必要的损耗；待竞争者攻势减弱、放松时发起反击，收复市场，争取较小代价取得较大成效。

（5）"围魏救赵"。即在对手攻击企业主要市场时，也攻击对手主要市场，迫使其放弃攻击行动，回师保卫大本营。

### （五）机动防御

市场领导者企业不仅固守现有产品、业务，还可向一些有潜力的新领域扩张，作为将来防御或进攻的立足点。

### （六）收缩防御

企业也可主动撤出部分资源不足、实力较弱的领域，将主要力量集中到实力更强的业务和市场。优点是在关键部位集聚优势力量，"有所为有所不为"，增强主要业务领域的竞争力和市场份额。

倘若无法防卫所有的市场，并因为资源分散而可能影响到全局效益时，市场领导者企业可考虑收缩防御战略。

## 三、扩大和增加市场份额

市场领导者企业也可考虑不断扩大和增加其市场份额。一般而言，如果单位价格、经营成本不变，收益和利润会随着市场份额的提高而增加。当然也不能认为市场份额扩大，就一定意味着利润的上升。

是否继续提高市场份额，应当综合考虑以下方面：

（1）运营成本。许多时候有这样的现象，市场份额持续增加，在未超出某一限度时，利润会随市场份额的扩大而提高；市场份额超过某一限度继续增加，成本上升速度就会快于利润，利润会随市场份额的增加而降低。主要原因是提高市场份额的费用在增加。这时候市场份额应考虑保持在该限度，不应再盲目地追求扩大。

（2）营销组合战略。企业采用了不适合的营销组合，如过度的降价，过高的广告、渠道、人员奖励等费用，过多的服务项目等导致营销成本大增，市场份额的提高也会造成利润的下降。

（3）法律要求。为了保护竞争、防止垄断，许多国家都有法令法规，倘若一家公司的市场份额超出一定的限度，就要被分拆为若干相互竞争的企业。市场经济发达的西方国家一些著名企业，都曾因此有过被"肢解"的以往。因此市场领导者企业就要注意，接近"临界点"的时候要主动控制市场份额。

☞ 案例 4-2

**苹果公司发布 iPhone7**

2016年9月8日，苹果公司发布第七代新款iPhone7和iPhone7 Plus以及第二代苹果手表，9月16日在近30个国家、地区首批开卖。业内人士分析，移动互联网市场经过多年鏖战，智能手机"一炮走红"越来越难。

新款iPhone不仅具有双摄像头、防水、无线耳机等多项升级，还有一个亮点——内置"Homekit"智能家居平台。用户通过手机可管理远程摄像头、电灯、空调等电器，未来将有100多个品种的家庭设备支持苹果的智能家居设置。

虽然新品有诸多看点，但智能手机竞争已进入下半场——市场成熟期。此前安卓阵营手机厂商已提前开启"发售潮"，三星、华为、360、摩托罗拉、魅族和索尼等品牌都发布了新款。这意味着新一代苹果手机难以取得此前那样的爆发性市场效应。

专家分析，包括苹果在内的智能手机将面临不小的挑战。

挑战之一是全球智能手机市场都面临"天花板"。国际数据公司（IDC）发布报告，预计2016年全球智能机出货量14.6亿部，同比增长1.6%，不及此前预计的3.1%增速。报告认为诸多消费者已对智能机的功能感到满意，创新变得更难。艾媒咨询CEO张毅认为，

# 第四章 评估竞争格局和竞争者行为

这与智能硬件的丰富也有关。手机不再是创新功能的唯一载体,手表、家用电器、眼镜等产品都在向智能化过渡。

挑战之二是国产品牌的强势崛起。不仅苹果,三星也面临这一挑战。据 IDC 统计,第二季度三星、苹果出货量占全球冠亚军位置,三到五名均为国产手机。市场份额占全球第四的 OPPO,二季度出货量较第一季度上涨 137%;VIVO 增长幅度也达到 80%;二季度,华为在中国市场销量也已超过三星和苹果。华为、OPPO 和 VIVO 占据 47% 的份额,苹果份额位居第五,为 7.8%。

苹果手机面临的难题,也是全球智能手机厂商都需应对的挑战。业内人士认为,虽然创新越来越难,但智能手机仍有较大的市场潜力。

首先,不断提高质量。艾瑞资讯分析师李超表示,在确保信息安全和电池安全、提高续航能力等方面,智能手机质量仍有提升空间。如今智能设备生产和发布周期明显缩短,也导致一些隐患。个别品牌手机出现爆炸事故,或与产品生产速度过快、测试不足有关。

其次,抓住人工智能风口。张毅表示,一方面,智能手机需要增加自身人工智能技术研发能力;另一方面,也需要与更多的人工智能应用合作,以方便用户。苹果收购了多家语音识别、图像处理和机器学习等领域的公司,为布局智能家居、升级操作系统等打下了基础。三星也收购了多家人工智能企业。

最后,把握新兴市场。虽然发达国家及中国市场接近饱和,但多数发展中国家仍有巨大的市场潜力。IDC 数据显示,巴西、俄罗斯、印度、非洲、东南亚都是极具活力的新兴手机市场,二季度东南亚智能机市场销量达 2800 万部,较上季增幅 18.1%。在东南亚市场,物美价廉的三星和 OPPO 占据了当地冠亚军。

资料来源:王晓洁,郭宇靖. 苹果发布 iPhone7 在中国市场将面临挑战 [EB/OL]. 人民网,2016-09-09. http://tc.people.com.cn/n1/2016/0909/c183008-28703067.html.

## 第三节 市场挑战者与营销战略

市场挑战者是指那些相对于市场领导者来说,在行业中处于第二、第三和以后位次的企业。典型的如汽车市场的福特,软饮料市场的百事可乐和智能手机市场的三星、华为等企业、品牌。它们有能力也有一定的实力,敢对市场领导者及其他竞争者发起进攻,尤其是希望夺取市场领导者的行业地位。

### 一、确定战略目标与对手

一个企业如果追求成为新的市场领先者,选择挑战,首先就必须要确定战略目标和进攻对象,然后选择适当的战略、包括营销战略。

作为市场挑战者,行动应有明确规定的、关键性的和能够实现的战略目标。大多数企业的选择是增加市场份额和利润,减少对手的市场份额。战略目标与要进攻的对手直接相关。

## 国际服务外包营销：基于创造顾客满意的视角

### （一）攻击市场领导者企业

直接进攻市场领导者企业，这种做法战略风险大，潜在利益也大。当市场领导者在其目标市场，产品和服务质量下降而引发顾客不满，或对某个较大的细分市场关注不够时，这种战略的效果更为明显。典型的例如施乐公司用干印代替湿印，从3M公司夺走了复印机市场；佳能公司开发了台式复印机，又从施乐手中夺得大片的市场。

选择向市场领导者发动攻击，企业自身应准备以下条件：

（1）拥有一种持久、独特的竞争优势。例如成本优势或创新优势，前者可以创造价格优势，继而扩大市场份额；后者依靠产品、服务的与众不同，创造高额利润，并降低顾客对价格的敏感性。

（2）与市场领导者在其他方面比较接近。市场挑战者企业必须具备某些独特之处或办法，可以部分或全部抵消市场领导者其他固有的优势。

（3）掌握某些可阻遏市场领导者企业实施报复的能力。如果没有，拥有资源优势和稳固地位的市场领导者一旦遭到攻击，可能很快就可推出进攻性的报复行动，迫使市场挑战者企业付出无法承受的代价。必须有能力做到市场领导者企业不愿意，或无法对市场挑战者进行旷日持久的报复。

### （二）攻击与自身实力相当的企业

它们虽然规模相当，但是经营不善，资金缺乏。市场挑战者企业要认真调研和分析，这些企业是否很好地满足了客户，能否提供良好的产品、服务，创新意识、创新能力如何，等等。发现它们在这些方面存在不足或缺憾，就可考虑将它们列为进攻对象。

### （三）攻击规模较小的其他企业

也有许多实力雄厚、管理有方的企业，它们进入某个领域或市场，先进攻资金不足、管理水平低下的弱小企业。

## 二、市场挑战者的战略选择

根据进攻对象的具体情况，市场挑战者企业应集中优势力量，抓住关键的时间和地点，以有效地实现进攻的目标。

### （一）正面进攻

向对手的强项而不是弱项发起攻击。比如，以更好的产品和服务、更低廉的价格、更大规模的广告和促销，直接指向竞争者的"拳头"产品。一般来说，拥有更多更优的人财物资源的一方，更有可能胜出。作为进攻者，市场挑战者企业只有比对手更有实力和耐力，才考虑采取这种战略。

降价通常是一种有效的正面进攻。如果顾客相信市场挑战者企业的产品、服务质量相

# 第四章 评估竞争格局和竞争者行为

当,但是价格比对手更低、"物超所值",进攻就可能奏效。要使降价竞争得以持久并不伤及自身元气,必须大量投资于降低成本方面的研发。

如果防守方具有某些防守优势,比如在目标市场有更好的品牌声誉、更广的市场覆盖和更牢固的顾客忠诚等,资源略占优势的进攻方就不一定能赢得竞争。如同军事上的战争,对方占有防守优势如高地或牢固的防御工事,一般进攻方的资源必须有3∶1的优势,才有成功的把握。

### (二) 侧翼进攻

市场挑战者企业也可寻找和攻击对手的弱点。比如分析竞争者的各类产品、各个细分市场的业绩和表现,找出它们中的薄弱环节,即表现不够好或尚未覆盖但又有潜力的产品、服务和市场,作为攻击点和突破口。

(1) 分析地理市场,选择对手忽略或表现较差的产品、区域发起进攻。

(2) 分析其余各类细分市场,选择对手尚未引起重视,或者还没有覆盖的细分市场为目标。

侧翼进攻的攻守过程,会迫使企业和对手不断地开发新的业务内容,产品线逐渐完善,更完整地覆盖曾经忽视的细分市场。并且可能避免攻守双方之间,为争夺同一细分市场而相互交织、难解难分,造成两败俱伤。进攻者也相对容易收到成效。

### (三) 包抄进攻

市场挑战者企业还可在多个领域同时发起进攻,从对手夺取市场。比如,推出对手向顾客提供的所有产品、服务,更加的质优价廉,并配合以更加强力的促销推广。这一战略通常适用于以下情况:(1) 通过更加精细的市场细分,未能发现对手忽略或尚未覆盖的有价值的细分市场。补缺空档不存在,无法采用侧翼进攻。(2) 与对手相比,自身拥有更多资源优势。

制订周密可行的营销方案,包抄进攻可以有效摧毁对手的防线和抵抗。

### (四) 迂回进攻

这种做法避开了竞争者的现有业务领域和现有市场,选择对手尚未涉足的业务领域和市场,以壮大自身实力。主要做法有:(1) 多角化经营,涉足与对手的现有业务无关的产品、服务。(2) 现有的产品、服务进入新的地理市场或区域。(3) 利用对手尚未涉足的高新技术制造产品,取代现有产品。在高新技术领域实现技术突破,是最有效的迂回进攻,可以避免单纯模仿竞争者和正面进攻的损耗。致力于开发新一代技术,一旦时机成熟就向对手进攻,可把战场转移到自己占有优势的领域。

### (五) 游击进攻

市场挑战者企业向对手的有关"领地"发动小规模、断断续续的进攻,逐渐削弱对手,最终夺取永久的市场阵地。

游击进攻适用于小企业打击大企业。主要做法是在某一局部市场有选择地降价，开展短促的密集性的促销活动，或向对手采取相应的法律行动等。游击进攻能够骚扰、消耗、牵制和误导对手，瓦解竞争者的士气，打乱其战略部署，而己方又不会有太大风险。

游击进攻的适用条件，是对手的损耗将不成比例地大于己方。至于是有限的少数几次主要的进攻，还是发动一连串小规模的进攻，通常认为，一连串小规模的进攻可形成累积性冲击，效果更好。

☞ 案例 4-3

## 苹果、三星和华为，高端手机市场三足鼎立格局成型

2014 年，手机市场还是苹果、三星、中国厂商三足鼎立。2015 年，华为手机从"中国军团"突围而出，"三国杀"竞争格局已渐成型。

**苹果**

2015 年 9 月 12 日，新品 iPhone 6s 和 iPhone 6s Plus 开始预购。正式启动前，海量访问致苹果官网瘫痪。不仅在中国，美国官网也发生宕机，足以说明全球消费者对苹果新品的关注和热情。苹果乐观预计，iPhone 6s 和 iPhone 6s Plus 首周预购量将超越前代 iPhone 6 和 iPhone 6 Plus，创造新的历史纪录。购买力惊人的中国内地市场，也进入首销阵营。

对于其他厂商来说，这令人眼红。一款看来和前代没什么区别的新品，竟然也能掀起抢购热潮。中国移动互联网产业联盟秘书长李易说，缺乏有力的竞争对手，又有之前积累的优势，苹果的销量高歌猛进，短时间里难以被撼动。

不过 iPhone 6s 和 iPhone 6s Plus 与前代产品相比的变化，还是让人看到了苹果面临的创新困境。换了新的处理器和摄像头，增加了玫瑰金配色和实际用处不大的压力触控，就是苹果用一年时间带给用户的升级。"几乎没有让人眼前一亮的创新。相反，大屏、新触控等都已是行业跟随。"行业分析师马继华一针见血指出。自 iPhone 6s 和 iPhone 6s Plus 发布后，有关缺乏创新的抱怨到处都是，吐槽苹果新品成了网上一处景观。

看好 iPhone 6s 和 iPhone 6s Plus 销量的李易也担心，对硬件简单进行一下升级就能大卖，对苹果不是什么好事。没有竞争者的冲击，容易让苹果丧失创新动力和能力，为将来的衰落埋下祸根。他说："现在来看，苹果的好日子还能持续一段时间。但到了一定阶段，它可能遭遇的就是断崖式下跌。"

也有行业资深人士对苹果创新不足的说法不以为然。"到了今天，哪家厂商还敢说自己有大的创新？即便是苹果也不能总是颠覆行业。如果说创新是难题，那是全行业的难题，不是某个企业的问题。"

在竞争激烈的手机市场，很难有长期不变的竞争格局。从摩托罗拉和诺基亚及黑莓的衰落，可以看出残酷的物竞天择。"现在来看，高端市场三足鼎立之势渐成，但能维持多久谁也难以断言。"行业分析师成博说。能给这个市场带来新变化的，目前来看主要是中国本土力量。"在中国这个血海市场里杀出的品牌，本身就足以说明生存能力和竞争实力了。"成

# 第四章　评估竞争格局和竞争者行为

博认为，具备潜力、能够改写新的市场排名的中国品牌并不少，"不管是谁，下一个能向苹果、三星发起挑战的品牌，我相信还是会出自中国。"

**三星**

为了抗衡苹果新机，三星在旗舰机型上做了诸多改变。首先是发布时间提前到8月中；其次是产品布局淡化产品系列，将优势充分发扬。此次与苹果打擂台的S6edge+和note5，在硬件上的王者地位依然没有被动摇。特别是双侧曲面屏，更是其他厂商做不到的独门武器。

由于领先优势逐渐被其他厂商拉近，唱衰三星的声音一直不少，有观点认为三星将步摩托罗拉与诺基亚后尘。成博认为三星属于市场反应敏锐的企业，迎合趋势潮流并不保守，发现困难自我调节的能力也强。"未来三星的垄断优势很难再像之前，但相信它会在一线阵营牢牢站稳位置。"

近年来三星风头被苹果抢去很多，根源还是操作系统。对于操作的易用性和流畅度，苹果iOS优于安卓。中国厂商则是对原生安卓深度二次开发，小米的MIUI、华为的EMUI等都较原生安卓适合中国用户的习惯。一直坚持原生安卓系统的三星，无疑不是很讨中国消费者的欢心。

"中国用户喜欢更加个性化的安卓系统，这与全球其他市场的使用习惯不太一样。"三星电子中国区总裁朴载淳没有回避话题。他表示，三星一直在对中国本土成功手机产品进行了解，开始改变思路，在产品本土化做出更大改进，也会开发更适应中国习惯的UI。甚至像很多中国打着互联网概念的手机企业，都开始经营自己的粉丝文化。

**华为**

在Mate7发布之前，华为并没有明显的领先优势。定价3699元，外界也是一片质疑。然而出乎意料，Mate7不仅获得了市场认可，甚至成为最热门的产品之一。华为证明了在高端市场已有足够的品牌影响力，从一众本土厂商中脱颖而出，踏入全球前三行列。

Mate7的成功也让华为有了更多底气和自信。2015年，华为新旗舰MateS更是定出海外699欧元、国内4199元的高价。MateS还抢在苹果之前，在手机上采用压力触控屏幕，让iPhone 6s原本最大的亮点在发布时大为逊色。掌门余承东表示："我们的字典里没有第二。不管我们做什么，都要当第一名！也许还需假以时日，但我们终将成为市场第一"。

与苹果、三星在行业顶端年深日久不同，华为刚刚跻身三甲。想要稳稳形成三足鼎立态势，面临的挑战和风险不会少。成博表示，华为手机商业模式与三星相似，无论主打商务人群，还是双品牌错峰发布，甚至发布会规模，都能看出三星的痕迹。但是当三星自己都遭遇疲态、尝试改变的时候，华为想要走得更远更稳，对三星模式的取长补短就尤为重要了。

手机中国联盟秘书长王艳辉指出，华为还要警惕可能来自苹果的专利诉讼。"华为对iPhone的威胁逐步显现，说不定Apple已经开始酝酿对华为的专利诉讼。"他表示，作为智能手机行业霸主，苹果一般不会轻易向竞争对手发起诉讼。当年起诉HTC侵权，是因为HTC在2010年底销量暴涨，一度占据美国市场份额第一；苹果向三星发起诉讼，同样是三星侵蚀了高端的市场份额。"之所以苹果对内地手机品牌不发起诉讼，根本原因还在于内地品牌还无法影响iPhone的地位。一旦迅猛崛起的华为开始蚕食苹果的市场，相信苹果不会熟视无睹。"

资料来源：古晓宇. 高端手机苹果、三星、华为三足鼎立格局成型［N］. 京华时报，2015-09-22.

# 第四节 市场追随者、市场利基者及其营销战略

## 一、市场追随者与营销战略

### （一）市场追随者企业的行动特征

市场追随者是在产品、技术、价格、渠道和促销等方面，模仿或跟进市场领导者的一批企业。并非所有位于第二或稍后的企业都会积极向市场领导者企业挑战，"挑头"和"扛旗"需要勇气，更需要实力支撑和更多的成本耗费。挑战可能引起激烈抗争，遭到行业老大的报复——它们的资源往往更有持久竞争的耐力。因此，除非能以某种创新、颠覆性突破问鼎市场领导者的宝座，否则实施追随也是一种可行的战略选择。

市场追随者的重要特征是与市场领导者企业"对标"，实现"追""随"在其后或左右的状态，通过提供类似的产品、服务给顾客，维持市场份额与稳定。在很多情况下，追随不仅能够避免挑战可能产生的重大损耗，还可让市场领导者、挑战者企业承担新产品研制、信息收集和原始市场的开发等所需的成本和风险，自己坐享其成，减少支出和风险。

因此，市场追随者必须找到一种不至于"惹怒"市场领导者企业，不会遭到严厉的竞争性报复的成长方式。它们需要努力了解如何提高现有顾客的"黏性"，以及在新顾客中争取更多的购买。市场追随者常常也是挑战者主要的攻击对象之一，因此还要保持较低的运营成本以及高质量的产品、服务，以保卫自己的市场和销路。一旦发现新的营销机会，追随者更应积极主动地进入新的市场。

☞ 链接 4-1

**对标管理**

"对标管理"起源于20世纪70年代的美国。最初人们利用对标寻找与其他公司的差距，把它作为一种调查、比较基准的方法。后来对标管理逐渐演变成寻找最佳案例和标准、加强企业管理的一种方法。

对标管理通常分为四种类型和做法：

（1）内部对标。很多企业、组织内部，不同的部门却有相似的职能。通过比较这些部门，可以找出内部业务的运行标准。这是最简单的对标管理，优点是分享的信息量大，内部知识能立即运用；但同时容易造成封闭、忽视其他企业、组织信息的可能。

# 第四章 评估竞争格局和竞争者行为

（2）竞争性对标。对企业来说，最明显的对标对象是直接的竞争对手，因为两者有着相似的产品和市场。与竞争对手对标，能够看到对标的结果，不足是对手不会愿意透露最佳案例的信息。

（3）行业或功能对标。就是与同一行业，但不在一个市场的企业对标。好处是容易找到愿意分享信息的对标对象，因为彼此不是直接的竞争对手。由于这样的信息交换请求太多，不少大企业、著名企业难以承受，许多开始就此收费。

（4）与不相关企业就某个项目，如工作程序对标，即类属或程序对标。相对而言，这种做法最为困难。至于企业选择何种对标方式，由对标内容决定。

资料来源：百度百科. 对标管理 [EB/OL]. [2020-10-01]. baike.baidu.com/view/2178271.htm.

### （二）市场追随者企业的战略选择

市场追随者企业不能只是简单、被动地模仿和"山寨"市场领导者。而是需要找到既不会引发对手疯狂报复又可获得良好成长性的追随战略。

**1. 紧密追随**

紧密追随战略突出的是"仿效"和"低调"。通常表现为在各细分市场以及产品、价格、广告和促销等方面，学习和模仿领导者企业。不是另辟蹊径，而是"你做什么，我也努力做什么"。有时候这种"紧密跟随"看上去像是在挑战，其实它们从来不求激进，绝不冒犯市场领导者，避免发生任何的直接冲突。由于利用了市场领导者企业开发原始市场的成果和相似的营销组合，跟随其后"分一杯羹"，它们也常常被看作是依赖于领导者企业生存的"寄生者"。有些紧密追随者甚至发展为"伪造者""山寨"赝品。许多著名的企业、品牌都遭受过这种"追随"的困扰，被迫寻找行之有效的打击办法。

**2. 有距离的追随**

有距离的追随战略突出的是"保持合适距离"。它们在基本的方面和主要做法上模仿领导者企业，但包装、广告和价格等保持一定的距离。如果模仿未对市场领导者的地位构成威胁，领导者企业或许不会介意。这种"和平共处"的状态在资本密集型且产品容易同质的企业之间，如钢铁、化工等行业是很普遍的现象。它们之间产品差异小，价格敏感度高，随时可能发生价格竞争。因此，企业通常彼此自觉地不去抢夺对手的客户，不以短期的利益为目标，只是仿效领导者企业为市场提供的产品、服务，市场份额保持着高度稳定性。

**3. 选择性追随**

这种战略突出"追随和创新并举"，某些方面紧跟市场领导者企业，某些方面自行其是。它们会有选择地改进市场领导者的产品、服务和营销战略，避免与市场领导者正面交锋，选择在其他市场销售产品。这种市场追随者通过改进并在别的市场壮大之后，有可能成为市场挑战者企业。

市场追随者和追随战略看似不冒风险，其实也是有风险的。一旦遇到经济不景气、行业萎缩和市场需求下降，可以看到，在市场领导者、市场挑战者、市场追随者和市场利基者等四类企业当中，较先退出市场的，似乎往往以市场追随者企业居多。

☞ 案例4-4

### "二类电商"，市场挑战者还是追随者？

二类电商对标的是一类电商，如淘宝、京东和拼多多等综合类的电商平台。它们把商场搬到线上，也叫大而全的"货架电商"。

消费者的购物流程，是选择走进京东或淘宝等任何一个线上商场，然后在大而全的"货架"之间随意逛，对比挑选出满意的商品加入购物车，在线支付结账，然后等待快递送货上门。

二类电商不一样，它们又叫"营销电商"，主要呈现为夹杂在信息流中的单品广告。举个例子，当你刷今日头条、抖音、朋友圈时，可能在正常资讯中看到这样一条："X国黑科技，物美价廉！再不买没了""穿上这款长袖，像18岁的小鲜肉！"若不是底部"广告"字样，很可能会认为就是一条正常信息。

除了营销方式，二类电商与一类电商更大的区别在于一类电商有注册店铺，比如在淘宝、拼多多等平台。消费者可以随时逛店，还能在不同店铺来回对比做选择。二类电商没有固定店铺，通常为单一商品的H5页面。消费者进入的唯一渠道，就是信息流当中的广告——即买即走、过时不候，绝不货比三家。如果说一类电商像是购物中心，二类电商则如同街边兜售的卖货郎。

由于主要依靠极具诱惑力的营销内容刺激购买，二类电商在目标群体、商品品类、价格、购物流程等方面，都呈现出别样的特色。据DataEye的《2019二类电商广告投放白皮书》显示，90%以上的二类电商顾客来自三线及以下城市。值得注意的是，目前中国一二线城市约3.9亿人，三线及以下城市及农村，也就是"下沉市场"共有约10亿人。

商品品类方面，2019年热销的二类电商产品，主要为成功励志书籍、老花镜、男士休闲运动鞋、男士T恤、男士手表、茶叶、白转黑染发剂、垂钓用品等。从全年生命周期超过200天的热销商品来看，男士用品（男士鞋类、服装、手表等）占比23%以上，日用品（清洁剂、洗发水、染发剂）占比约38.5%，老花镜占23%，其他（图书等）占比约15.5%。

在价格方面，近九成二类电商商品售价低于200元，其中0~49元和50~99元更是重点价格区间。

很显然，二类电商所服务的消费者主要在下沉市场，尤其是连拼多多都不曾专门覆盖的中老年男士群体。正因如此，在购物流程方面二类电商也做到了极致的简单。比如在淘宝、京东购物，往往需要历经多次跳转；二类电商则将商品介绍、客服咨询、填写收件地址、下单购买放在了同一页面。同时，针对中老年用户特性，二类电商不设在线客服，只有更直接的打电话沟通；相对于微信、支付宝等电子支付，货到付款是支付首选。

面向10亿名下沉用户，尤其是近半数被长期忽视的男性群体，不少商家走上了二类电商淘金之旅。

资料来源：风清. 起底"二类电商"：比拼多多还下沉，专门收割小镇中年男人［EB/OL］.（2020-09-26）. https：//dy.163.com/article/FNFEIEMK0539LWPU.html.

## 二、市场利基者与营销战略

### （一）市场利基者与利基市场

除了选择在总体市场上作为追随者，企业也可以在较小的细分市场成为领导者——市场利基者。通常除了战略上的考虑，不愿意"挑头"和"扛旗"，还有就是认识到实力的差距。所以，较小的企业更愿意避免与较大的企业直接竞争，主动选择一些它们不感兴趣的较小市场为目标。一些规模较大、盈利性很好的企业，也可能为它们的一些业务首先选择利基战略。实施这种战略，企业虽然在总体市场上只有很少的份额，但由于比对手更了解、更能满足特定的细分市场，同样可以高价值的产品和服务，获得高收益和良好的成长性。

市场利基战略的特点是见缝插针、拾遗补阙。因此，一个理想的利基市场通常具有以下特征：

（1）一定的市场规模和购买力，可盈利；

（2）有发展潜力；

（3）对更大的竞争者缺乏吸引力，或大企业对这一细分市场不感兴趣；

（4）具备向这一细分市场提供独特的产品、服务的资源和能力；

（5）已在潜在顾客中建立良好的声誉，可以据之抵御竞争者入侵。

### （二）市场利基者的战略选择

市场利基者成功的关键，是在某个领域、某一方面追求专一化或专业化，成为难以替代的"专家"。例如：①

（1）终端用户专家——企业只为一类终端用户提供产品或服务。比如一家食品企业专为航空公司提供旅客餐食成品，一家经营呼叫中心业务的企业只承接银行业的服务外包委托。

（2）垂直层次专家——企业专门从事生产、分销价值链上某个环节或层次的业务。例如一家铜制品企业，只为空调企业生产空调产品中的铜管等配件。

（3）顾客规模专家——企业只是服务于小型、中型或大型客户中的一种。许多市场利基者选择大企业所不重视的小客户，提供它们需要的产品或服务。

（4）特定顾客专家——企业只向一个或少数客户，提供其所需要的产品与服务。例如有许多较小的服务外包提供商，只是专为一家大客户提供呼叫中心外包服务。

（5）地理区域专家——企业只是在某一区域、地带，或特定的地点开展经营。例如有

---

① ［美］菲利普·科特勒，凯文·莱恩·凯勒. 营销管理（第14版·全球版）［M］. 王永贵，等译. 北京：中国人民大学出版社，2012：334.

**国际服务外包营销：基于创造顾客满意的视角**

的社区商店，只为左邻右舍提供日常生活必需品；有的建材商店，专门进驻新开发的楼盘，为即将入住的顾客提供装修材料，一旦社区成熟立即撤出。

（6）产品或产品线专家——企业只生产、经营某种产品，或一条产品线。例如一家陶瓷厂商只生产茶具，一家商店只出售各种茶叶。罗技（logitech）公司专注于人们使用的交互装置，从鼠标、键盘、电脑视频摄像头，直到游戏控制器和其他产品。它以能想象得到的各种方式开发鼠标——左撇子和右撇子使用的不同鼠标，无线鼠标，为儿童生产的形状像老鼠的鼠标，让用户感觉自己像在屏幕后面移动的三维鼠标等，成功地造就了一个全球性大市场。①

（7）产品特色专家——企业专门经营某种特定的产品，或某种特色的产品。例如一家书店只经营"古旧"图书，某个企业专门出租儿童玩具。

（8）订单生产专家——专为客户提供个性化、定制化的产品和服务。常见的如组织顾客的服装定制、专用礼品的定制。

（9）性价比专家——专门经营市场上最低端或最高端的产品。例如，惠普公司专门服务于高质量、高价格的计算器市场。

（10）服务专家——它们专门提供一种或多种其他企业所没有的服务。例如一家银行可以接受电话贷款的申请，并送钱上门。

（11）渠道专家——企业专攻一条营销渠道，开展经营。如饮料企业生产专供高铁或加油站出售的饮料，专供电视购物频道、特定电商销售的某些产品。

一般来说，在市场利基者中弱小者居多，多为中小企业和小微企业。一旦面临强大竞争者的入侵，或目标市场习惯的变化，它们极易陷入困境。所以，市场利基者要能够创造利基市场，还要善于保护利基市场、扩大利基市场。

☞ 链接 4-2

## 赫尔曼·西蒙谈"隐形冠军"企业

德国出口的真正引擎并不是西门子或奔驰这样的巨头，而是一些名不见经传、却在某一窄小的行业里做到顶峰的 1 000 多家中小企业！它们有不可动摇的行业地位，稳定的员工队伍、高度的创新精神，还有丰厚的利润回报。

这就是我称作"隐形冠军"的企业。隐形冠军的成功经验：

（1）燃烧的雄心。一般都有非常明确的目标，如"我们的目标是做全球的老大，而且要永远霸占这个位置""我们要在这个领域成为全世界最优秀的一员，不仅要占据最高的市场份额，而且要在技术和服务方面是最出色的""我们要做市场的领袖，不做它想，第二我们都不做""市场的游戏规则要由我们说了算，我们要成为这个市场的精神领袖"，等等。

---

① 参见：[美] 菲利普·科特勒，加里·阿姆斯特朗，[新] 洪瑞云，梁绍明，陈振忠，[中] 谢桂枝. 市场营销原理（亚洲版）[M]. 何志毅，等译. 北京：机械工业出版社，2006：376.

# 第四章　评估竞争格局和竞争者行为

（2）专注到偏执。怎样选择和定位目标市场，是战略中非常重要的内容。隐形冠军公司典型的说法是，"我们是这个行业的专家"，"我们专注于自己的竞争力，专注再专注"，"我们要成为小市场的主宰者，我们要在小市场做出大成绩，而不是在大市场做'凤尾'。"很多企业一旦稍微做大了就想多元化，但是它们绝不！比如专门生产洗碗机的 Winterhalter 公司，非常狭窄地定位在"给餐厅和宾馆做洗碗机"，其后他们沿此路线开发出其他产品，如净水器和其他服务，并把产品和服务推广到全球。

（3）自己攥紧客户。过于狭窄的定位带来的一个问题，是客户非常有限。为弥补这个缺陷，它们实行全球化经营和销售。每一步扩张都建立子公司，而不是通过分销商，因为分销商随时可能跑掉，子公司能把客户关系牢牢掌握手中。把自己的产品和专有技术方面独到的造诣，与全球化的营销结合在一起，永远不在自己和客户之间插入"第三者"！

（4）贴近卓越客户。Grohmann 是全球最大的生产微电子产品组装设备的公司，它牢牢锁定全球最大的 30 家顶级客户。这些顶级的客户，往往也是隐形冠军公司提质创新的伙伴。想成为全球的市场领导者，你的客户也必须是全球顶级的。让庸庸碌碌的只要便宜低质商品的企业成为客户，那你永远成不了气候。

（5）"非技术"创新。西门子是全球所有大公司中，人均拥有专利数最高的公司，大约每百位员工拥有 10 项专利。而顶级的隐形冠军公司，每百位员工拥有 30~35 项专利。产品创新不是隐形冠军公司唯一的创新点，另一个很重要的因素是流程创新，实际上是服务的创新。有家做螺丝的 Wurth 公司，全世界销售额最高。它有个很小的发明：建筑业要用大量的螺丝和螺丝刀，但要找到大小正好合适的很费时。它们的创新就是在同等规模的螺丝和螺丝刀上贴个同样颜色的小标签。这完全不是高技术，却对顾客价值非常大。

（6）毗邻最强者。隐形冠军公司经常在同一地区甚至同一城市中，同城的竞争实际上是世界级的竞争，最强的对手都在一起。最强大的对手能促使你成为世界领袖。以德国汽车工业为例，奔驰、宝马和奥迪之间非常近，知根知底，一直在鞭策对方不断前进。隐形冠军在产品质量和服务方面，不断创造自己的竞争优势。它们总是和最强劲的对手保持亲密的联系，有时为了保持企业的活力会主动出击，不惜一切代价维护自己的行业地位。

（7）"事必躬亲"。我们经常听到，最好把很多业务交给别人，自己只完成最核心的部分。但隐形冠军们却认为，卓越的品质要求它们在产品加工制造方面有特殊的造诣、特殊的深度，所以它们自己做所有能做的事情。比如 Chupa Chups 公司的机器，大概 80% 自己生产。为什么一个做糖果的公司要自己生产机器？它们认为哪怕把自己定位为一个终端消费产品的制造商，也可以沿着自己的价值链往深走一两步。虽然你付出了代价，但它能在终端产品价值上给你带来别人所不具备的独一无二的价值，别人模仿不了！所有独创性的东西，都必须依靠自己内部的力量完成。如果你的资源是市场买的，那么张三李四也可以买。隐形冠军公司不相信战略联盟，也不热衷于业务外包，它们认为真正的竞争优势就在于有些事情只有它们才做得了。

它们的竞争优势主要两点：一是产品的质量，另外一个就是服务。然后把所有因素整合起来，向全球扩张。我对隐形冠军经验的最后总结是：这些公司都喜欢走自己的道路。这可能是最重要的经验。

**国际服务外包营销：基于创造顾客满意的视角**

资料来源：[德] 赫尔曼·西蒙. "隐形冠军"猛于IBM! [J]. 中外管理, 2004 (8).

## 本章小结

现实中企业的竞争关系往往是多方面、全方位的，国际市场竞争更是错综复杂。因此，企业要了解所处行业的动态，明确自己身在何方，市场竞争的基本格局等。例如是完全竞争市场还是垄断竞争市场，是有（产品）差异的寡头垄断市场还是无（产品）差异的寡头垄断市场，或者完全垄断市场。还要了解谁是自己的竞争对手，它们的目标、优势劣势和竞争的态度、反应方式，并考虑如何妥善处理需求导向和竞争导向的关系。

在一个行业里，根据企业的市场地位及战略追求，一般可将它们分为市场领导者、市场挑战者、市场追随者和市场利基者等类型。市场领导者是行业的"排头兵"，占有相对最大的市场份额；也是"领头雁"，在包括营销和产品开发等方方面面，对其他企业具有榜样和导向的作用。市场领导者企业通常会从发现和扩大总体市场、保护现有市场份额和扩大、增加市场份额等方面，努力巩固和保持自己的行业地位，反击对手的入侵。

市场挑战者是那些相对于市场领导者企业来说，在行业中处于第二、第三和以后位次的企业。它们有能力也有一定的实力，希望通过进攻领导者企业、进攻实力相当的企业或进攻规模较小的企业，进一步壮大自身实力和提升行业地位，成为新的市场领导者。

市场追随者是在产品、技术、价格、渠道和促销等方面，模仿或跟随市场领导者的一批企业。它们通过各种方式"追随"在市场领导者之后或左右，提供类似的产品或服务给顾客，维持自己市场份额的稳定，避免挑战可能带来的损耗。

市场利基者主动选择对手不感兴趣的较小市场见缝插针、拾遗补阙。虽然在总体市场只有很少份额，但比对手更了解并更能满足某个特定的细分市场。它们在某个领域、某一方面实施各种专一化战略，力争成为独特的、难以替代的"专家"，同样能获得高利润和良好的成长。

## 思考题

1. 结合举例，说明垄断竞争市场的主要特征。
2. 分析寡头垄断市场的主要特征和类型。
3. 怎样分析竞争对手的实力和它们可能的竞争反应模式？
4. 市场领导者企业可以怎样发现和扩大总体市场？
5. 市场领导者企业可以怎样保护现有的市场份额？
6. 市场领导者企业扩大和增加市场份额需要注意什么？
7. 市场挑战者企业可以怎样选择进攻的对象，需要注意什么？
8. 市场挑战者企业可以采用哪些战略进攻对手？
9. 市场追随者企业可以选择的"追随"战略与特点。
10. 理想的利基市场应有什么特征？试举例说明。

# 第四章 评估竞争格局和竞争者行为

11. 市场利基者可以怎样选择专一化战略,成为"专家"?

## ☞ 案例练习

### 中国服务外包行业、企业的正面竞争不止在亚洲

中国的服务外包走了不寻常路。不是一开始就执意不走寻常路,而是一直都想走寻常路——"复制别人的成功路"。从中国制造模式到印度外包道路,目前还在"不寻常"中。

印度外包在20世纪90年代,曾是中国外包的追赶目标。目前的中国外包,正面竞争对手不止是印度,更不止在亚洲。资源丰富、农业发达的拉丁美洲,原来并没有进入中国外包的竞争对手视线内,但现在看来不仅是正面冲突。主要原因是拉丁美洲形成了任何外包承接地都难以忽略的六大优势:

(1) 拉丁美洲的文化、历史、传统和商业习惯等,与欧美国家有很多的相似性(国际市场常说的 Culture Affinity),成本与管理难度相对较低,成为美国、欧洲等买家转移外包项目风险的目的地。印度、俄罗斯及部分南亚国家,外包可以专业能力、行业经验等填补文化相似性的缺失。但对中国外包企业,文化相似性和专业能力、行业经验都缺,已经成为影响中国离岸外包发展的明显障碍。

(2) 拉丁美洲具有几个区别于其他区域的独特的天然优势,比如语言和时差。大多数拉丁美洲国家受过大学或职业教育的年轻人都会西班牙语和英语,不少国家还兼有法语能力,例如世界上最贫穷国家之一的海地。这与在亚洲、非洲不一样,自然的语言能力不需要额外的投资或者增加人工成本。在外包买家市场,英语、西班牙语和法语占据了九成多的离岸业务量。这种语言优势不仅在传统的 ITO 业务中转化为交流优势,更在利润率高的 BPO 业务中形成了难以超越的成本优势。时差原本是外包的一个主要利益驱使点,但随着外包模式的进化、技术进步和市场需求的改变,时差优势更多地体现在层次较低、模式较老的传统外包业务上,所占金额比例也越来越低。基于行业解决方案的新一代外包模式,时差的相对统一反而成了减少成本、增加效率的优势。随着人工智能、机器人技术的突飞猛进,纯 ITO 业务的减少,语言与时差的优势能给拉丁美洲增加相对于其他离岸实施区域 10%~20% 的成本优势。

(3) 不少外包承接地由于政治、经济等各种原因,硬成本上升,尤其以中国、印度为最。拉丁美洲近几年经济增长迟缓,以美元为结算的整体成本增长不大,不少主要国家还在下滑。这给当地外包更多的成本杠杆优势,也给依然视成本为主要考虑因素的中国以极大威胁。

(4) 拉丁美洲主要国家的人均收入高于中国。例如据 Wiki 的报告,巴西人均收入 9 390 美元,阿根廷 8 620 美元,墨西哥 8 890 美元,委内瑞拉 11 590 美元,乌拉圭 10 590 美元,中国仅仅 5 720 美元,印度才 1 420 美元。这意味着对于全球主要科技公司的高价产品、高

## 国际服务外包营销：基于创造顾客满意的视角

价服务而言，会更快、更多地进入这些地区。这与中国、印度不同，如 ISG 分析师 Esteban Herrera 所言，全球外包界最新模式、最有创意的技术和最具降低成本的流程管理，都会早于世界主要外包国在拉美实施。这使得中国外包实现超越的机会减少。

（5）拉丁美洲各国经过多年思考，基本形成共识——要让已经处于后发地位的外包产业形成国际竞争力，一是政府的支持要坚持国际化与专业化，二是切实学习别的发展中国家的经验。目前国际外包的主要峰会都会见到拉丁美洲各国专业协会的影子，美国各主要外包咨询研究公司最快的新业务量都来自拉丁美洲。中国的科技园区模式，在拉丁美洲主要国家都成了成熟而更具竞争力的国际公司的立足点。拉丁美洲利用其文化、语言和人脉优势，大力使用美国、欧洲本土专业的营销方式，更像是本土的承包商。这个"不寻常"会在美国日益严重的排外趋势中，给予拉丁美洲各国"不寻常"的优势。

（6）相对合作的内部行业，使拉丁美洲各国在外包行业更快形成大型承包商的潜力。这在不少国家，尤其中国是难以做到的。一个分散严重的中国外包行业过去十几年，依然没有形成一个足以与印度平等交手的供应商。

欣欣向荣的拉丁美洲外包产业，已经形成了对中国外包企业的直接竞争威胁。为了中国外包的新天地，我们值得深入研究，像它们学习我们一样向它们学习。

资料来源：孙世雷. 中国外包的正面竞争不止在亚洲 [EB/OL]. 中国外包网，2015 - 10 - 19. http：//www.chnsourcing.com.cn/outsourcing-news/article/100930.html.

## 讨　　论

1. 中国服务外包行业面临的是怎样的竞争格局？会遇到什么样的竞争对手？请说明你的理论依据。

2. 中国服务外包企业进入上述国际市场，适合选择市场领导者战略还是挑战者战略、追随者战略或利基者战略，为什么？

# 第五章 分析营销机会和进入国际市场

### 本章学习目标

- 营销机会及其特性
- 营销机会的分类
- 营销机会的评估
- 市场细分的概念和理解
- 细分组织市场的依据
- 目标市场的一般要求
- 细分市场的结构吸引力与评估思路
- 目标市场的五种覆盖模式
- 国际市场的选择
- 国际市场的进入方式

### 开篇案例

**DF 公司的市场细分和目标市场战略**

DF 公司是美国一家房地产企业,当时打算在达拉斯郊区建造一批简约的小户型公寓用于出租。首先是市场细分,然后选择目标市场和营销组合战略。

依据需求而不是产品考虑潜在市场。他们认为,从产品特性出发必然是首先考虑房间大小、装修档次等因素,就可能得出小户型公寓应以低收入家庭为目标市场的看法。从需求的角度分析,会发现许多并非低收入的顾客也是潜在市场。比如,有的在市内已有宽敞的居室,只是希望郊区有一套乡间风格的住房周末度假。所以,这批简朴的小户型公寓不能孤立看作专供低收入人群的楼盘。

列举潜在的顾客及其基本要求。分别从地理因素、心理因素和行为因素等,挖掘潜在顾客期望的满足。包括避风遮雨,停车场所,安全性,经济性,户型设计合理,工作、学习和生活方便,私密性,足够的起居空间,满意的装修、物业管理和维护,等等。

了解不同的潜在顾客和可能的不同要求。依据人口因素,抽样询问不同的潜在顾客,了解他们认为重要的是哪些。结果发现,学生租房关注的是避风遮雨,停车场所,经济性,上课和学习方便;新婚夫妇看重避风遮雨,停车场所,私密性好,满意的物业管理等;有子女的家庭希望的是避风遮雨,停车场所,经济性,足够的儿童活动空间等。要将这一步一直进

**国际服务外包营销：基于创造顾客满意的视角**

行到至少出现三个细分市场，不同顾客群体的轮廓初步显现出来。

暂时舍去不同潜在顾客的共同要求。比如遮蔽风雨、停车场所和安全性良好等，几乎各类顾客都需要，是必不可少的。但市场细分还要挖掘潜在顾客的不同要求，使细分市场内部异质性尽量减少，营销组合决策可以更有针对性。

为不同细分市场（顾客群体）暂定一个称谓。结合各个顾客群体特点，比如好动者——顾客年轻、未婚、爱玩；老成者——比好动者年长、成熟，收入及教育程度更高，追求舒适与注重个性；新婚者——暂住，将来另找住房，夫妻皆有工作，房租负担不重；工作为主者——单身，希望离工作地点近，经济合算；度假者——市区有房，希望节假日过一点郊外生活；向往城市者——乡间有住房，希望靠近城市等家庭（见表5-1）。

表5-1　顾客群体称谓

| | 避风遮雨 | 停车场所 | 安全 | 经济 | 户型合理 | 方便 | 私密性 | 起居空间 | 装修 | 物业管理 |
|---|---|---|---|---|---|---|---|---|---|---|
| 好动者 | √ | √ | √ | | | √ | | | | √ |
| 老成者 | √ | √ | √ | | √ | | √ | √ | √ | √ |
| 新婚者 | √ | √ | | | | √ | | | | |
| 工作为主者 | √ | | | √ | | √ | | | | √ |
| 度假者 | √ | √ | | | | | √ | | | |
| 向往城市者 | √ | √ | | | | | | | | |
| 家庭 | √ | | | | | | | √ | √ | √ |

进一步认识各类潜在顾客特点。例如，各个顾客群体的特点已知哪些，还要了解什么，是否需要再度细分或合并。或许会发现新婚者与老成者差异很大，应作为两个细分市场。同样的户型设计也许适合这两类顾客，但促销战略如广告主题、人员销售方式可能要不同。如果他们原来归类在一个细分市场，就要区别开来。市场细分需要善于发现这些差异。

测量不同细分市场的规模、潜力。基本确定细分市场的类型，然后把每个细分市场与人口因素结合，测量潜在顾客的数量。营销机会的价值取决于市场潜力。比如把好动者群体与人口因素结合，就可能发现他们是18~25岁的年轻人。需要找到相关数据、资料，以计算区域内这个年龄段的人口、收入等。

结合其他因素，DF公司最终确定了以好动者群体为主要目标市场，开发了一套相应的营销组合方案。他们根据目标顾客特征，提供户型、价格合理的小户型公寓和停车场所，还有游泳池、俱乐部、池畔舞会、草地等设施和服务项目。为了维护品牌形象，他们坚持要住户结婚以后尽快搬走，以接收新的好动者入住。结果总是客满。那些没有提供相应服务的同行，经常为客源发愁。它们的公寓虽然也是小户型，但只是一个避风遮雨的"小盒子"。除此之外，似乎再也没有可以吸引顾客的地方了。

资料来源：陈定国. 行销管理导论[M]. 第3版. 台北：台湾五南图书出版公司，1985：145-148.

**思考与分析**

1. DF公司怎样进行市场细分并分析机会和选择目标市场？

2. DF公司的实践对我们选择和进入国际市场尤其是开发营销组合战略和方案有什么启示和帮助？

## 第五章　分析营销机会和进入国际市场

认识营销环境、洞察组织市场和购买行为以及评估竞争格局与态势，可以更好地识别和开发营销机会。开展国际服务外包业务，企业同样要以此为基础进行市场细分，决定目标市场，选择和进入特定国际市场。

# 第一节　分析营销机会

营销机会是可以带来盈利的市场条件与变化，本质上是人们未能满足或没有得到很好满足的需要和欲望。企业要善于发现营销机会，并科学评估它们的性质和价值。

## 一、营销机会的特性

营销机会一般具有以下特性：

（1）公开性。作为现实中、市场上尚待满足的需要和欲望，任何营销机会都是一种客观存在，也是一种公开现象，每个企业都有可能发现和找到它们。营销机会不同于专利、技术诀窍等，企业可以首先发现却无法独自占有。因此，在发现营销机会的同时，还要考虑到潜在竞争者的存在，以便最终决定是否开发。

（2）时效性。机会本身带有行事的际遇或时机之意，所以营销机会也有一定时效，如通常所说的"机不可失，时不再来"。不能及时地利用，时过境迁，机会效益即机会本身的效用和价值就会逐渐衰退、减弱，直到消失。

（3）理论上的平等性和实践中的不平等性。由于营销机会的公开性，从理论上说，任何企业都可发现和利用，不存在一家独占的可能。在这个方面，企业之间是平等的。但是由于各个企业具体情况、资源和能力等存在差异，开发机会所拥有的内部条件和优势也不尽相同，因而可获得的差别利益也有大小不同。在实践中就表现为不同企业在利用同一机会的时候，其实是不平等的。

必须看到，由于市场需求的多样化，必然也会导致营销机会的多样性。同一个企业在同一时期，也有可能面对多个营销机会。一般来说，没有必要、也不可能通通都开发利用。

☞ 案例 5-1

### 我们这样走上了 Uber 的旅程

优步创始人、首席执行官特拉维斯·卡兰尼克（Travis Kalanick）接受阿里巴巴董事局主席马云邀请，在杭州做了主题"一个技术宅最后变成了一个企业家"的分享。

他说，那次我和我的联合创始人在巴黎，当时正下着雪，打不到车。我的创始人说，真想点一个键就来一辆车。后来我们说，为什么不做出这个来呢？于是我们走上了 Uber 的旅程。

**国际服务外包营销：基于创造顾客满意的视角**

为什么打不到车，这个系统哪里出了问题？纽约60年前有13 250辆计程车，今天还是13 250辆。可是现在和60年前不一样了，但60年前和现在的计程车数量还是一样。城市给那些人发了计程车牌照，得了牌照的人跟政府说不要再发了。他们把牌照当成可交易的资产，一个牌照卖到超过100万美元，因为限量、稀少。出租车数量不够，司机拿不到牌照，要去出租车公司获得许可等，这就是问题的症结。司机每天要花150美元才能租到一辆出租车，一年相当于40 000美元。一辆车可以两个司机，一辆车可以挣到8万美元。车是限量的，所以也不能很好地服务于城市——因为出租车太少，很多人打不到车。

这就是我们想解决的一个根本问题。

我们帮助打造这样一个大城市。不仅是30辆车服务30个人，很多人同时出行的话，手机上按一个键，Uber来了。打开车门，别人已经坐在车里，我们叫"拼车"……

我们在中国的Uber，每个月拼车订单有3 000万个，意味着减少了大量停车空间，缓解了城市拥堵，减少了空气污染，因为路上车少了。在每个有Uber服务的城市，我们创造了成千上万的工作机会。因此，我们的使命是服务城市，让它变得更美好，消除拥堵，让空气更加洁净，让交通更加安全，让城市也更加安全。第一步是想到这个问题，然后找到解决的办法。

资料来源：张泉翔. 马云把优步CEO请到湖畔大学，给学员和阿里人讲了堂创新课 [EB/OL]. 澎湃新闻，2016-07-02. http://www.thepaper.cn/newsDetail_ forward_ 1492334.

## 二、营销机会的不同分类

作为未能满足或没有很好满足的需求，营销机会的表现有多种形式，尤其是可以从不同的角度认识和分类。了解这些形式及其分类，也是企业、营销人员选择营销机会的基础。

### （一）环境机会与企业（公司）机会

在营销环境的变化中，市场需求也会随之发生一些变化，客观上就会出现新的尚待满足的需要和欲望，相应产生一些营销机会。这些营销机会都是环境变化带来的，因而称为环境机会。

环境机会不一定适合每个企业。因为它们与特定企业的目标、资源和能力等未必匹配，不一定能够发挥企业的特长，使其获得最有利的竞争优势。只有符合特定企业的目标和战略，企业又拥有必需的资源和能力，能够形成和发挥竞争优势的，才是这个企业的营销机会，即企业机会或称公司机会。

### （二）显在的机会与潜在的机会

显在的机会是在市场上明显表现出来的尚待满足的需求。还有一些营销机会，它们隐藏在现有的需要和欲望中，没有明显地凸显出来，即潜在的机会。

显在的机会容易寻找和发现，识别的难度较低，开发和利用它们的企业也必然更多。一旦超过机会可容纳的限度，即机会所能提供的市场规模与潜力，就未必能有良好的机会效益——

# 第五章　分析营销机会和进入国际市场

先于其他企业进入市场可获得的竞争优势和超额利润，机会因而也就失去了其本身的价值。

潜在的机会不容易发现，寻找和识别的难度大。正因为如此，一旦把握了这种机会，竞争者可能要比显在的机会少，机会效益也可能更高。

### （三）行业机会与边缘机会

一般来说，不同企业的技术、资源和经营条件不同，在社会分工里承担的职能不同，会形成各自的企业使命和业务领域。出现在一个企业业务领域内的营销机会，即行业机会；出现在相关而又不同业务领域的交叉点、结合部的机会，叫边缘机会。

通常企业可能看重其行业机会，因为可以充分利用自身优势和积累，寻找和识别的难度也要低。所以很多的企业都以开发、利用行业机会为重点。但在行业内部，这也可能造成同行之间激烈甚至过度竞争，使行业迅速成为"红海"，从而减弱和失去机会效益。

在一个企业业务领域之外的机会，多数情况下可能是别的企业的行业机会，行业外的企业要进入难度大，因而也未必就是好的机会。但是，由于大多数企业一般都看重行业的主要领域，在行业之间的边缘地带有时会有一些"缝隙"。不同的行业在这里交叉、重合，而且往往又是一般企业容易忽视的地方。这里的需求不能得到很好的满足，甚至还会催生一些新的需要和欲望。在行业之外求发展的企业，常常以边缘机会为导向。

边缘机会仍然可发挥企业原有的部分优势。由于比较隐蔽，属于不易被大多数企业注意的"蓝海"，也有可能获得好的机会效益。但是，寻求和识别边缘机会的难度要大，需要丰富的想象力和大胆的创新精神。例如在医疗和餐饮之间，就曾产生药疗药膳等产品、服务。

### （四）目前的机会与未来的机会

通常所说的营销机会，一般是指市场上已有的尚待满足的需求，属于目前的机会。从发展来看，还会存在一些未来的机会。它们在目前还不成气候，可能只是"初现端倪"，表现为微弱的消费意向，或极为"小众"的甚至个别的"非主流"的需要和欲望，但却可能代表了一种方向——在未来的一定时期，一旦相关条件具备和成熟，就可能成为"主流"的、大量的需求，成为大多数的消费"热点"，转化为现实的营销机会和市场。

目前的机会与未来的机会之间，没有严格的界限，主要区别在于时间的先后，以及从可能、"潜在"转化为现实的条件是否已经具备。由于从发现机会到推出产品、服务进入市场有一个过程，把握未来的机会可以未雨绸缪，争取先发优势。

### （五）全面的机会与局部的机会

市场从范围来说，有全面的、大范围的市场，也有局部的、小范围的市场。全面的机会出现在大范围的市场，如全球市场、全国性市场；局部的机会出现在小范围的市场，比如特定地区、领域尚待满足的需求。

全面的机会一般来说，对每个企业都有普遍意义，因为反映了营销环境变化的一种大势所趋。局部的机会对进入该局部市场的企业会有特殊意义，因为意味着这个市场有别于其他市场的一些发展和变化。

## 国际服务外包营销：基于创造顾客满意的视角

☞ 链接 5-1

### 服务外包业的七大机会

（1）需求日益扩大的国内市场。随着国内IT产业发展，会有越来越多的业务需求释放，为产业下一步发展提供巨大的机会。

（2）中国式工业4.0，这是服务外包产业面临的最大机会。虽然百度、阿里和腾讯等为首的互联网行业火爆，但这些产业仅仅解决了渠道、销售成本、销售方式等问题，只有制造业才能制造真正好的消费品。

（3）金融业改革与外包机会。金融业一直是国内服务外包企业的重要顾客。由于面临政策的重大调整，经营压力持续增加，促使它们不断思考未来如何为顾客服务。

（4）政府公共服务外包。政府积极提倡公共服务外包，提出只要不涉及国家安全的都可以外包。城市管理服务甚至包括公共服务等，未来空间很大。

（5）电商与跨境电商。对于开展离岸业务服务外包的企业，从事国际跨境电商业务具有得天独厚的优势，可充分利用并加以发挥。

（6）"一带一路"倡议下国际总包业务机会。过去"走出去"是卖产品模式，未来国际市场上，中国服务外包企业更多将是运营模式。服务外包企业跟着政府"走出去"，以长期收取服务费的方式实现国际总包在业务上的突破。

（7）新技术将带动新商业模式和新业态出现，可能产生一些过去不曾发现的模式。

资料来源：钟明博. 服务外包产业向"出智慧"转变 [N]. 国际商报（第8191期），2015-03-04.

### 三、营销机会的评估

#### （一）分析机会的性质

企业要区分面临的各种机会，并判断其类型。不但要清楚它们是显在的机会还是潜在的机会，行业机会还是边缘机会，目前的机会还是未来的机会，全面的机会还是局部的机会，更重要的是必须明确，环境机会还是企业（公司）机会。

（1）找出成功开发这一营销机会，企业所必需的基本条件。例如，满足这一机会形成的市场和顾客，必须要有怎样的价值设计和开发能力，拥有怎样的价值交付和品牌形象、沟通能力，应当掌握怎样的供应链关系等，包括所需资源与占有情况，企业的核心竞争力所在和其他一些条件。

通常可借助迈克尔·波特（Michael E. Porter）的价值链模型和分析方法，将不可或缺的各个环节和关键要素一一列出，并确定它们的相对重要性。这个步骤不可"眉毛胡子一把抓"，要抓"主要矛盾"，找出关键环节、要素以及它们之间的逻辑关系。

# 第五章 分析营销机会和进入国际市场

☞ 链接 5-2

## 价值链

价值链是迈克尔·波特 1985 年提出的概念。波特认为,每个企业都是在设计、生产、销售、配送其产品的过程中,进行种种活动的集合体。所有这些活动可用一个价值链模型及其流程(关系)表明(见图 5-1)。①

```
辅助活动 { 企业基础结构
         人力资源管理
         技术开发
         采购
基本活动 { 内部后勤 | 生产作业 | 外部后勤 | 市场和销售 | 服务 } → 利润
```

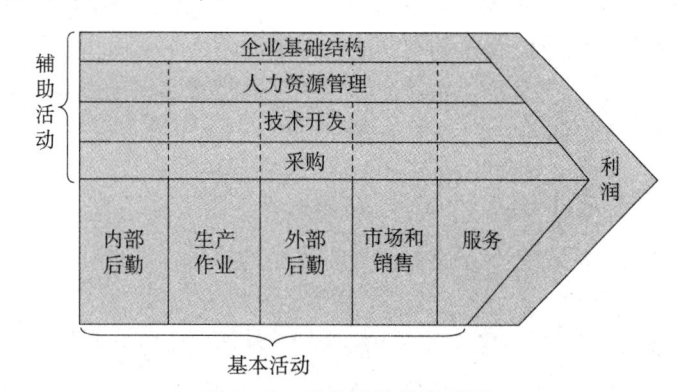

**图 5-1 波特的价值链模型**

波特认为,企业的价值创造过程由一系列的活动构成,这些相互关联、相互影响的活动可分为两大部分。一部分是基本活动,包括内部后勤(进货物流)、生产作业、外部后勤(出货物流)、市场和销售以及服务等五种;另一部分是辅助性活动,包括采购、技术开发、人力资源管理和企业基础结构等四种。它们分布在从供应商获取原材料,到最终产品被消费时的服务之间。这些环节构成了创造价值的动态过程,即价值链。

在此基础上,波特提出了价值链分析的方法。即对企业活动分解,通过考察这些活动本身及活动之间的相互关系,确定企业的竞争优势所在。其中每个环节运营的好坏都会影响其他环节的成本和效益,但每个环节对其他环节的具体影响程度并不相同。一般来说,上游环节的中心是设计和开发价值,与产品、服务的技术特性紧密相关;下游环节的中心是交付和沟通价值,成败优劣主要取决于顾客服务。所有活动共同创造收益,减除由各个环节产生的总成本,即为企业收益(利润)。

波特同时还指出,一个企业的价值链活动不会是孤立的,而是存在于供应商价值链、企业价值链、渠道价值链和买方价值链共同构成的价值链系统中。企业的价值链也是动态变化的,反映企业的历史、战略以及实现战略目标的方式。

(2)以必需的关键要素为参照,一一对应企业已有和可得的条件,分析可能的优势和劣势。最后,要给出企业在各要素(项目)上的得分;还要依据它们的相对重要性加权计

---

① [美]迈克尔·波特. 竞争优势 [M]. 陈小悦,译. 北京:华夏出版社,1997:36-44.

算，评估企业适应营销机会的总体水平。

（3）界定可能的竞争者，分析它们进入这一市场的实力和威胁程度。同样参照必需的关键要素，对各个潜在竞争者利用机会的优势劣势，依据同样的标准，分要素（项目）和总体水平给分，进行评估。

这项工作的难点在于如何避免"误删"和"误选"。"误删"是遗漏了应该考虑的竞争者，它们会成为日后竞争中突然出现、猝不及防的"黑马"；"误选"是指经过认真分析和评估的竞争者，它们其实无意或在日后并未进入这一市场。

（4）依据关键要素和总体水平得分，比较企业与主要的潜在对手之间的相关优势。目的在于确认成功开发这一营销机会，谁的条件更充分、完备，企业是否拥有更多的潜在优势，能否获取相应的差别利益以及差别利益的大小。

一般来说，只有一个企业具备了条件、并且能够获得更多的潜在优势的环境机会，才是属于它的企业（公司）机会。

## （二）分析机会的质量

在认定机会的性质以后，企业还要继续分析机会的质量，以评估开发和利用这一机会的必要性、合理性。

（1）明确这一机会所反映的仅仅是某种需要，还是已经形成市场。人们的需要、欲望多种多样，未必都会积极满足。比如自身条件尚不许可，暂时不能考虑；需要现在满足，但不一定通过购买的方式实现等。这样的一些需要，至多是潜在市场或未来的机会，未必带来现实的效益。一般可继续观察，而不是即刻行动，为这样的机会开发缺乏销路、买主的业务和项目。

（2）明确这一机会已经形成的市场，是否拥有足够的潜在顾客。倘若市场缺乏基本的规模，顾客缺乏足够的数量，为这一机会建立的价值创造能力就难以达到规模经济，可能销路不足以及亏损。

（3）明确进入这一已有足够规模的市场，企业是否具备了充足的能力。认定这是企业（公司）机会，只是理论上说明企业具有相对优势，可能在竞争中占有更多的差别利益。但要成为事实，还要依靠企业的实力，尤其是价值交付和沟通能力。现实中常有这种情形，一个企业研制了满足某种需求的产品和服务，却不能建立有效进入目标市场的渠道和分销系统。

通过以上分析认定这是一个具有较高质量的企业（公司）机会，就可进一步结合市场细分和目标市场选择等，统筹考虑开发机会的相关营销措施。

# 第二节　市场细分

"市场细分"（marketing segmentation，或"市场区隔"）是美国学者温德尔·斯密（Wendell R. Smith）1956年在总结一些成功企业的实践之后，提出的一个内涵丰富的概念。他认

## 第五章　分析营销机会和进入国际市场

为，企业应该对其市场进行细分，而不是只关注产品的差异，市场细分是一种战略。市场细分也被誉为营销学中一个创造性的概念，是衡量营销者是否真正确立"以顾客为中心"的根本标志。

### 一、市场细分的作用

人们的需要和欲望是存在差异的，可能有不同的需求，或寻求不同的利益。市场细分就是企业依据自身的条件和目标，以需求的某些特征为基础和依据，对潜在顾客进行辨识、区别和分类的做法及其过程。

#### （一）有利于挖掘营销机会

企业的营销活动应当始于一切采购、生产之前的调研、分析，即通过了解和掌握市场的动态与变化，寻找和发现有吸引力的机会。通过市场细分，对潜在顾客的需要和欲望进行分类，可以梳理哪些群体的需求已经满足，哪些群体的需求满足了部分，哪些还只是潜在的需求；分析哪些细分市场（market segment）的竞争激烈，哪些细分市场的竞争较少，哪些亟待开发等。顾客需求的满足程度较低的细分市场，通常蕴藏着较好的营销机会。

#### （二）有利于比较和选择目标市场

目标市场是一个企业决定为之服务的顾客群体。在现实中，任何企业欲凭一己之力，要为整个的市场提供全部的产品和服务，几乎是不可能的。潜在顾客或许人数太多、分布太散，或许购买的习惯、使用要求差异太大。所以每个企业真正在服务和面对的，都只是总体市场中的部分顾客。善于从中寻找、辨别最有价值、并能最为有效为之服务的特定顾客，以他们为目标市场，进而形成竞争优势，是具有战略意义的决策。

倘若不做市场细分，没有把潜在顾客区分为不同细分市场，只有被视为"铁板一块"的总体市场，决定目标市场就没有比较。没有比较就没有选择，没有选择就意味着企业无法将其营销能力"锁定"最有利的那些潜在顾客。"眉毛胡子一把抓"，难免会造成人、财、物等资源的低效使用。

#### （三）有利于制订营销组合战略和方案

企业需要综合考虑产品、价格、促销和渠道等因素及其关系，形成针对目标市场的特定的营销组合。这是企业在更好地了解自己顾客的基础上，就如何更好地满足他们必须进行的战略抉择。通过市场细分，可以更好地将有限的资源，根据战略、目标和发展的需要，合理地分配在目标市场上重要性、前景和潜力不一的各个细分市场；可以根据目标市场的形势以及细分市场的变化，及时调整营销组合方案，保持良好的匹配度。

#### （四）有利于获得顾客忠诚和提高"顾客黏性"

在特定的目标市场，通过市场细分，依然可以发现一些现有顾客未能很好满足的需要和欲望。通过自我改进、提升，例如开发新的产品和服务属性，帮助他们获得进一步的满足，改善顾客体验，有利于提升顾客满意度。顾客关系的形成和发展，其实就是一个"购买—满意—再购买"和"购买—不满意—流失"的交织过程。顾客一旦认定某个供应商或品牌不但更适合他们，而且更愿意理解他们、与他们交流，一直在努力为他们着想、提供更好的满足和体验，必然产生和累积更强烈的品牌忠诚。这样，不仅提高顾客关系的质量和"黏性"，而且大大降低流失率，尤其是减少他们投奔竞争者的风险（见图5-2）。

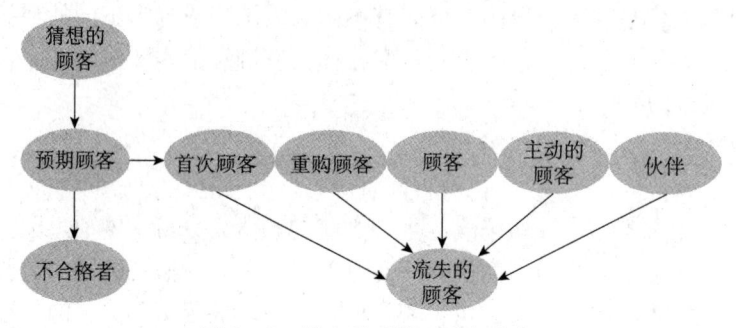

图 5-2　顾客关系的形成和流失

### （五）有利于扬长避短和发挥相对优势

由于具体条件的不同，不同企业的竞争力客观上是有差距的。有效的市场细分有助于相对改变这种差距。进行市场细分之后，各个细分市场的竞争者及其优势劣势都会显现出来。企业可以选择避其锋芒，也可致力于攻其不足。例如，集聚优势资源和力量于某个局部，化企业在总体市场的绝对劣势为特定细分市场上的相对优势。

市场细分对所有企业都很重要。对中小企业和选择市场利基者战略的企业更是意义重大。中小企业资源、能力有限，技术水平相对低，积极地市场细分，才能更好地找到生存和发展的立足点，即大企业和强悍对手无暇顾及的细分市场和"缝隙"领域。

## 二、市场细分的基础和依据

### （一）市场细分的基础

市场细分思想的产生，起源于商品本身的内在矛盾。企业推向市场的产品、服务，无论形态、称谓如何，终究都是经济学意义的"商品"——为交换而生产的产品，具有价值和使用价值双重属性。作为生产者或供应商，企业追求的是商品价值，顺利实现市场提供物的价值，也是它们生存、发展的前提。然而能否顺利实现交换，还要取决于其使用价值满足顾客的程度。过去的小生产者如裁缝、鞋匠等小本经营，生产能力和产量有限，顾客少，市场也小，他们可以为顾客量身定做。依据订货加工不能保证生产的均衡性，却能提高其使用价值与需求的匹配程度。其实，这些小生产者也都在自觉或不自觉、被动地进行了"市场细分"——每个订货的顾客，都当成一个特定的细分市场。大规模生产追求规模经济，就有

## 第五章 分析营销机会和进入国际市场

了存货问题。批量生产也难以照顾每个顾客的个别情况，使用价值与需求脱节的可能性大大增加。这种情况下，对潜在顾客梳理、分类，依据他们的需求共性，研制和大批量生产、大规模销售，通过求同存异满足顾客群体而不是个体，成为促成交易、减少风险和扩大销路的主要方式。市场细分是在大规模生产条件下，企业想要顺利通过市场实现交换的重要选择。

在现实中，消费者和用户的需要、欲望与行为，往往是多元性的而非单一性的，是异质性的而非同质性的，这是市场细分的客观基础。假如一种产品或服务具有 AB 两种不同的属性。依据不同顾客重视程度的差异，具体市场就可能出现以下三种不同的偏好模式（见图 5-3）。

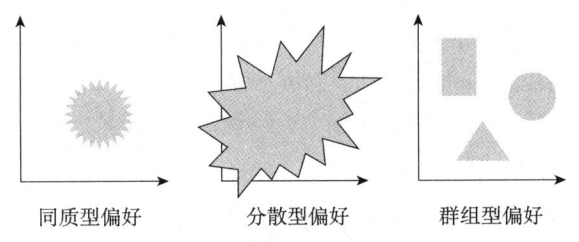

图 5-3 需求偏好的不同模式

（1）同质型偏好。所有顾客对产品、服务的两种属性要求趋同，比较集中和一致，不存在显著的差异。这样，企业就要考虑同时顾及两种属性。

（2）分散型偏好。顾客想法甚为不同，要求也非常分散。比如服装，有的只看款式，有的关注质地、面料，有的注重价格等，而且对各个属性的用心程度也不一样。面对这种模式，假如企业只是推出一种产品、服务，无论其具有何种特色，是兼顾一种、两种还是所有属性，都难以匹配和满足所有顾客。

（3）群组型偏好。市场上偏好不同的顾客"人以群分"，成群成组分布，客观上表现为具有明显差异的不同细分市场。

只有少数产品如食盐、钢材等，顾客要求可能比较一致。更多的产品只要有两个以上的顾客，需求就可能表现不同。所以，除非只有一个顾客、只卖一种产品，否则都有需要进行市场细分的问题。

市场细分也是一个过程。企业通过需求差异的辨识和分析，从潜在顾客的不同当中寻找、发掘共同或相似的因素，异中求同和同中求异。将一个错综复杂而非"铁板一块"的总体市场，区别为有营销意义和价值的若干部分，即细分市场，使各个细分市场的内部异质性减少，表现出更多的同质性。实际上，就是对需求梳理、分类，每个细分市场都是一个需要、欲望大体相似的顾客群体。

### （二）细分组织市场的依据

市场细分的基础是那些导致了需求异质性、多元化的因素。它们使消费者、用户的需要、动机和行为出现不同，从而为市场细分提供了依据。

在消费者市场，一般可依据顾客特征的不同，如地理因素、人口因素和心理因素等，也可依据顾客反应的差异进行市场细分。这些依据，有些也同样适用于组织间营销和组织市场

## 国际服务外包营销：基于创造顾客满意的视角

细分。当然，依据组织顾客的特性，一般还会考虑一些其他的依据。

**1. 行业细分**

组织市场如企业用户的购买，通常是为了生产用于出售的产品或服务。所处行业不同，购买目的、行为特征和需求等也会有很大的差异。例如，电脑制造商的采购，可能最重视的是质量、性能和服务，价格也许不是最主要的；飞机制造商和修理商购买轮胎，对安全标准要比汽车、拖拉机严苛许多。

**2. 规模细分**

组织顾客的规模，也是细分组织市场的重要依据。规模不同，购买要求和数量等也会存在很大的差异。大用户少，但购买量大，可能看重价格；小用户多，但每个的购买量小。在实践中，许多企业采用不同的战略，通过适当的制度分别与大客户、中型客户和小客户建立联系。例如，大客户由大区经理负责，中型客户由区域经理掌握，小客户由一线的销售代表管理。

**3. 地理细分**

企业还可使用一些地理因素，明确重点服务或推广区域。由于自然资源、气候条件和生产要素等差异，每个国家、地区都可能有一些产业集聚成群。因此，在组织市场尤其是生产者市场，往往比消费者市场在地理位置上更集中。

依据地理因素细分组织市场，有助于企业设计更精准的营销组合方案，充分利用营销资源和销售网络，降低营销成本。这也是目前国际服务外包企业经常使用的市场细分依据。

☞ 链接 5-3

## 细分生产者市场的主要变量

生产者市场是组织间市场的重要部分，也是国际服务外包营销考虑的主要客户。美国学者波罗玛（Thomas V. Bonoma）和夏皮罗（Benson P. Shapiro），曾于1983年提出一套细分生产者市场的变量。他们系统地列举了选择目标市场应考虑的主要因素，有很好的参考价值。

**人口统计变量**

（1）行业：我们应该服务于哪些行业？

（2）公司规模：我们应该服务于多大规模的公司？

（3）地点：我们应该服务于哪些地理区域？

**经营变量**

（4）技术：我们应该把重点放在客户重视的哪些技术上？

（5）使用者或非使用者状况：我们应该服务于重度使用者、中度使用者、轻度使用者还是未使用者？

（6）客户能力：我们应该服务于需要大量服务的客户，还是只要少量服务的客户？

**购买方式**

（7）采购职能组织：我们应该服务于高度集中采购组织的公司，还是分散采购的公司？

## 第五章　分析营销机会和进入国际市场

（8）权力结构：我们应该服务于工程导向、财务导向还是其他导向的公司？

（9）现有关系的性质：我们应该服务于和我们有牢固关系的公司，还是简单地追求最理想的公司？

（10）总体采购政策：我们应该服务于喜欢租赁、签订服务合同、进行系统采购，还是要求封闭式投标的公司？

（11）采购标准：我们应该服务于追求质量、服务还是价格的公司？

**情境因素**

（12）紧急性：我们是否服务于需要快速和随时交货或提供服务的公司？

（13）特定应用：我们是否应该关注于我们产品的特定应用，而不是所有的应用？

（14）订单规模：我们应该着重于大订单还是小订单？

**个人特征**

（15）购买者—销售者相似性：我们是否应该服务于那些人员、价值观和我们相似的公司？

（16）对风险的态度：我们应该服务于喜欢风险的还是规避风险的公司？

（17）忠诚度：我们是否应该服务于对其供应商高忠诚度的公司？

资料来源：［美］菲利普·科特勒，凯文·莱恩·凯勒.营销原理（第14版·全球版）[M].王永贵，等译.北京：中国人民大学出版社，2012：250.

### 三、市场细分的注意事项

任何企业都可依据上述因素进行市场细分。由于不同企业的战略方向、业务领域和具体产品、服务的差异，市场细分方法也会不同，如依据的具体因素、选用的依据数量和难易程度等会各有考虑。但是，无论面向消费者市场还是组织市场，无论其自身具体情况如何，从事什么业务，都要注意以下的共性问题。

（1）必须选择对顾客及其需求有更大影响的因素为依据。例如在生产者市场，潜在顾客所在的行业、企业的规模和地理位置等，是影响需求和购买行为的重要因素，也是市场细分不应忽视的主要依据。再如食盐市场，若依性别、肤色或年龄等市场细分毫无意义，因为这些对需求几乎没有什么影响；若根据使用者状况，分为轻度使用者（如一般家庭）和重度使用者（如餐馆、机构食堂）等，推出不同分量的包装产品，则是一种可考虑的选择，因为它对顾客行为有一定的影响。

（2）若使用多个因素进行市场细分，必须注意拟用因素之间可能的边界、外延的重叠。例如，使用量和顾客规模有关联，顾客追求的利益受其职业、性别和家庭生命周期等影响。同时，使用这些因素进行市场细分，就可能产生一些无效的或意义不大的，甚至纸上作业存在而现实中几乎没有的细分市场。

（3）市场细分的结果，必须是不同的细分市场之间有明显区别或差异，一个细分市场的内部有较高的同质性和相似性。如果细分市场的内部仍然需求个性大于共性，或者不同细分市场之间的共性大于个性，这样的市场细分就是失败的。

(4) 细分市场要注意规模适度。市场细分极其必要，但也不是越细越好。市场细分不是为了细分而细分，是为了更好地发掘营销机会和决定营销组合。一般来说，细分为过多的细分市场，乃至于总体市场被人为地割裂和"碎片化"，不会有太大的实质意义，即使企业打算实施定制营销。细分市场过少，每个细分市场太大，同样也不适宜。因为这样的细分市场可能企业无法覆盖，顾客的需求不能很好的满足，尤其是会为竞争者介入留下缺口与后患。细分市场的数量及规模，要与企业资源、能力相适应。

## 第三节　决定目标市场

经过市场细分，企业可从中比较和选择更有价值并能更好地为其服务的细分市场为目标市场（target market）。目标市场可以选择一个细分市场，也可以包括若干细分市场甚至是整个总体市场。

### 一、目标市场的基本要求

企业选择的目标市场，必须符合以下基本的要求。

（一）可识别性

作为目标市场，企业必须明确知道潜在顾客"是谁""有谁"等首要问题，能够清晰描述相关细分市场的轮廓和概貌。需要的相关数据和资料等，可以通过调研、分析及其他方式获得，可以依据地分析相关细分市场特征，有效地衡量目标市场的价值。

（二）可进入性

目标市场应该是一个企业有能力进入的细分市场。既利于企业人财物等资源扬长避短，又足以开发与需求匹配并足以覆盖相关细分市场的营销组合。面对潜在的竞争，能够形成一定的相对优势。也就是说，企业不但可以进入，而且能够有所作为，这样的目标市场才有意义。

（三）可盈利性

目标市场的顾客数量、购买力与潜力等，足够容纳企业置身于其中并获得发展。正常情况下，企业能够有利可图，实现预期的效益目标。

原则上说，组成目标市场的每个细分市场，都应该是企业需要为之专门设计、单独推出相应的营销组合的最小市场单位。因此，有时候还要根据成本与收益的关系等，结合考虑细分市场的适当归并，避免细分过度的现象。

（四）可稳定性

选定为目标市场的各个细分市场，它们的性质、特征等在一定时期必须能够保持相对的

## 第五章 分析营销机会和进入国际市场

稳定,这样才利于制订长期战略。倘若目标市场的变化太快,企业势必难以把握其发展的脉络。面对今天这样、明天那样、后天甚至荡然无存的需求与偏好,企业在目标市场的风险会大大增加。

### 二、目标市场的选择

一个细分市场是否适合确定为目标市场,通常需要结合以下方面评估进行选择。

#### (一)细分市场的规模和增长率

主要评估特定细分市场是否具有适当的规模和增长率。"适当的规模"是一个相对的概念,大企业可能偏好销量很大的细分市场,对较小的细分市场不感兴趣;中小企业实力偏弱,也会有意避开较大的细分市场。增长率也是重要因素,企业都希望目标市场的销量和利润,能有良好的上升趋势。但竞争者通常也会很快进入迅速成长的市场,从而导致利润率下降。

#### (二)细分市场的结构吸引力

一个细分市场具有适当的规模和增长率,但也可能缺乏盈利潜力。倘若有许多势均力敌的竞争者同时进入,或者细分市场上有很多旗鼓相当的企业相互竞争,尤其是市场趋于饱和或萎缩时,其吸引力就会下降。潜在的新进入者包括在其他细分市场的同行,以及有能力但目前尚未进入行业的企业。一个细分市场的进入障碍太低,吸引力也容易下降。替代品在某种意义上限制了潜在收益,其价格越有竞争力,特定细分市场增加盈利的可能性就越小,从而吸引力下降。下游购买者和上游供应商的影响,主要表现在它们的讨价还价能力。购买者压价能力强,或供应商有实力提价,或降低供应的质量、服务等,特定细分市场的吸引力都会下降。

☞ 链接 5-4

### 影响和决定一个行业、市场的五种竞争力量

了解一个企业所在行业的基本态势和环境,运用最多的是波特的分析方法。他把影响和决定一个行业、市场前景的竞争力量区分为五个方面。这一思路和框架,人们通常称其"五种力量模型(五力模型)"(见图 5-4)。[①]

(1)行业内部的竞争。行业内部的企业、品牌之间的竞争关系与强度,由行业集中程度、产品差异以及进入、退出障碍的高低等因素决定。如果已有众多强悍的或竞争意识强的

---

[①] [美]波特. 竞争战略——分析行业和竞争者的技术 [M]. 姚宗明,林国龙,译. 北京:生活·读书·新知三联书店,1988:11-38.

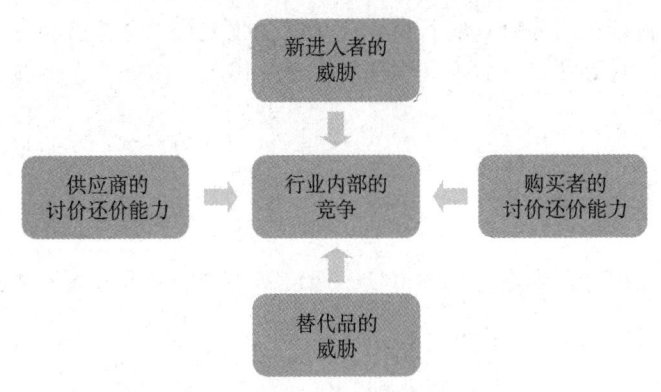

图 5-4  影响行业吸引力的五种力量

对手，这个行业就可能失去吸引力。市场处于稳定或萎缩状态，行业的生产能力还在扩大，或固定成本高、退出障碍大，竞争者投资太多难以离去等，这样的环境容易诱发"价格战"、促销战或广告战，企业将被迫不断推出新产品、新款式以抗衡竞争。

(2) 新进入者的威胁。新竞争者为行业带来新的产能、资源，要求市场重新"洗牌"，对行业秩序和现有的企业形成冲击，甚至导致价格下降，影响行业的盈利水平。新进入者的威胁大小，也取决于进入障碍和退出障碍。[①]

(3) 替代品的威胁。它们与行业提供的产品，功能相同或类似。在质量接近的情况下，替代品的价格比被替代的产品更有竞争力。替代品投入市场，会使整个行业价格水平下降，影响行业的收益和盈利。替代品的价格越有吸引力，构成的竞争威胁也越大。行业内部一些企业也可能采取集体行动，以抵制替代品对行业造成的影响和威胁。

(4) 购买者的讨价还价能力。它们位于行业下游，总是希望压低价格，又不断对质量、服务等提出更高的要求，还设法使供应商之间相互竞争。作为一种重要的竞争力量，购买者不仅影响到一个企业，也影响到整个行业的盈利水平。购买者集中或组织化程度高，或该采购在买方成本中占较大比重，或行业提供的产品难以差异化，或买方转换成本低，或买方由于单位盈利低而对价格敏感，或买方有可能后向一体化，购买者的讨价还价能力都会增强。

(5) 供应商的讨价还价能力。它们位于行业上游，为下游厂商提供所需的人财物和其他资源。供应商提高价格或降低质量，或减少供应，都会对作为购买者的企业产生一定的影响。

(三) 企业的目标和资源

企业还要结合目标、战略和资源、能力等，决定其目标市场。某些细分市场有一定的吸引力，但不适合企业的长期发展，也有可能要放弃。一些适合企业目标和战略的细分市场，需要考虑是否具备成功所需的资源、能力等条件。

---

[①] 关于进入障碍和退出障碍的关系与影响，可见本书第四章"评估竞争格局和竞争者行为"的第一节"竞争与竞争者"，有关"行业动态和竞争格局"的内容。

# 第五章 分析营销机会和进入国际市场

## 三、目标市场的覆盖模式

对于选定的目标市场及其细分市场,要根据战略和发展的需要,考虑进入顺序和如何进入等问题。一般来说,有五种基本的市场覆盖模式(见图 5-5)。

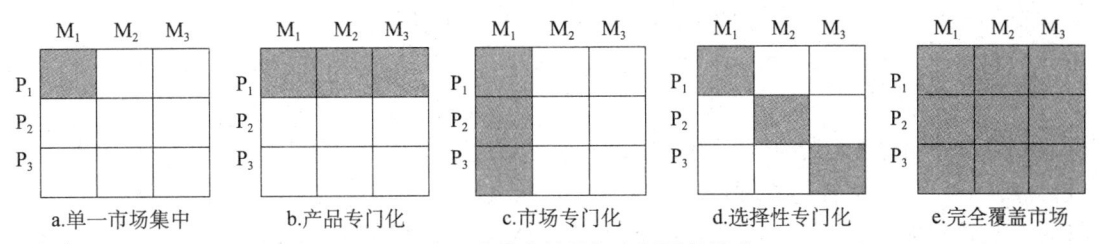

```
     M₁ M₂ M₃        M₁ M₂ M₃        M₁ M₂ M₃        M₁ M₂ M₃        M₁ M₂ M₃
  P₁ ■               P₁ ■  ■  ■      P₁    ■         P₁ ■            P₁ ■  ■  ■
  P₂                 P₂               P₂    ■         P₂    ■         P₂ ■  ■  ■
  P₃                 P₃               P₃    ■         P₃       ■      P₃ ■  ■  ■

  a.单一市场集中      b.产品专门化    c.市场专门化    d.选择性专门化    e.完全覆盖市场
```

图 5-5 五种基本的目标市场覆盖模式

### (一)单一市场集中模式

即企业选择一个细分市场,在目标市场推出一种产品($P_1$),服务于一种顾客($M_1$)。较小的企业通常这样选择,可以避开资源的"短板",专心致志于有能力"做好"的细分市场;可以避开"红海"市场的激烈竞争,立足于"蓝海"或能有相对优势的"红海"获得发展。大企业根据需要,也可能这样选择,例如初次进入某个领域,以一种产品、一种顾客"投石问路"。

### (二)产品专门化(专一化)模式

企业推出一种产品($P_1$),面向多种顾客($M_1$,$M_2$…)。例如电脑厂商,同时或先后向教育机构、科研院所等组织顾客开展业务,也向政府部门、企业等大客户销售,还向消费者和家庭等提供产品。但是它们不提供这些顾客也需要的其他产品,例如手机、空调设备等。

产品专门化也叫产品专一化。这种模式一般可以适度分散市场风险,发挥企业生产、技术等潜能,有利于在某个产品领域树立较高的声誉。但是,这个领域一旦出现新技术和替代品,产品销路就可能滑坡,使企业陷入风险中。

### (三)市场专门化(专一化)模式

企业面对一种顾客($M_1$),同时或先后提供他们所需的多种产品和服务($P_1$,$P_2$…)。市场专门化或市场专一化模式也可以适度分散风险,并在相关市场领域或潜在顾客中建立良好的声誉。例如许多家电制造商,从冰箱、洗衣机到电视机和家庭组合音响等,应有尽有;苹果公司不仅提供智能手机、平板电脑、播放器和各款电脑,还生产智能手表。但是,特定群体的购买力一旦下降,或者他们削减此类购买,企业经营就难免不会受到影响。

### (四)选择性专门化(专一化)模式

采用这种模式的企业,也是同时或先后选择若干细分市场($P_1M_1$,$P_2M_2$,$P_3M_3$…)作为目标市场。从产品、顾客等方面的关联性看，细分市场之间很少或根本没有内在联系；但从营销机会的质量和细分市场的价格吸引力来看，它们可能具有很高的开发价值。

实际上，这也是一种多角化或多元化的经营战略，目的在于分散风险。由于细分市场之间关联度低，企业纵然在某个细分市场失利，也有可能通过其他细分市场争取弥补。不能"一荣俱荣"，也不至于"一损俱损"。但是，细分市场的数量、总体规模等，务必与企业资源、能力等相适应，谨防盲目的"四处出击"和多角化经营的"陷阱"。

### （五）完全覆盖市场模式

一些较大和有实力的企业，也可能同时或先后进入所有的细分市场。它们提供多种产品（$P_1$，$P_2$…），服务于各种顾客（$M_1$，$M_2$…）。大多数的做法是从单一市场集中模式起步，再以产品专门化、市场专门化或选择性专门化等模式逐渐扩张市场。到了一定阶段，实施完全覆盖市场模式。典型的有可口可乐、百事可乐在饮料市场的战略。

## 第四节 选择和进入国际市场

国际服务外包营销是一种国际营销活动，目标市场是相应的国际市场。因此，还要结合国际营销的特点，考虑如何选择、进入相应的国际市场。

### 一、国际市场的选择过程

#### （一）是否进入国际市场

企业是否需要进入国际市场，一般取决于以下两方面的考虑：

(1) 能否发现潜在的需求，找到外国买家。全球经济一体化的进程，使越来越多的企业目光转向国际市场，也使国际市场的竞争更加剧烈。因此，选择进入国际市场，首先，必须发现更好的营销机会，这是前提；其次，找到具备规模和潜力的国外市场，足以支撑企业稳定经营和可持续发展；最后，相对于竞争者，自身能有一定竞争优势。

(2) 可否充分利用资源，发挥企业已有的优势。世界各国资源分布不同，开展国际营销活动，一般应立足于可以充分开发、有效利用本国资源，能够扬长避短地整合人财物力等要素，更有竞争力地提供优势产品或服务，企业更有效能、效率并可获取更好的效益。

#### （二）进入哪些国际市场

国际市场庞大，多变。决定进入国际市场，必须考虑具体目标国家或地区。根据各国市场、需求和购买者行为，进行市场细分。

细分国际市场同样有多种的依据。例如按经济发展水平，可分原始农业型、原料出口型、工业发展型和工业发达型等；可以根据国别细分，也可依据区域分为北美、欧洲、拉丁

## 第五章　分析营销机会和进入国际市场

美洲和东南亚等市场；还可按产品、服务细分，或人均国民收入等细分；等等。

不是每一个外国市场都值得进入、能够进入，需要选择。在国际营销中，目标市场选择需要考虑：

（1）市场规模。没有规模的细分市场，潜力是有限的。一个国家或地区的市场规模，一般受到其人口、人均收入等因素影响。

（2）市场增长速度。有的市场可能规模不大，但是发展的潜力大，未来成长很快，可能形成一个大市场。选择这样的目标市场，未来收益或许可观。

（3）交易成本。市场交易发生的费用多少，直接关系成本和利润。在不同国家和地区，每种交易可能发生的诸如运费、调查费、保险费、税收、劳动力成本及广告费等都是不同的。一般会选择交易成本较低的目标市场。

（4）竞争优势。要与各种潜在的竞争者进行比较，一般选择对手较弱的国家、地区为目标市场。

（5）风险。跨越国界开展营销，风险是必须考虑的突出问题。自然灾害、意外事故、战争、政局不稳、国家关系恶化及原材料供求变化、货币贬值、通货冻结等，都有可能导致合同废除、货物丢失、交货延误和贸易歧视等，甚至没收财产等意外。企业一般会选择风险小的国家、地区。当然，高收益往往伴随高风险，需要具体问题具体分析，视具体情境而定。

### （三）评估国际市场

对于初步选定的目标市场，要进一步评估市场规模和潜力、市场占有率、投资回报和风险等，为最终选择和进入奠定决策基础。

（1）估测市场规模与潜力。通过资料整理或调研，对目标市场的规模进行分析。充分了解现状，进入国际市场才能有的放矢，后续活动才可能顺利。同时要预测市场潜力，判断随着该国经济的发展、政局的变动等营销环境因素的变化，目标顾客的需求走向和发展趋势，这对于制订营销组合至关重要。作为营销者，一定要熟悉相关国家、地区政治、经济、文化状况及政策等，综合判断市场可能的变化（见表5-2）。

表5-2　　　　　　　　　判断市场潜力的指标[①]

| 1. 人口因素 | 人口规模<br>人口增长率<br>城市化程度<br>人口密度<br>人口的年龄结构及组成 |
| --- | --- |
| 2. 地理特征 | 国土面积<br>地形特征<br>气候条件 |

---

① ［美］菲利普·科特勒，阿姆斯特朗. 市场营销原理（第7版）[M]. 赵平，等译. 北京：清华大学出版社，1999：456.

续表

| 3. 经济因素 | 人均国民生产总值<br>国民生产总值的增长率<br>国民生产总值的投资比率 |
|---|---|
| 4. 技术因素 | 技术水平<br>目前的生产技术<br>目前的消费技术<br>教育水平 |
| 5. 社会文化因素 | 主要价值观<br>生活方式<br>种族群体<br>语言分歧 |
| 6. 国家的目的和计划 | 产业优先程序<br>基础设施投资计划 |

（2）预测市场占有率。通过分析目标市场的竞争格局和态势，政府、法律及其他方面的限制，判断企业未来在目标市场可能的市场份额。

（3）预测成本和利润。成本高低与进入市场的战略或方式有关。倘若以出口商品的方式进入，商业责任与销售成本等由合同标明；如果以投资设厂方式进入，则成本估计需要涉及折旧、利息、员工工资、税款、原材料及能源价格等。从预计的销售额减除成本，可大致估算收益和利润。

（4）估计投资回报与风险。将某一产品、服务在国外市场的预测利润和投资比较，可估计投资回报率。预期目标一般应高于正常的投资回报率，并能抵消在国外运营可能的政治风险、商业风险、货币风险及其他风险。

☞ 链接 5-5

## 利用"一带一路"进入国际服务外包市场

我们现有的国际服务外包市场主要位于美国、日本、中国香港地区等发达市场经济体，制度健全，商业文化发达，人口素质和技能水平较高。"一带一路"建设中的不少国家属于转型经济体和发展中国家，总体经济水平较低，营商环境不太稳定，法律法规不健全，语言文化差异较大，劳动力素质和技术水平偏低，虽然潜在的市场需求很大，由于发展中国家对如何开展服务外包业务经验不足，风险不可低估。不管政府还是企业或其他相关主体，既要善于捕捉机会，也要做好长期准备，做好风险预案。

一是促进服务外包产业参与"一带一路"建设，要坚持"政府搭台、企业唱戏"的基本原则。政府发挥引导作用，企业担任主导角色。"一带一路"倡议的核心是经济合作，但广泛涉及政治、安全、文化等领域，是一个庞大复杂的系统工程，要有步骤分层次、按阶段

## 第五章 分析营销机会和进入国际市场

逐步推进。一方面，政府作为有形之手，在政策协调和安全服务等宏观方面发挥作用，在依托驻外使馆等机构提供翔实的驻在国经济环境、投资政策和市场信息等方面，具有得天独厚的优势。另一方面，让市场机制的无形之手，在跨国经济合作中发挥决定性作用，企业具体担任核心和主角，成为贸易投资的合作主体。政府和行业组织引导企业诚信守法合规经营，强化企业责任意识和可持续发展，真正融入当地经济。政府自身要讲诚信，在招投标过程中严格按照国际通行规则，为民营、外资乃至当地和第三国企业创造公平的竞争环境，在跨国合作中扮演积极角色，避免因国企一枝独大而使驻在国产生过多顾虑。例如大连市政府与大连软件园，在早期实践中共同探索"官助民办"模式，已经积累大量可复制经验，并有武汉软件新城等成功案例。

二是在有条件的地区，与驻在国合作探索建立服务经济和服务外包跨国合作试验区。从印度、爱尔兰及我国等服务外包热点国家实践来看，开发区、科技园、基地建设等园区模式，在推动服务外包产业初期发展和促进产业集聚方面行之有效。由于沿线国家与地区成员构成复杂，具有高度异质性，很难制定整齐划一的合作方式。例如可尝试选择有合作前景的地区，共同探索建立服务外包跨国合作试验区，在基础设施、人员往来、金融支持、财税政策和城市建设等方面，实施特殊的优惠政策，鼓励试验区先行先试，为全面扩大服务经济合作和服务外包发展探索新路。

三是鼓励多层次、多元化、多主体合作模式协同创新，共同推动服务外包产业大发展。与沿线各国中心城市、当地企业、西方企业及相关国际机构合作，通过构建多元的利益主体，形成开放式多边协作平台，风险共担、利益共享和优势互补，提高合作成效和可持续性。例如发挥中心城市主动性，优先考虑促进具备产业基础的城市间合作，有望成为"一带一路"沿线国家服务合作的可行模式。再如，国际组织和第三方跨国公司在全球化运营方面具有丰富资源、实践经验和技术能力，能够在跨国合作中担任桥梁和纽带。某些印度服务外包企业具有高水平的全球化运营能力，在开展与沿线国家服务产业合作中，应考虑与这些服务外包强国企业密切合作。在华跨国服务外包企业，特别是西方跨国公司在我国服务外包产业发展中占据重要地位，应鼓励其在与沿线国家跨国合作业务中，继续发挥重要甚至主导作用。此外，服务外包在拉动就业、推动增长和促进结构转型以及加强与当地工人沟通方面效应显著，与国际组织和当地企业合作，尽可能雇佣当地员工，对于熟悉当地情况、切实融入驻在国和增加共识与信任、实现可持续合作和包容性发展，尤为关键。

最后需要注意，"一带一路"倡议的根本意义在于，通过丝绸之路建设。在支持周边国家经济发展的同时，加快中国与这些国家的经济融合，形成新的长期性增长动力。建设初期以基建合作项目为主，直接涉及的服务经济领域还比较有限，很多与服务经济和服务外包合作有关的机会还有待于密切关注和逐步开发，需要循序渐进。

资料来源：姜荣春. 一带一路促进服务外包产业大发展 [J]. 服务外包，2015（3）.

## 二、国际市场的进入方式

选择以何种方式进入国际市场，也是十分重要的决策。

# 国际服务外包营销：基于创造顾客满意的视角

## （一）出口进入方式

企业在本国组织生产，通过适当渠道交付国际市场。这是传统的方式，也是进入国际市场的普遍方式。生产地点不变，劳动力没有在国际间流动，出口的产品、服务可与内销相同，或根据国际市场特点适当改动。在国际市场遇阻，还可回国内销售。风险相对要小，对产品结构调整、生产要素组合的影响不大。

**1. 间接出口**

借助于中间环节、一般是中间商向国际市场出口，也是企业开始走向国际市场的常用方式。主要做法有：

（1）产品出售给中间商，中间商负责销往国际市场；
（2）委托中间商代理出口；
（3）委托本国其他制造商在国外的销售机构代销，合作开发国际市场。

间接出口方式的优点：一是投资少，不需要自己在国外设置销售机构，甚至不需要专门聘请国际营销人才；二是风险小，通过国内专门的外销机构，利用它们积累的国际营销经验，可减少失误，也减少自己专门设立国际营销机构的损失；三是可集中精力于生产，不必为外销渠道分心。这种做法的缺点也明显，如不能直接了解国际市场，难以把握市场动态；过于依赖中间商容易造成外销失控，包括被中间商丢弃的风险。

**2. 直接出口**

直接出口是由企业自行承担出口业务。如有外商前来洽谈业务，或生产规模大出口量也很大，往往采用直接出口方式。主要做法有：

（1）直接向外国客户提供产品；
（2）直接接受外国政府或厂商订货；
（3）根据外商要求定做销往国外产品；
（4）参与国际招投标活动，中标后按合同生产销往国外的产品；
（5）委托国外的代理商代理业务；
（6）在国外建立自己的销售机构。

直接出口的优点：一是可节省中间环节的费用；二是可直接面对国际市场获取信息，及时调整生产、经营活动；三是可在一定程度上自主决策，控制产品外销。这种方式需要专门建立出口机构，甚至在国外设置机构，聘用专门的国际营销人才。不仅增加费用，而且要由自己承担出口的一切风险。

## （二）合同进入方式

这是指通过与国外企业签订合同转让技术、服务等进入国际市场。20世纪70年代以来，国际贸易保护主义盛行，出口进入方式受到一定阻碍，迫使一些企业转向合同进入方式，向国外市场输出技术、服务，以带动产品出口。这种方式可降低生产成本，降低经营风险，减少汇率波动的损失，加强经济技术合作。

# 第五章　分析营销机会和进入国际市场

**1. 许可证贸易**

通过签订许可证合同，由出口企业（认可人）在指定时间、区域，将其工业产权（专利、专门技术、工艺、注册商标等）的使用权转让给外国法人（持证人）。许可证贸易是技术的有偿转让，出口企业可获得技术转让费或其他形式的报酬。

许可证贸易也是一种简单的进入国际市场的方式。优点：一是可避开进口国提高关税、实行进口配额等的限制，使自己的产品快速进入国际市场；二是不用承担东道国货币贬值、竞争失利和其他政治风险；三是不需支付高昂运输费用，节约成本。缺点是对被授权企业控制有限，而且可能培养出国际市场的竞争对手。

**2. 特许经营**

这是许可证贸易的一种特殊做法。企业（特许人）将其工业产权（专利、专有技术、工艺、商号、商标等）的使用权以及经营风格、管理方法等转让给国外企业（持证人），持证人按特许人的经营风格、管理方法从事经营业务活动。特许合同双方关联程度高，特许人往往将持证人作为自己的分支机构，规定统一的经营政策、风格和管理要求，向客户提供标准化服务。

特许经营的优点：一是标准化的经营方式，可最大限度扩大特许企业影响力；二是化竞争为利益分享的伙伴关系，以较低的资本迅速扩张国际市场；三是商业风险和政治风险较小。缺点：一是使用上有一定的限制，特许人的工业产权必须有较大的吸引力；二是对持证人的控制有一定难度。

**3. 合约管理**

通过签订合同（合约）向外国企业提供管理知识和专门的技术，提供管理人员，参与指导外国企业的运营管理。

合约管理方式经由提供管理、技术服务等获得回报，可迅速进入国际市场，政治风险和商业风险较小，但是合约期满以后也培育出了自己的竞争对手。

（三）投资进入方式

这是指企业在国外投资生产，并在国外销售产品、服务。通过投资方式进入，可及时了解国际市场的动向，充分利用东道国的资源，获得东道国政府的支持和优惠。由于在国外投入了资本及其他生产要素，政治风险和商业风险较大。

**1. 独资经营**

即在国外市场单独投资兴建企业，独立经营，自担风险，自负盈亏。优点：一是可获得东道国的支持与鼓励；二是可获得东道国相对价廉的生产要素，降低成本；三是可以加强在外企业的控制，避免工业产权向企业外转移，避免竞争对手的迅速成长。独资经营也是所有进入国际市场的方式中，风险最大的。一旦东道国发生没收、征用、通货膨胀和价格限制等，都会承受全部或极大的损失。

**2. 合资经营**

与国外一个或几个企业，各自按照一定比例出资合办企业，共同经营和承担风险，分享收益。优点：一是与东道国的企业合资，政治风险较小，并可能享受较多优惠；二是可利用国外合作伙伴熟悉当地政治法律、社会文化及经济形势的优势，较易取得当地资源并开拓市场。缺点是投资各方人员等在管理上不好协调，利润分配和使用也容易意见相左，产生矛盾。

### （四）对等进入方式

企业在出口时，必须购入国外一定的产品或服务。对等贸易的双方，都可借以实现进入对方市场的目的。

**1. 补偿贸易**

这是一种与信贷结合的贸易方式。设备进口方以贷款的形式，购入国外供应商的机器设备、技术和专利等，进行项目新建或改建扩建。项目竣工以后，贷款以该项目的产品、服务或其他产品予以偿还。

具体做法有：（1）产品返销。设备进口方从出口方购进技术、设备，投产后用产品抵付进口贷款。也是典型、常见的补偿贸易的做法。（2）互购。设备进口方用其他产品抵付进口贷款。换言之，进口方购进设备，出口方购进其他产品，互相购买。也称间接产品补偿方式。（3）部分补偿。设备进口方的贷款，部分由产品偿还，部分由货币偿还。偿还的产品可以是该项目生产的产品，也可以是其他来源的产品；偿还的货币可以是现汇，也可用制成品的销货款或新的贷款后期偿还。

补偿贸易的优点是，可以避免外汇短缺造成的市场收缩，扩大出口，在一定的程度上更容易进入贸易保护程度高的国家、地区。缺点是交易带有信贷的性质，交换的对等性、互利性有时难以真正实现。

**2. 易货贸易**

即以价值相等的产品、服务直接交换。易货贸易可以不通过货币媒介，并且往往是一次性交易，履约时间短。优点是不动用现汇实现出口，取得国内急需设备和产品；缺点是交易对象有其局限性，也难以达成大宗买卖。

### （五）加工进入方式

这是指利用国外的原材料、零部件等，经过生产加工重新进入国际市场。

**1. 来料加工装配贸易**

包括来料加工、来样制作、来件装配，外商为委托方，本国企业为加工方。委托方提供原材料、半成品，加工方承担加工任务，产品检验合格由委托方负责销售，加工方收取相应加工费。双方之间并非买卖关系，原材料及制成品所有权属委托方。从事加工装配的通常是劳动密集型企业，因而在发展中国家的发展迅速。

**2. 进料加工贸易**

即"以进养出"，企业购进外商原材料、半成品等，加工生产之后，产品重新进入国际市场。与来料加工装配相同的是，都是通过加工生产获得收益；不同的是，进料加工中双方

## 第五章 分析营销机会和进入国际市场

之间是买卖关系,买方向卖方支付货款、取得货物所有权,加工产品的销售也随货款的支付,伴之以所有权转移。

加工进入方式的优点是,可引进国外先进技术,利用国外资源;可充分利用本国廉价劳动力、土地资源等,增加就业;可增加外汇收入。不足是不能直接面对国际市场,市场控制程度低,有一定的风险。

☞ **案例5-2**

### 华信计算机1.87亿元并购日资企业布局金融IT

大连华信计算机技术公司投资1.87亿元人民币,受让株式会社大和总研BI旗下在华子公司——讯和创新有限公司74.9%的发行股票。通过此次并购,华信计算机将在金融IT领域布局,形成以证券为中心的金融IT服务优势,参与国内国外两个市场。一方面,通过此次并购推动华信计算机"走出去",面向包括日本、东南亚在内的金融IT市场。另一方面,目前证券市场注册制很受关注。若未来推行注册制,IT系统建设将成为必须解决的技术环节,证券公司对IT业务的需求将会大幅增加。经由此次并购,华信计算机将积累相关业务经验,为未来市场转型做准备。

资料来源:商务部网站-中国服务外包研究中心网. 大连服务外包产业亮出"大手笔"华信计算机1.87亿并购日资企业布局金融IT[EB/OL].(2016-05-06). http://coi.mofcom.gov.cn/article/y/qyyq/201605/20160501312752.shtml.

# 本章小结

营销机会的本质是市场未能满足或没有得到很好满足的需要和欲望。可分为环境机会与企业(公司)机会,显在的机会与潜在的机会,行业机会与边缘机会,目前的机会与未来的机会,全面的机会与局部的机会等。企业必须善于发现机会,并科学地评估它们的性质和价值。

市场细分以需求的某些特征为基础,对潜在顾客进行区别和分类。通过市场细分,有利于挖掘营销机会,比较和选择目标市场,制订合适的营销组合战略和方案,提高"顾客黏性"以及发挥相对优势。组织间营销和组织市场细分,一般更多地考虑行业、客户规模和地理位置等依据。必须选择对需求有更大影响的因素为市场细分的依据,并考虑到各因素之间可能存在的重叠关系。细分市场要规模适度,不同细分市场之间有明显差异,同一细分市场内部有很高的同质性。

目标市场是企业选择的更有价值,并能更好地为其服务的细分市场。作为目标市场,应当具有可识别性、可进入性、可盈利性以及可稳定性等特征。通常可结合特定细分市场的规模和增长率、结构吸引力和企业自身目标、资源,进行评估和选择。进入目标市场,企业有单一市场集中、产品专门化、市场专门化、选择性专门化和完全覆盖市场等模式可以考虑和选择。

国际服务外包营销也是国际营销。企业还要考虑是否进入国际市场，进入哪些国际市场，并对备选的国际市场进行评估。进入国际市场，通常有出口进入、合同进入、投资进入、对等进入和加工进入等方式可供比较和选择。

# 思 考 题

1. 试述营销机会的本质及特性。
2. 营销机会可以如何分类？这些分类有什么营销意义？
3. 企业可以怎样评估营销机会？各阶段和步骤的关键点有哪些？
4. 什么是市场细分？对于开展营销活动有什么帮助？
5. 试述细分组织市场的主要依据和因素。
6. 目标市场为什么需要具备可识别性、可进入性、可盈利性和可稳定性？
7. 如何评估一个细分市场的结构吸引力？
8. 试述进入目标市场的五种覆盖模式与特点。
9. 怎样选择国际市场？需要注意什么？
10. 试比较进入国际市场的不同方式，并分析其特点、优点和不足。

☞ 案例练习

## "一带一路"促进服务外包产业大发展

作为长期性全局性的开放性思路，"一带一路"建设有望成为我国资本输出的重要渠道之一。不仅为交通基建、贸易金融、信息通信和能源生态合作带来契机，也为城市一体化、产业对接和服务经济合作提供新动力。从商务部的数据来看，2014年前11个月承接"一带一路"沿线国家服务外包实际收入80.5亿美元，比上年同期增长31.5%，超过总体收入增速的29.2%和离岸收入的24.3%，远远高出平均收入、离岸收入和国内收入增速。

一是许多沿线国家和地区服务外包产业发展表现活跃，存在广阔的合作空间。金融危机以来，服务外包已从早期少数国家和地区从事的"俱乐部活动"，扩散为大多数国家和地区竞相参与的常规性经济活动。"一带一路"沿线国家和地区不少已是全球服务外包版图中的活跃国家，如以印度为核心，包括中国、菲律宾、孟加拉国、斯里兰卡和越南在内的东亚/南亚、东南亚地区，是承接全球第一大离岸业务集聚区；波兰、保加利亚、捷克为中心的中东欧地区，成为承接国际服务外包业务的另一重要集聚地；俄罗斯凭借高科技人才，高端研发设计服务方面占有独特优势；陆上丝绸之路的另一端爱尔兰，是闻名全球的服务外包业务早期发源地之一。中国与上述国家同为承接国，理论上具有竞争性，但各国所处价值链分工水平不同及语言文化等因素，导致提供的业务存在明显的差异性，互补效应更为显著。

# 第五章　分析营销机会和进入国际市场

部分沿线服务外包目的地国家，已成为我国服务外包企业走出去的重要目的地之一。如总部位于北京的博彦科技公司，不仅在主要离岸市场美国和日本建立分支机构，也在印度、新加坡等服务外包高端目的地设立交付中心，以便优化利用在岸、近岸、离岸等多种模式的综合优势，实现多级交付高质量服务的能力。与"一带一路"国家服务企业的合作也日益密切，如2014年3月文思海辉与印度尼西亚Jatis集团合资，建立文思海辉Jatis印尼公司，旨在共同提升亚太市场开拓和全球交付能力。随着我国加快向服务经济转型和推动制造业升级，作为服务外包需求方的角色也日益凸显，如华为已在全球不同区域建立了40多个能力中心和30多个共享中心。

二是与沿线国家交通运输、能源工业、电子通信等领域的合作，将带动相关后续运维服务和技术服务出口，为推动服务外包产业发展提供持续动力。如目前全球轨道市场容量1430亿欧元，其中维修服务市场达700亿欧元。高铁出口不仅带动轨道交通设备及高速车辆出口，还带动施工、运营、管理、养护、维修、调度、安全监控等后期运维服务及相关人才技能培训服务的出口等，相对于有形设备贸易，后续服务需求链条更长。我国既有雄厚的资本优势，又有相关领域技术优势、成本优势和实践经验，"一带一路"建设带动相关设备出口增长的同时，将为以生产性服务出口为依托的服务外包产业发展开辟广阔的蓝海。

未来5~10年，我国将实现由吸收外资大国向吸收外资大国与对外投资大国并重的双重身份转变。"一带一路"沿线国家将成为对外投资重点，投资项目将由基础设施、能源工业等少数行业，向包括制造业和服务业在内的全产业扩展。根据先行国家的经验，企业对外投资有一个服务先行问题。由于海外法律制度、社会政治、宗教文化、经济条件和商业环境各不相同，投资具有极大的复杂性和不确定性，对于与东道国投资咨询、法律顾问、风险管理等外部高水平专业性服务产生巨大的外包需求，需要大量先进的生产性服务。

三是贸易服务、信息服务和跨境电子商务等贸易型及相关专业服务外包业务将迎来发展机遇期。"一带一路"沿线国家民族众多、语种繁多和文化多元，无形中造成隐形投资贸易障碍，为贸易服务和信息服务公司带来潜在的机会。随着沿线运输合作启动与沿线各国经济交流日益密切，与贸易信息、商贸规则、市场调研等有关的信息服务以及与语言、法律等有关专业服务外包缺口必将越来越大，与跨境电商密切相关的物流仓储服务、分拨中心等也将快速发展起来。

四是中西部服务外包基地和示范城市，为加快与沿线国家服务经济和服务外包合作奠定了潜在的基础。成都与孟印缅等南亚诸国产业互补性强，近年经贸合作水平全面快速提升，不少印度服务巨头在此建立服务基地。西安居于新亚欧大陆桥中心，西安电子信息产业和软件园的发展，已成为带动经济增长和外贸转型的重要动力，可在促进与中亚、中东欧乃至西欧跨国服务外包合作方面，发挥积极作用。

从实践层面看，当今进入电子化、网络化和信息化时代。几乎所有的产业链都离不开软件技术和信息系统服务的支持，"一带一路"建设带给服务外包产业的机会，也并不仅限于上述方面。与印度不同，我国服务外包产业是与工业化发展进程相伴而生的，在能源、制造业、城市建设和信息化等方面积累了丰富的经验和独特的优势。随着"一带一路"建设的持续推进，以生产性服务特别是IT技术为依托的服务外包产业大有作为。展望未来，中国

**国际服务外包营销：基于创造顾客满意的视角**

将与沿线国家全面对接发展战略，涉及服务外包产业的合作领域必将不断扩大和深化，有望产生以我国为中心的全球服务经济网络重构效应。

资料来源：姜荣春. 一带一路促进服务外包产业大发展 [J]. 服务外包，2015（3）.

## 讨 论

1. "一带一路"建设可能给我国服务外包产业带来哪些营销机会，这些机会可以怎样分类？

2. 对"一带一路"形成的国际服务外包市场，我们可以如何进行细分？尝试辨识其中的细分市场。

# 第六章　基于品牌、定位形成竞争优势

☞ **本章学习目标**

- 三种一般性竞争战略
- 无差异市场战略、差异化市场战略和集中性市场战略
- 品牌、品牌名称、品牌标记和商标
- 产品品牌与企业品牌
- 品牌的意义
- 品牌的经济价值、信誉价值、艺术价值和权利价值
- 品牌决策的主要步骤
- 品牌延伸战略与多重品牌战略
- 定位的概念和意义
- 避强定位、迎头定位与重新定位
- 定位战略的实施步骤

☞ **开篇案例**

### 印度外包在北欧地区蓬勃发展

印度IT服务提供商在北欧进行了一系列备受瞩目的外包交易，涉及了为诺基亚、DNB银行和ABB公司等提供外包服务。随着HCL科技公司和Wipro宣布将对北欧地区进一步投资，印度IT服务提供商的知名度将会进一步提高。

印度IT公司尚未进入北欧前10大IT供应商名单，但情况很可能改变。因为印度服务提供商的业务范围主要聚焦在制造业、金融和电信业行业巨头，一笔大额交易就可以显著增加它们的市场份额。

"瑞典拥有最广阔的市场，但印度公司在芬兰似乎已经拥有高达4%左右的市场份额，"高德纳公司（Gartner）的拉贾马基（Rajamäki）说。"印度公司在丹麦、瑞典和挪威的市场份额约为1%，但去年发生了一些大型交易，所以这些数据绝对是上升的。印度外包公司在北欧平均市场份额约为4%~5%，今年在芬兰市场占有率将增至6%~7%。"

自20世纪90年代以来，一些印度IT供应商开始在北欧进行外包交易活动。真正的挑战是近五年，它们的目标是重组这个由本地和杜邦、埃夫里、KMD、IBM和埃森哲等跨国供应商所占据的、缺乏活力的静态市场体系。

## 国际服务外包营销：基于创造顾客满意的视角

印度服务外包商对北欧市场扩大的投资中，包括了 HCL 公司与挪威 DNB 银行的七年服务外包协议，价值 4 亿美元。尽管大多数服务仍然是离岸外包，塔塔咨询服务（TCS）、HCL、Wipro、Infosys 和 Tech Mahindra 等公司，仍在北欧国家设立了若干办事处及大量的地方交付中心。

IDC 北欧研究经理约翰·哈尔伯格（Johan Hallberg）说："印度 IT 供应商过去做的是低层次的外包服务，通常是作为中型北欧制造商的分包商。但他们已经意识到不能单纯依靠价格来获利。除了在北欧地区所拥有的销售队伍，他们也认识到要以一种全新的方式来推销自己。"

### 北欧的吸引力

哈尔伯格解释，北欧 IT 服务市场比欧洲大陆发展更快，尤其是瑞典，没有像其他许多欧洲国家那样在经济危机中遭受重创。北欧还有一个相对成熟的市场，以及一个以 IT 预算为主的大型公共部门。

尽管这是一个有吸引力的市场，但关键在于北欧仍然重视本土公司。2013 年恩斯特（Ernst）和尤恩（Young）研究发现，大多数外包服务仍然"在岸（在同一地点或国家）"。瑞典尤为如此，其业务 87% 是在岸外包服务。丹麦在岸外包服务所占比例最少，为 59%；芬兰 74%，挪威 80%，居中。"印度供应商已经认识到，他们需要有本地的销售力量、本地咨询人员和本地数据中心，"哈尔伯格说。"对于北欧服务公司来说，甚至比理解当地的商业文化、法律和规则更重要。北欧供应商也开始进行专门研究，应对印度的竞争。"

重视地方化得到了在北欧的印度最大 IT 供应商 TCS 的响应。公司北欧区负责人巴贾杰（Amit Bajaj）表示，2010 年以来 TCS 在北欧运营规模已经扩大一倍多，并增加了当地的就业机会。

### 客户满意度最高

印度 IT 供应商靠节约成本成功的岁月已经远去。近年来，印度服务提供商在客户满意度调查中表现良好。在 whitelane research 2014 北欧 IT 外包调研中，TCS 以 83% 的合同满意度位列第一，印孚瑟斯以 79% 的满意度紧随其后，都远高于 71% 的平均水平。排名前 10 的公司，有 3 家是印度公司。

哈尔伯格补充，"北欧许多公司都处于第三代外包阶段，比较成熟，这就要求服务公司更好地理解客户、更接近客户。""一些印度供应商本地收入同比增幅超过 30%。通常可以进入重大交易最后筛选阶段，与几年前不同。"

拉贾巴基（Rajamäki）指出，印度公司运行非常灵活，能够像小公司一样行动敏捷。"印度人比传统商人更敢于冒险和善于分散客户风险"，"他们在过渡阶段也很有效率。现今大部分交易都是从竞争对手接管来的，很少有全新的交易。印度供应商在迅速接管客户和与客户投入关系方面，做得非常好。"

### 打破壁垒

哈尔伯格和拉贾马基都认为，北欧市场竞争只会加剧。印度 IT 供应商开始在其他 IT 服务领域，如项目服务等寻求立足之地。通过雇佣当地员工、与当地合作伙伴搞好关系，甚至并购当地企业克服语音障碍。他们开始挑战传统服务商，以获取公共部门的交易。

同时，IT 服务市场正在经历重大转变。巴贾杰强调，互联网、云服务、数字化和自带设备办

# 第六章 基于品牌、定位形成竞争优势

公趋势,是行业变革的驱动力。"有人预言,十年后目前财富500强企业中40%将不复存在。"

"在这个不断变化的环境中,企业力争在数字化重构其业务方面处于领先地位,从而简化流程和系统,以确保对安全性、风险管理和合规性进行合理管理。"高德纳指出,"今年全球IT支出增长率将继续保持在3%以上。"

资料来源:Eeva Haaramo. 印度外包在北欧地区蓬勃发展 [J]. 于红哲,编译. 服务外包,2015(07).

**思考与分析**

1. 印度IT服务提供商在北欧地区如何谋求竞争优势?
2. 试从竞争战略、定位战略的角度,总结印度IT服务提供商在北欧市场的成功经验和做法。

通过选择目标市场,企业明确了自己的服务对象,同时也界定了可能面临的竞争与对手。要在目标市场形成竞争优势,必须选择合适的竞争战略以及市场战略,并实施相应的品牌战略和定位战略,以支持竞争战略实现预期的目标。

## 第一节 竞争战略

在分析目标市场的竞争格局和自身市场地位,尤其是影响竞争态势和行业前景的五种主要力量之后,企业要为相关业务考虑合适的竞争战略。依据迈克尔·波特的观点,有三种一般性竞争战略可供选择[①](见图6-1)。相应地,营销活动也有三种主要的市场战略。

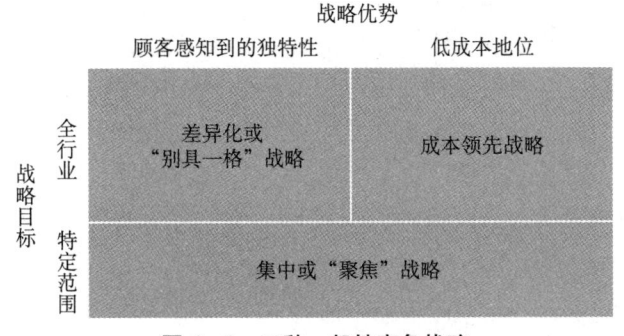

**图6-1 三种一般性竞争战略**

## 一、成本领先战略与无差异营销

### (一)成本领先战略

成本领先战略致力于强化企业内部的成本控制,以追求在总体市场的竞争优势。通过简

---

① [美]波特. 竞争战略——分析行业和竞争者的技术 [M]. 姚宗明,林国龙,译. 北京:生活·读书·新知三联书店,1988:44-58.

## 国际服务外包营销：基于创造顾客满意的视角

化产品、产品线，改进设计、生产技术、工艺流程创新和自动化，节省材料和降低人工费用等，在研发、生产、销售、服务和广告等方面，使企业的总成本降到全行业最低水平，从而获得高于行业平均值的利润和收益。

**1. 成本领先战略的优点**

成本更低的企业，在竞争中可在以下方面保持一定的优势。

（1）即使所在行业内部和目标市场爆发"价格战"，也能在对手利润损失惨重或亏损时，依然保持一定的盈利。

（2）可凭借低成本优势吸引潜在顾客，降低或缓解替代品的威胁。

（3）为新竞争者的进入设置较高的障碍。使那些技术不够熟练、行业经验缺乏或难以规模经济的潜在竞争者，不敢轻易进入或不能进入。

（4）应对成本、费用增长有更大余地。可降低投入因素变化产生的影响，更加灵活地应对供应商提价行为。

（5）面对购买者更有讨价还价能力，可对抗强有力的购买者。

面对以下情境，成本领先战略的效果会更加明显：行业内部和目标市场竞争剧烈，价格是最重要的竞争手段；行业提供的主要是标准化、同质化的产品，相互之间难以差异化；市场同质化现象严重，大多数顾客对产品、服务的要求趋同；需求的价格弹性高，价格甚至是决定购买者选择、购买数量的重要因素；客户转换成本低，因而具有强大的压价谈判能力。

**2. 实施成本领先战略的基础和条件**

实施成本领先战略要求企业的融资渠道通畅、联系良好，可保证资金持续、不断地进入；技术、工艺和生产流程更为简约，产品、服务等易于制造和提供；拥有低成本营销系统和分销渠道；拥有适用、廉价的劳动力资源，内部分工和劳动管理制度严谨、务实、高效。

拥有更先进的工艺、装备，技术更熟练的员工队伍，更高的生产和营销效率，更严格的成本控制制度，更完善的责任管理体系，以及长期以成果数量为目标的激励机制和企业文化，都是实现成本领先目标的重要保障。

**3. 成本领先战略的风险**

遇到以下情况，成本领先战略也有可能失效：

（1）对手开发出成本更低的生产工艺、技术方法和运营模式，或通过模仿、"山寨"等形成了相似的产品、服务和成本。

（2）新进入市场的竞争者后来居上，建立了成本更低的行业地位。

（3）技术进步带来的变化，降低了企业资源的效用。尤其是过度追求低成本优势，降价过度，造成利润损失太多。

（4）丧失了对市场动态、需求变化的预见性。企业一味追求成本低廉，产品、服务缺少了必须的更新。

（5）低成本伤害了产品性能、质量等，影响了顾客欲望。

# 第六章 基于品牌、定位形成竞争优势

☞ **链接 6-1**

## "共享经济"或颠覆传统消费模式

科技的进步，移动通信设备、互联网的日益普及，为"共享经济"或"合作性消费"的日渐流行提供了条件。有学者称"未来经济是共享的"。

**网络发展实现共享经济**

哈佛大学商学院教授南希·科恩（Nancy Koehn）表示，共享经济是个体间直接交换商品与服务的系统。它涵盖方方面面，包括搭车、共享房间、闲置物品交换等。所有这些皆可通过网络实现，尤其是智能手机。这种个体间直接交换的系统，任何时间均可将世界各地成千上万的人连接。如今越来越多的人通过网络进入紧密连接的全球市场，享用更加便利、舒适、快捷和实惠的商品与服务。

共享经济的术语，最早由得克萨斯州立大学教授马科斯·费尔逊（Marcus Felson）和伊利诺伊大学教授琼·斯潘思（Joe L. Spaeth）在1978年的一篇论文中提出。共享经济现象却是近几年流行的，主要特点是包括一个第三方创建、以信息技术为基础的市场平台。第三方可以是商业机构、组织或者政府。个体借助这些平台交换闲置物品，分享知识、经验，或者向企业、某个创新项目筹集资金。2011年，合作性消费被美国《时代周刊》称为将改变世界的十大想法之一。

关于共享经济的驱动力，科恩认为，第一，消费者感觉有更大的主动权和透明度。现在人们经常遇到四个问题，即波动性、不确定性、复杂性和模糊性。共享经济能使消费者在消费过程中，充分发挥自我掌控能力。第二，当今世界正出现信任危机。来自不同年龄阶段的人群尤其是年轻消费者，对目前的商业和其他大规模组织信任度越来越低，不少人对大商家印象不佳。他们发现卖家与自己产生共鸣时，感觉更可信，这类消费更具吸引力。第三，消费者和供应者都在交换中更受益。消费者通过合理价格满足需求，供应者从闲置物品获得额外收益。

"合作实验室"创建者、作家瑞奇·柏慈曼（Rachel Botsman）和企业家卢·罗格斯（Roo Rogers）在《我的就是你的》（What's Mine is Yours）一书中表示，共享经济源自人类最初的一些特性，包括合作、分享、仁慈、个人选择等。信誉资本带来了正面、积极的大众合作性消费，创造了一种财富和社会价值增长的新模式，共享经济将颠覆传统消费模式。

柏慈曼进一步分析了推动共享经济的驱动力。第一，信息技术和网络社会，包括开放数据、网络普及。第二，人口增长及城市人口的增加。据联合国预测，2050年发展中国家将有64.1%、发达国家将有85.9%的人口为城市人口，高密度居住为共享资源和服务提供了更多机会。第三，日益扩大的收入不平等。第四，全球危机增多。2008年金融危机导致失业与收入失去保障，进一步促使共享经济流行。自然灾害如地震、海啸、飓风等，也使得共享经济日益受欢迎。

**信任实现共享**

共享经济的特点是陌生个体之间通过第三方网络平台进行交换。因此，除了网络，信任是另一个基本条件。正是这个平台，为共享经济群体的个体建立了相互有效的、值得信任的关系。第三方在共享经济发展中实现了巨大的财务收益，投资者也十分看好这一新型经济发展模式。

在过去几年，全球各地上千家公司和组织，为人们提供了共享或租用商品、服务、技术和信息的条件。据福布斯估计，2013年共享经济价值达35亿美元，增长25%。例如，叫车服务平台"Uber"成功融资12亿美元，其价值已超过180亿美元；又如，房屋出租平台"Airbnb"成功融资4.5亿美元，其价值已达到100亿美元。

共享经济也面临一些问题，主要是应用于现有法律和规范时存在模糊边界。科恩认为，从历史上看，政府或相关机构根据这些新模式，对现有法律或规范做出调整或创建，将会有利于新经济活动更健康、更大规模地发展。

资料来源：褚国飞."共享经济"或颠覆传统消费模式［N］. 中国社会科学报，2014 - 08 - 25.

### （二）无差异营销与市场战略

追求成本领先的企业通常选择无差异营销方式，实施无差异市场战略。就是面向总体市场，只推出一种产品、产品线或服务。这种战略以一种营销组合试图吸引所有的细分市场。因此，企业主要关注的是满足潜在顾客的普遍性要求，也就有选择地忽略了他们中的不同想法。以大批量生产为基础，配合以大批量分销和促销，树立大众化的市场形象（见图6 - 2）。

**图6 - 2 无差异市场战略**

无差异市场战略的核心是，着眼于潜在顾客中需求的共同点，"无视"他们的一些意义不大的差异点。这样企业可减少品种、产品线等，通过批量生产、分销等实现规模经济。产品"单一"可减少研发领域、生产过程和物流环节等的一些成本，分销和促销活动"单一"可降低相关费用，节省营销调研等开支。不少企业认为，这种市场战略可以较好地匹配于标准化产品的大批量生产。

如果在目标市场及其细分市场的确共性大于个性，忽略其中一些微小的差异，也是更为经济、实用和可行的。但是一种产品要被几乎所有顾客长期青睐，这也是很难做到的，除非是在供应极度匮乏的卖方市场。还要注意的是，无差异市场战略通常面对的是分散型的需求偏好，同一"战略群组"的竞争者很可能都在以相同的特色和定位，争取同样的顾客，因为他们数量最多。一旦全行业都这么做，把资源集中到这个最大的细分市场，很快就会出现竞争过度，成为汪洋"红海"，以至于市场越大盈利越少。较小的细分市场虽是"蓝海"，却得不到应有关注，需求不能很好地被满足，行业、企业都失去了营销机会。

## 第六章 基于品牌、定位形成竞争优势

### 二、差异化战略与差异化营销

#### （一）差异化战略

迈克尔·波特提出的差异化竞争战略也称"别具一格"战略或"与众不同"战略。实施这一战略，企业同样追求总体市场的竞争优势。通过产品以及设计、核心技术、制造工艺、品牌特征、交付方式和客户服务等方面，或在几个重要的关键点与竞争者相比具有更显著、更为市场认同的独到之处，以建立竞争优势。

**1. 差异化战略的优点**

如果通过产品、服务、人员或形象等的差异，企业能形成一定的战略特色，也是可以建立强大的顾客忠诚度。并据此对新竞争者形成难以克服的进入障碍，替代品也无法在性能上对企业构成重大威胁。不同企业及其产品、服务各有特色，可在一定程度上缓解行业内部爆发"价格战"的风险。购买者无法直接对比不同卖主产品、服务的"优劣"，亦可降低市场对价格的敏感度，提高顾客的转换成本。面对供应商的讨价还价，也可占据相对有利的地位。

**2. 实施差异化战略的基础和条件**

差异化战略一般适用于以下情况：

（1）企业有很多途径可创造产品、服务的不同特色，尤其是潜在顾客不仅需要，而且认同其"别具一格"的利益和价值；

（2）市场呈现高度的"异质性"，即潜在顾客的需求多种多样，没有统一的标准和要求；

（3）采用同样或相似的途径实施"差异化"的对手很少，或它们不具备优势，因而也不构成严重威胁；

（4）所在行业技术进步和发展太快，竞争的关键主要集中在有无能力不断开发新的产品、服务和提供新特色、新属性。

实施差异化竞争战略的企业，一般必须具有强大的研发能力，创造性的远见卓识，以及营销为导向的创新精神。在产品质量、技术和工艺等方面，享有优异、领先的良好声誉；进入行业历史较久，或掌握独特的技术诀窍、学习能力，善于汲取相关经验、技能并融会贯通；拥有强大的营销能力，能有效地协调和控制研发、制造等管理职能；良好的用人环境和氛围，善于吸引专家、高技能员工等各类创造性人才，以及利于发挥他们才干的制度和文化；分销渠道各环节的支持与配合；等等。

**3. 差异化战略的风险**

差异化战略也有其风险。例如，竞争者价格很低，潜在顾客就可能放弃"与众不同"而选择"价廉"。市场看重的特色一旦其重要性下降，或用户对产品、服务特征、价值等可感知的差异不再明显，就可能忽略企业据以形成竞争优势的这些"别具一格"。尤其是面对

**国际服务外包营销：基于创造顾客满意的视角**

大量的模仿式创新和直接的"山寨"，会大大地削减可被感知的差异及其效果。在产品生命周期的成熟阶段，有技术实力的竞争者也很容易通过学习，降低彼此之间产品和服务的差异。差异化过度，又会导致成本上升。价格一旦超过潜在顾客最大的心理承受能力，足以抵消"差异化"创造的市场吸引力。

（二）差异化营销与市场战略

采用差异化竞争战略的企业，一般选择差异化营销方式，实施差异化市场战略。简单说就是企业为每个细分市场，分别提供不同产品、渠道，采用不同的促销方式等（见图6-3）。

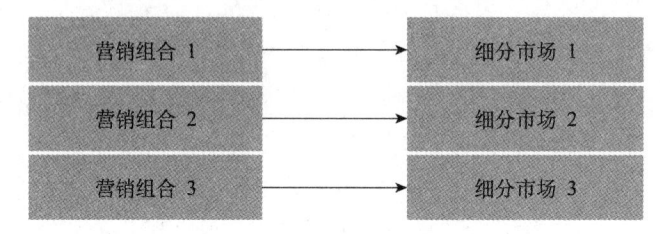

营销组合 1 → 细分市场 1
营销组合 2 → 细分市场 2
营销组合 3 → 细分市场 3

图6-3 差异化市场战略

如果不同的细分市场确实存在，它们之间需求的个性又大于共性，例如呈现的是一种群组型的需求偏好，目标着眼于总体市场的企业，一般会考虑分别设计不同的营销组合战略和方案。这样，企业对于其目标市场上的各个细分市场，都能给予相应的关注，市场提供物等也能更好地匹配相应的细分市场，可以增加在总体市场的总销售量。但是，多品种和小批量运营模式，也会使企业的资源、力量分散，产品改进、生产、管理、物流和分销、促销等成本上升。因此，只有差异化营销的总收益大于总成本，这一战略才是有效的。同时，企业也可适当归并一些价值不大的细分市场，以减少一些营销组合。

三、"聚焦"战略与集中性营销

（一）"聚焦"战略

采用成本领先战略和差异化战略竞争的企业，通常都是以全行业和总体市场为目标。实施"聚焦"或集中战略的企业，则是着眼于在特定领域，谋求局部市场的相对成本领先或差异化优势。

**1. "聚焦"战略的优点**

"聚焦"战略的核心，是企业将其业务"集中"到特定顾客群体，或产品线的一部分，或某个地理市场等。这么做的意义在于：

（1）可集中使用企业资源、力量，更好地服务于特定的目标顾客；

（2）可更好地做到"知彼"——了解潜在顾客，分析环境、技术的影响，掌握竞争者的变化等；

（3）战略实施、管理相对简便；

# 第六章 基于品牌、定位形成竞争优势

（4）目标明确，成本、效益便于评估。

**2. 实施"聚焦"战略的基础和条件**

"聚焦"战略能否有效，关键在于选择好"聚焦"对象。要尽可能找出竞争者薄弱，不易受到替代品冲击的领域。因此，企业需要反复确认：

（1）某些"特殊"用户确实存在；

（2）细分市场的规模、潜力、盈利和竞争的强度等，相对更有吸引力；

（3）企业资源、能力有限，或不愿以较大的市场为营销目标。

**3. "聚焦"战略的风险**

实施"聚焦"战略的风险在于：

（1）以较大的市场为目标的企业产生兴趣、执意进入，或对手从中发现了可再度细分的市场和领域，企业因此失去已经建立的优势；

（2）由于技术进步、替代品出现、顾客观念更新和需求偏好的变化等，企业"聚焦"的特定市场与总体市场之间的差异缩小，也会失去原来赖以形成竞争优势的基础；

（3）在较大市场运营的竞争者与企业之间成本差异扩大，抵消了企业"聚焦"范围获得的成本优势或差异化优势。

## （二）集中性营销与市场战略

实施"聚焦"战略的企业通常选择集中性营销方式，实施集中性市场战略。它们将资源、能力集聚在一个或少数细分市场，争取小市场上的高份额而不是大市场的低占有率（见图6-4）。

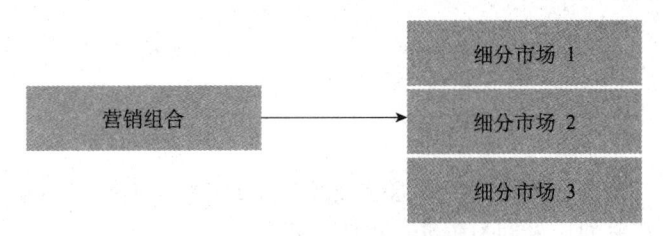

```
                    ┌──────────┐
                    │ 细分市场 1 │
    ┌────────┐      ├──────────┤
    │ 营销组合 │ ───→ │ 细分市场 2 │
    └────────┘      ├──────────┤
                    │ 细分市场 3 │
                    └──────────┘
```

**图6-4 集中性市场战略**

由于服务对象单一、集中，企业可对目标市场有更多更深入的了解，利于实现深度市场渗透。只要目标市场选择得当，同样可获较高的投资回报。但由于市场狭小，经营风险也大。一旦需求偏好转移，价格猛跌或出现强大的竞争者等，就容易陷入困境。所以，许多企业也把目标分散到多个细分市场，采用各种专门化模式覆盖目标市场，以防范风险。

在同一行业、同一市场，采用相同战略相互竞争的企业，事实上也就形成了一个"战略群组"。由于彼此"武功门派"相似，只有运用更好、"技高一筹"才有可能胜出。迈克尔·波特特别指出，采用模糊的、非此非彼的战略的企业，试图走"中间道路"，希望集所有战略的优势于一身，结果会是哪一方面都不突出、未能形成竞争优势，最终被"夹在中间"。

☞ **链接 6-2**

**如何选择合适的市场战略**

（1）自身资源和实力。实力雄厚的大企业，无论差异化市场战略或无差异市场战略，都可根据需要选择。资源不足和能力受限，只能考虑个别或少数细分市场，如中小企业多用集中性市场战略。

（2）产品的同质性。同质性产品本身差异很小，如大米、钢铁、水泥等，通常较多考虑无差异市场战略。一些顾客很容易感受到不同的产品，如服装、食品、汽车和家用电器等，适合于差异化市场战略或集中性市场战略。

（3）市场的同质性。购买者需求偏好相似，每次购买数量接近，对相同的营销刺激也反应大致相同，可选择无差异市场战略；反之，就应考虑差异化市场战略，或集中性市场战略。

（4）产品生命周期。新产品初上市场，通常先介绍单一款式或基本型号，因此，可用无差异市场战略，或集中性市场战略。产品进入成熟期，逐渐转向差异化市场战略或集中性市场战略，开拓新的细分市场。

（5）竞争对手。对手进行市场细分，实行差异化市场战略，企业使用无差异市场战略一般难以奏效。应更积极地市场细分，寻找新的营销机会和突破口，采用差异化市场战略或集中性市场战略。反之，对手选择无差异市场战略，企业采用差异化市场战略，可能是一种有效的选择。面对强大竞争者，企业也可使用集中性市场战略。

## 第二节　品牌战略

品牌是一种标识，也是商品生产、商品交换发展的产物。在现代社会，品牌已经演化为特定企业或产品、服务的代名词与象征，也成为重要的营销手段。实施品牌战略，有助于支持竞争战略，更好地获取竞争优势。

☞ **链接 6-3**

**品牌效应与竞争优势**

过去建立竞争优势主要依靠两个平台：一是更低的成本；二是更多的特色。成本更低，这是差异，在竞争中就有相对优势；成本不能更低，但产品、服务更有特色，别具一格或与众不同，也是差异，可以降低价格的敏感性，同样形成竞争优势。

如今两个平台似乎"风光不再"。靠低成本领先对手，与规模有很大关系。依靠"规模

# 第六章　基于品牌、定位形成竞争优势

经济"，过去规模大的企业具有天然的优势。但现在规模小的企业，有时成本更低。原因除了自身管理，与技术进步和发展的关系极大。企业依靠规模大，可以做到成本低；应用电脑辅助设计、敏捷生产技术，通过互联网形成"虚拟企业"、建立战略联盟和"共享经济"等，同样可以做到成本低、甚至更低，传统意义的"规模"未必需要更大。实践中，规模小的企业依靠低成本击败规模大的对手，早已不是个别现象。凭借特色形成竞争优势，难度也越来越大。一个企业千辛万苦开发的特色，对手可以轻易模仿、"山寨"，甚至做到更好。新技术、新装备等，使得竞争者更容易弥补彼此之间特色上的差距，更快抵消领先一方"别具一格"的竞争优势。

技术进步日新月异，但是差异化依旧是竞争优势的重要来源。问题是如何形成对手难以模仿、可以更加持久的差异化。品牌效应和客户响应脱颖而出，提供了新的选择。

（1）品牌效应可使顾客感受不同的价值和体验，使企业与对手区别开来。通过"不一样就是不一样"的形象和口碑，使本来有所不同或差异不大的市场提供物，带给顾客、公众和社会不一样的感受。重要的还不在于这个"价值"是否真实存在，而是顾客和利益相关者认知、相信什么；不在于他们能否真正确定竞争者之间的差异，而是他们心中想象的和信念是什么。这些"不一样"可集中地通过品牌形象表现和反映出来。"品牌效应"不一定是实体物的差异，其实是不同品牌含金量的不同。

（2）客户响应可以帮助企业多快好省地提供和交付价值，与目标市场沟通信息。企业可以更敏捷地辨识营销机会，更迅速进入和覆盖细分市场，更方便地满足目标顾客，同样具有竞争优势。由于涉及供应链系统的管理和再造，也是相对不易模仿的竞争战略。客户响应依靠的是速度差异制胜。

通过客户响应形成的竞争优势，也可能有其极限。倘若所有竞争者都聚集在客户响应环节，最终结果必然是通过这一路径形成的差异、可获得的差别利益不断减少和消失。从这个意义上说，依靠反应速度的差异，可以赢得一时一地。但是依靠品牌效应，在需求多样化的市场上依然有利于保持、提高顾客忠诚度，建立相对持久的竞争优势。

## 一、品牌、产品品牌与企业品牌

### （一）品牌与相关概念

品牌的含义甚广。与其他许多有关标识既有相同之处又有明显区别，并各有其外在的和本质的表现。

**1. 品牌**

品牌（brand）俗称牌子或厂牌、商牌、货牌与牌号等。它是一个或一群生产者、经营者，为了便于识别其产品并区别于竞争者，使用的具有显著特征的标识。品牌可以是一个名称、一个术语、一种记号、一种象征或设计，也可以是以上因素组合。换言之，品牌是用以辨别不同企业、不同产品的文字、图形或文字、图形的结合。

品牌包括品牌名称、品牌标记和商标。所有的品牌名称、品牌标记和商标，都是品牌或品牌的一部分。

**2. 品牌名称**

品牌名称（brand name）是一个品牌中，可用语言称呼的部分。诸如"华为"和"小米"手机，"肯德基（KFC）"快餐，"王老吉"和"加多宝"凉茶，"可口可乐"和"百事可乐"汽水，"永久"自行车等。品牌名称主要产生听觉效果。

**3. 品牌标记**

品牌标记（brand mark）是一个品牌中能够被"认出"但无法用语言直接称呼的部分。品牌标记多由颜色、构图、记号或与众不同的字体等构成，主要产生视觉效果。例如，苹果（Apple）公司"咬了一口的苹果"、奔驰汽车的"方向盘"和华为公司独特的字体与图标（见图6-5）。

图6-5 苹果、奔驰与华为的品牌标记

**4. 商标**

商标（trade mark）是按法定程序，向商标注册机构申请，经其审查予以核准，并授予商标专用权的品牌或品牌中的部分内容。商标受到法律保护，任何他人未经商标注册人许可皆不得使用，更不可仿冒。

严格说来，品牌是一种商业称谓，商标则是法律术语。两者系从不同角度指称同一事物，故经常也被混用。我国还有"注册商标"与"未注册商标"的说法。

（二）品牌的价值和意义

品牌就其最直接的用途而言，必须能在视觉、听觉和一切可识别的层面上，把一个企业及其产品、服务与其竞争者区别开来。现代社会和市场经济的发展，为品牌的概念增添了丰富的内涵，使其成为一种可产生竞争优势的战略基础。

**1. 品牌代表着一贯的承诺**

品牌对于顾客来说，不仅意味着使用的产品和享受的服务源于何家、出自谁手，而且与一定的质量水准、商业信誉相关联。一个品牌代表着一定的产品、服务质量，凝聚着企业的形象、声誉以及顾客、公众和社会的评价。只要在同一品牌覆盖之下，企业及其产品、服务提供的利益和质量就必须持久、恒定。作为一贯的承诺，品牌建设不可"短期行为"，此一时彼一时是品牌战略的大忌。

## 第六章　基于品牌、定位形成竞争优势

**2. 品牌是它的所有者、使用者与顾客、利益相关者的一种联系**

企业与其顾客发生交织，依靠的是交换关系。不能形成交换关系，企业及其产品、服务就没有市场。潜在顾客和利益相关者通常是经由品牌知晓一个企业的存在、所提供的产品和服务，并逐渐建立和发展起或松散或紧密的联系。品牌是顾客和利益相关者与一家企业及其产品、服务形成联系的纽带。

**3. 品牌象征着企业及其产品、服务的历史和文化积淀**

品牌还体现一种企业文化、一种历史传统和氛围，其所有者、使用者的精神和理念。潜在顾客和利益相关者通过品牌，通过品牌代表的企业的历史，逐渐建立对企业、产品和服务的认知、感情和信心。一个企业之所以需要品牌、使用品牌，也是要用自己的历史说明现在，用自己的过去向公众、社会阐释未来。

**4. 品牌是有价资产，是一种重要的经营资源**

广义的品牌价值包括四个方面。

（1）经济价值。开发和推广一个品牌，从策划、印制、传播到管理，需要投入一定的人财物力，并形成各项费用。如调研、设计、广告和推广费用，申请商标注册的有关费用，印制、保管及运输费用等。这些构成了品牌价值的物质基础，可用货币计量。

（2）信誉价值。泛指一个品牌在市场上、公众中的名气、声誉，是与其他品牌比较产生的。不同企业的产品或服务，即使实体物或内容等没有差异，也会形成不同档次，卖出不同价格。因为不同品牌的"含金量"，即信誉价值不同。

（3）艺术价值。品牌设计是一种商业艺术，同样需要创造力。一旦成功，可给品牌的所有者、使用者带来效益。一个具有显著性又有吸引力的品牌，有助于推动销售。有较高艺术价值的品牌，也往往超过实体物本身的价值，甚至长盛不衰。

（4）权利价值。这是指一个品牌经过商标注册以后获得的专用权，实质就是一种财产权。权利价值由品牌价值决定，也是一种无形资产。品牌建设和品牌管理的重要任务，就是从上述方面努力提升品牌价值，使其成为优秀资产。

要使品牌成为一种经营资源，关键不在于企业为其品牌"说"什么、怎样推广，而是潜在顾客和公众如何看待特定品牌。品牌是企业及其产品、服务的一种象征。社会、市场对这个"象征"看好，品牌就能成为企业的一种经营资源，带来更好的效益。

### （三）产品品牌与企业品牌

一般来说，发展品牌有两种基本思路：或以产品、服务为焦点，或以企业形象为主线。前者是发展产品品牌，后者是建设企业品牌。

企业品牌以建设企业形象为主线，是从企业整体的高度发展有别于竞争者的特色。与产品品牌有所不同，追求的主要不是某个产品、服务的品牌形象，而是代表其企业形象的商号、商徽的知名度和美誉度以及市场份额和信誉价值。

建设企业品牌，往往要以产品品牌为基础。许多企业把产品品牌，作为企业品牌建设切

## 国际服务外包营销：基于创造顾客满意的视角

入点，通过树立产品品牌，借助于产品品牌的光环和"名牌效应"，进而提升企业的形象。例如通过品牌延伸，将一个产品的著名品牌用于企业的其他产品；甚至通过著名品牌与企业商号、商徽的统一，把成功产品的著名品牌升格为企业标识，即企业品牌。也可以争取企业多种产品及品牌成为著名品牌，它们的品牌名称、标记可以不同，但通过某种方式与企业形象产生关联。借助于拥有著名品牌的产品群，进而扩大企业的影响。

专门提供服务的企业，不以终端顾客为目标市场的供应商，同样需要建设品牌。由于产品特性或其他原因，这些企业不一定直接为其市场提供物规定品牌。但它们依然需要给买方"一贯的承诺"，在潜在顾客中建立对企业、产品和服务的信心，形成可识别的竞争优势。不同的是，它们通常不是以产品品牌为媒介，而是以企业品牌的形式，诸如商号、商徽等实现目标。所以它们主要以直接建设企业形象为出发点，提升在用户中的知名度和美誉度，甚至进而发展对终端顾客的品牌影响力，如 IT 行业的英特尔和零售巨头沃尔玛。借助于公众"名牌企业必然生产（经营）名牌产品"这一心理，利用企业品牌的光环，提升产品、服务的吸引力；同时不断地努力，提供相应的优秀产品和服务，支撑企业品牌的良好形象。

☞ 链接 6-4

### 企业形象识别系统

企业形象识别系统（Corporate Identity System，CIS）的导入和推广，是建设企业品牌的重要手段。通过把企业的一切经营行为，以及指导企业运行的理念、方针和企业文化等规范设计，统一控制和整合传播，形成一种独特的符号体系，突出一贯化的企业形象，从而达到强化认识的目的。

完整的企业形象识别系统，包括三大部分：一是理念识别系统（MIS），如经营思想、企业精神、基本信条和管理原则等；二是行为识别系统（BIS），对内包括员工教育、工作环境、福利待遇、内部管理等，对外包括产品开发、分销和渠道政策、营销传播、公共关系等；三是视觉识别系统（VIS），分为基本要素和应用要素，前者如商号、商徽和品牌、标准色、企业口号等，后者如办公设备、招牌、象征物、建筑物外观、员工制服、交通工具装潢、产品包装、广告、展示和陈列等。企业形象识别系统是三者的完美整合，必须从上述三个方面创造比竞争者更为优越的差别和特色。

### 二、品牌决策

品牌决策过程一般有四个主要步骤。每个步骤都会有若干抉择，需要考虑和权衡（见图 6-6）。

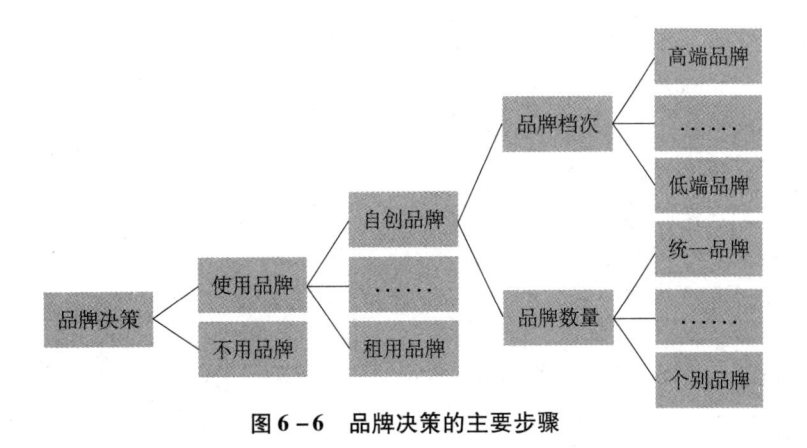

## 第六章 基于品牌、定位形成竞争优势

图 6-6 品牌决策的主要步骤

### （一）品牌化决策

企业先需要决定的，是使用品牌还是不用品牌。

**1. 使用品牌**

使用品牌，是因为在营销活动中品牌有以下重要作用。

（1）就产品战略而言。品牌是"整体产品"的组成部分，有助于在目标市场树立企业、产品和服务的形象，也是新产品上市和推广的重要媒介。已有品牌的产品线进行产品延伸，容易取得好的效果，通常要比无品牌产品更便于推广。

（2）就价格战略而言。通过品牌建立较高知名度、美誉度，有利于企业控制产品、服务的价格水平。品牌是差异化的重要手段，著名品牌不仅要比一般品牌价高利大，而且价格的需求弹性更小。

（3）就分销或渠道战略而言。由于品牌的辨识作用，著名品牌更易于进入各种渠道、建设渠道系统和渗透目标市场，企业也方便处理订货、物流业务等。

（4）就促销战略而言。品牌是营销传播中的基础信息。无品牌就像一个人缺了姓名，别人难以称呼，有关一切也不方便流传。

由于品牌化是一种有效的营销手段，越来越多习惯上不用品牌的产品、企业开始使用品牌，例如大米、水果和蔬菜等农副产品。服务领域也出现了品牌化趋势。例如碧桂园集团，一直在声称"给您一个五星级的家"，成为房地产领域的一个著名品牌；中国移动公司等也提供全球通、神州行等不同品牌移动通信服务。

☞ **案例 6-1**

**品牌命名的语言难题**

美国一家企业准备向国外市场投放一款新开发的香皂。初步确定品牌名称之后，对 50 个国家做了调研，以确认该名称在不同国家、语言中意味什么。结果发现，在英语和大部分

# 国际服务外包营销：基于创造顾客满意的视角

西欧语言中是"优美"的意思，但在其他语言中其名和义变得面目全非。
- 在盖尔语中，该名称是"歌"的意思；
- 在佛兰德人眼里，是"远去了"；
- 用非洲民族语言讲，它是"马"；
- 在波斯语中，是"朦胧的""迟钝的"这类意思的代名词；
- 在朝鲜语中，与"疯子"发音几乎一样；
- 在斯拉夫语系中只有一种理解，"不愉快的""猥亵的"……

资料来源：戴维·A. 利克斯. 商业大失败 [M]. 裴学钊，高晓钢，译. 成都：四川人民出版社，1989：38-39.

**2. 不用品牌**

使用品牌有很多积极作用，但也不是所有的产品、服务都会规定品牌。使用品牌需要时间、精力和大量费用的投入；有的产品、服务使用品牌意义不大，或不用品牌意义更大。一般来说，遇到以下情况企业也会考虑不用品牌：

（1）同质性产品。如电力、煤炭、钢材和水泥等，只要品种、规格等相同，一般不会因为厂商不同出现太大质量差异。

（2）人们不需要、不习惯认牌购买的产品。大多数的农副产品，工业品中原材料、零部件等，传统上较少使用产品品牌。

（3）生产简单、没有相关技术标准的产品。如一些手工制作、小农具等。

（4）临时或一次性生产的产品。如抢险救灾的应急物质。

一些传统上使用品牌的产品，考虑到营销环的境变化和战略需要，有时候也会回到"无品牌"状态。例如经济不景气时期，一些人们日常所需产品除去品牌、精简包装但售价更低，因而受到市场的欢迎。国外一些大中型商场，为强化产品的实用功能，降低价格及减少一些次要因素上的消耗，会以自身信誉作担保，与制造商合作推出特定的无品牌产品。其实，这也是一种企业品牌在背书。

**（二）品牌归属决策**

一旦决定了使用品牌，需要考虑使用谁的品牌。重点是确认，哪种做法对企业更为有利。通常有以下选择：

（1）使用自己品牌。这就需要企业创立、建设品牌，独自承担品牌发展的一切风险，也享有品牌产生的全部权益。

（2）使用别人品牌。因此需要租借品牌，并且决定向谁租借，比如是其他制造商还是中间商。一些企业为了进入自身以及品牌缺乏影响力的新市场，可能会"借船出海"——先使用别人品牌，以后逐渐用自己品牌。当年日本索尼的电视机进入美国市场，先在西尔斯公司销售并使用其电器品牌，市场打开以后再使用索尼品牌。

（3）使用混合品牌。常见的有某些专业认证、行业认证，如国际纯羊毛标志与企业品牌并用。还有企业之间开展合作，如海尔电器早期的"琴岛·利勃海尔"等。两种品牌并

## 第六章　基于品牌、定位形成竞争优势

用，可以整合、兼收两者单独使用的优点。

也有的企业部分产品使用自己品牌，部分产品使用别人品牌。这样既保持企业自己的品牌特色，又可扩大产品销路。

### （三）品牌档次决策

决定使用自己的品牌，还要考虑初始和最终目标是创立什么档次的品牌。

**1. 决定品牌的初始档次**

品牌一般有低端、中端或高端等。每一档次只要质价相符、物有所值，都能有其相应的市场。如高端品牌一般对应精品小众，低端品牌面向消费大众，它们都有可能成为著名品牌。

一般来说，考虑品牌的初始档次，除了依据企业战略和发展的需要，更要清楚目标市场特性，定位战略的要求，以及生产能力、技术和工艺实现的可行性。其中，品牌档次与盈利性或投资回报的关系也是重要的参考因素。

一个品牌的盈利性，通常随着品牌档次的上升而提高。较高档次的品牌，企业可以选择更高的售价，所费成本不一定更多。一般认为，从中上档次提升到高端，盈利性不会继续增加太多。因为较高的价格也增加了顾客支出，可能销量会受到限制。低端品牌会大大降低盈利性，需要数量的支撑，即实行"薄利多销"。一旦所有企业都推出高端品牌，高档产品也可能出现价格走低的趋势。

**2. 随着时间的推移管理品牌档次**

随着时间的推移，企业还要决定如何继续管理品牌档次。一般有三种选择：

（1）向高端化发展。在研发领域增加投入，不断改进质量，逐步提升品牌档次，取得更高的投资回报和市场份额。当时一个长期以来被视为比较低端的品牌，要重新打造比较高端的形象，改变市场的认知有很大的难度。

（2）保持原来的品牌档次。如果初始档次经过市场考验，仍然适应目前市场及可以预见到的未来，可保持品牌档次的稳定，基本不变。

（3）向低端化发展。如果一个品牌、产品和服务已经由精品小众市场，普及到了消费大众市场，通常也会走向低端化，包括降低价格和部分质量要求。典型的如许多手机产品从"大哥大"成了"街机"，大部分空调、冰箱品牌现在卖"白菜价"。

### （四）品牌数量决策

决定使用自己品牌，还需要考虑使用多少品牌。一般有两种基本选择，即统一品牌或是个别品牌，以及在两者基础上的两种变化的做法。

**1. 统一品牌**

统一品牌也叫家族品牌（family brand），即一个企业的所有产品、服务都使用一种品牌。这样，可以减少过多品牌所需的建设时间、费用等，有以下好处：

（1）在一个品牌下推出多种产品、服务，有利于彰显企业实力，提高品牌声誉，更便

## 国际服务外包营销：基于创造顾客满意的视角

于在市场、顾客中留下深刻印象。

（2）借助已有品牌的光环，利于新产品上市时减少、消除陌生感。可以缩短顾客、买方适应的过程，更快进入市场。

（3）一个品牌覆盖所有产品、服务，企业可以多种传播方式、手段等，聚焦、突出一个品牌形象的宣传。既节省促销开支，又有更大的市场效果。

（4）在一个品牌下的各种产品、服务，可以互相声援、连带销售，扩大整体销路。

使用统一品牌，要求不同产品、服务性质接近，质量、档次大体相当。如果差异大了，势必影响品牌以及所有产品、服务的声誉。尤其是其中一个产品出了问题，极容易"城门失火殃及池鱼"，伤害统一品牌下的其他产品、服务。

**2. 个别品牌**

企业为其产品、服务等，分别规定各自品牌。虽然要为多个品牌的建设支付更多的费用、时间，但有以下好处：

（1）可为不同产品、服务寻求更合适的名称、标记，以更好地吸引顾客。面对不同细分市场，个别品牌可以针对性更强，更好地激发欲望和购买联想。

（2）个别品牌可起到一定的"隔离"作用。即使是同类产品，价格、质量等也可能有高低之分。大多数购买者的心理，是不乐意以较高的价格，买了与低端品牌一样的产品或服务。

（3）有利于推广优质新产品。假如将低端品牌用于高档产品，原品牌又给市场印象过于强烈。即使推广耗费巨多，也可能难以改变顾客"刻板印象"，还可能遭到老客户抱怨、甚至流失。

（4）由于每个产品各有品牌，纵然其中的某个出了问题、声誉受损，也可以尽量减少对其他品牌的拖累。

**3. 个别的统一品牌**

企业也可依据一定标准将其产品或业务分类，给它们使用不同品牌。相同类别实行统一品牌，不同类别之间采用个别品牌。这样，也可以兼收统一品牌和个别品牌两种做法的一些优点。

（1）依据不同产品的性质差异，分类使用不同品牌。例如，宝洁公司洗衣粉用"汰渍"、"碧浪"等品牌，薯片用"品客"，化妆品用其他的品牌。海尔集团在家电领域，如冰箱、彩电、洗衣机等使用"海尔"；在保健品行业使用"采力"品牌，以保持海尔品牌一贯形象。

（2）依据同类产品的属性或其他差异，分类使用品牌。例如，百胜餐饮集团（Yum! Brands, Inc.）在130多个国家、地区拥有近40 000间餐厅，是全球门市最多的快餐公司。旗下有肯德基、必胜客和塔可钟（Taco Bell）等多个国际餐饮连锁品牌，在中国还有东方既白、小肥羊等当地品牌的经营权。

**4. 统一的个别品牌**

可兼收统一品牌和个别品牌优点的又一做法。通常是将企业商号或商徽作为统一品牌，

## 第六章　基于品牌、定位形成竞争优势

与每个或每类产品的个别品牌联合使用。

在产品、服务的个别品牌之前冠以企业的统一品牌，可使新产品正统化，享受企业品牌已有的声誉；在统一品牌之后跟随个别品牌，又可使产品、服务个性化。例如汽车制造业通常都使用统一的个别品牌。

### 三、品牌延伸与多重品牌

#### （一）品牌延伸战略

品牌延伸（brand extensions）或品牌扩展，是企业利用已经成功品牌的良好声誉推出改进产品、新产品或不同产品。

**1. 品牌延伸的做法**

广义的品牌延伸，包括横向延伸和纵向延伸。

（1）横向延伸。利用成功品牌的声誉和影响力，向市场推出不同于原来的新产品。例如，海尔公司将"海尔"品牌，从洗衣机一直使用到冰箱、热水器、电脑、电视机和手机等产品。这也是通常意义的品牌延伸，将一个品牌使用在不同的产品，甚至性质不尽相同的业务领域。

（2）纵向延伸。企业先推出某个品牌，成功以后继续推出新的、改进的相同产品。例如汽车制造业，经常推出标有"xx-1000""xx-2000"的新车；消费电子行业也常用这种做法，如苹果手机从 iPhone，一直到 iPhone6s、iPhone6s plus 以及 iPhone7、iPhone7 plus 等。特点是将同一品牌始终用于有所变化的同一产品，以巩固企业在该领域的市场地位。

**2. 品牌延伸的战略意义**

（1）有利于新产品和服务进入市场。新产品开发需要较多的研发投资，还要持续的品牌建设和营销传播，成为著名品牌更是旷日持久的系统工程。通过品牌延伸，新产品一经问世，即可直接获得知名品牌身份或背书。潜在顾客和公众对于原品牌的信任，也可有意无意传递到新产品，缩短认知、接受和认同过程，大大降低企业相应的费用开支。

（2）有助于强化品牌效应，提升品牌使用的"范围经济"。通常品牌建设起步于单一产品和服务，成功后将其声誉向更多产品、业务领域辐射。这种"群聚"战术应用得当，不仅可进一步强化品牌美誉度，提高市场占有率，而且利于实现"范围经济"，将品牌的信誉价值转化为更大的经济利益。

（3）可以突出核心品牌的良好形象，提高整体品牌组合的效益。

**3. 品牌延伸的风险**

倘若品牌延伸战略把握不当，也会带来困扰和危害。企业要清醒看到以下可能的风险：

（1）损伤原有品牌的形象。某个品牌一旦取得市场领先地位，成为优势品牌，在顾客、利益相关者心目中也就有了特殊的形象和定位，甚至成为产品的代名词。由于"近因效应"存在，即人们最近的印象对认知的影响，品牌延伸有可能巩固也有可能减弱品牌的形象。应

用不当，原有的优势品牌代表的形象信息就会弱化。

（2）有悖顾客心理和认知。一个品牌取得成功的过程，也是潜在顾客和公众对企业构建的相关品牌属性，逐渐认知和产生反应的过程。优势品牌延伸到与原市场、原产品不兼容，尤其是毫无内在联系的业务上，不但难以有所成效，而且势必影响原品牌的市场地位。

（3）稀释和淡化原有品牌的形象和特性。如果一个品牌代表了两种或以上的，而且种类、属性和特征等差异很大的产品、服务，就可能导致顾客认知的模糊，"不知如何理解为好"。顾客也会把原来优势品牌的属性，"自以为是"地转移到被延伸的产品、服务上。无形中淡化原来的品牌特征，削弱原品牌的优势。

因此，品牌延伸必须考虑原有品牌、产品与被延伸的产品之间，关系是否适宜、适度，它们是否具有共同的经营主线。以最大限度获取品牌延伸的利益，减少可能的市场风险。

## （二）多重品牌战略

企业也可以考虑同一产品使用两个或两个以上的不同品牌。

**1. 多重品牌的好处**

（1）真正忠诚于某一品牌，任何情况下矢志不移的顾客太少。大多数顾客在脑子里对能够接受、可以购买的品牌都有一个排序。一般来说，会更多考虑排序靠前的品牌，但也不是一概不买在后面的其他品牌。一旦其他品牌利用减价优惠、附送赠品和广告等强势推广，原有购买排序也可能发生变化。实施多重品牌战略，产品有更多机会进入顾客视野；因提供了更多选择，也可减少顾客流失。

（2）实施多重品牌战略，可在企业内部形成同类产品、不同品牌之间的适度竞争，激发和提高品牌活力。

（3）多重品牌有利于向不同细分市场进行渗透。例如有企业将其生产的啤酒以不同品牌、包装和装潢，分别对应高端酒店、普通餐馆和超市、家庭等不同顾客。有的时候，只有一个品牌未必适合所有细分市场。即使只有微小差异，使用多重品牌也可能赢得各自尽可能多的偏好者，在总量上扩大销售。

（4）只要中间商认可和接受，可在卖场等占有更多的陈列和展示空间。多重品牌不仅增加企业销售的机会，而且相对减少竞争品牌的机会。

**2. 多重品牌的选择**

是否一定要使用多重品牌战略，或企业是否要为同一产品增加新品牌，需要斟酌以下几个问题。

（1）能否为新推出的品牌找到足够理由以说服市场。倘若潜在顾客认为新品牌仅仅是名称或标志不同，缺乏有实质意义的变化，一般是难以成功的。

（2）新品牌会从原有品牌夺走多少市场，又可从竞争者获取多少销路。一般来说，不能在总量上扩大销售，就意味着新品牌成长是以牺牲原品牌的市场为代价的，这时候的多重品牌战略不一定有经济意义。当然，新品牌是为了取代销路日衰、难以起死回生的老品牌，

# 第六章 基于品牌、定位形成竞争优势

避免原有市场被对手侵占，那又另当别论。

（3）新品牌的收益，是否足以弥补新品牌建设、产品开发等费用。

并非品牌越多，企业就肯定获益越大。如果各自只有较小的市场份额，多重品牌战略就是浪费资源。也要敢于和善于放弃较弱的品牌，集中发展有竞争力、前景更好的品牌。开发新品牌要有严密、科学的筛选，着眼点是如何更利于与外部对手的品牌竞争，不是企业内部的相互厮杀。

## 第三节 定位战略

要形成竞争优势，还必须为自身或品牌、产品树立某种特色，建设预期的形象，并获得潜在顾客、利益相关者的认同。向目标市场勾画自己的形象和意义，帮助公众和社会全面地理解、准确地认识企业不同于对手的独特价值。

### 一、定位的概念和意义

按照艾·里斯（Al Ries）和杰·特劳特（Jack Trout）的看法，"'定位'（positioning）是一种观念，它改变了广告的本质。""定位从产品开始，可以是一种物品、一项服务、一家公司、一个机构，甚至于一个人，也许可能是你自己。""定位并不是要你对产品做什么事。定位是你对未来的潜在顾客的心智所下的功夫，也就是把产品定位在你未来潜在顾客的心中。""你若把这个观念叫'产品定位'是不对的，因为你对产品本身实际上并没有做什么重要的事情。"[①]

在现实中，定位离不开市场、产品和竞争，因此，也就有了市场定位（market positioning）、产品定位（product positioning）和竞争性定位（competitive positioning）等概念的交替使用。一般来说，市场定位强调在满足需求方面，企业与竞争者相比应处于什么位置，使潜在顾客产生什么印象和认识；产品定位是就产品属性而言，企业与竞争者的产品在目标市场各自处于什么位置；竞争性定位突出在目标市场上，企业和竞争者比较，产品及营销组合等有什么不同。

定位是现代营销学的重要概念，在实践中得到广泛的重视和应用。

（1）有利于建立企业、品牌及产品、服务特色。通过选择目标市场，企业界定了服务对象和自己的顾客范围；通过定位，进一步明确了自己的对手因此有谁，将要以及如何与之竞争。在现代社会，同一个市场普遍存在多种同类产品、替代品的现象，相互之间必然发生竞争。为了获得优势的市场地位和稳定的销路，企业需要努力为品牌和产品、服务创造某种独特的价值，在潜在顾客和公众中形成不一样的认知与偏好。例如，沃尔沃声称其汽车"最安全"，宝马号称"最理想的发动机""最佳驾乘"，保时捷自称"全球最优秀的小型赛

---

① 艾·里斯，杰·特劳特. 广告攻心战略——品牌定位［M］. 北京：中国友谊出版公司，1991：2.

车"。定位就是展示企业及产品、服务与竞争者的不同所在，形成"不一样就是不一样"的品牌形象，从而为目标市场提供"更值得"信任和购买的理由。由此提升不可替代性，形成某种竞争优势。

（2）有助于明确营销组合的目标和方向。企业要满足目标市场，就要为潜在顾客提供相应的产品、服务；为巩固市场地位，还要提供不同于竞争者的利益和满足，并获得目标市场和公众认可。在战术上，这些需要企业通过其产品、价格、渠道和促销等营销手段的整合与使用来实现。形成预期的竞争优势，不仅营销组合必须匹配潜在顾客，还必须显著地体现在其定位所主张的独特利益和价值上。因此，选择和"组合"相关营销手段必须聚焦于定位，以其为目标和方向。

因此，定位不能只是看作是一种技术和战术。其更重要的意义在于，可以从战略上帮助企业实现竞争战略的追求，建立竞争优势。

☞ 案例 6－2

## 它们怎样定位

**1. 白加黑**

感冒药市场同类产品甚多，市场高度同质化，无论中西成药都难有实质性的突破。"白加黑"看似简单，只是把感冒药分成白片和黑片，并把感冒药中的镇静剂"扑尔敏"放在黑片中。实则不简单，不仅在外观上与竞争品牌形成很大差别，"治疗感冒，黑白分明"；更重要的是与消费者的生活习惯匹配，"白天服白片，不瞌睡；晚上服黑片，睡得香"。

**2. 乐百氏**

纯净水开始盛行时，所有品牌都宣称自己的纯净水纯净。消费者不知道哪个品牌真的纯净或更纯净的时候，"乐百氏纯净水经过27层净化"，乐百氏对其品牌的"纯净"提出了一个有力的支持点。"27层净化"给人"很纯净，可以信赖"的印象，很快家喻户晓。

**3. 舒肤佳**

后来居上的舒肤佳之所以成功，关键在于找到了新颖而准确的概念——"除菌"。它以"除菌"为轴心，诉求"有效除菌护全家"，广告中通过踢球、挤车、扛煤气罐等场景告诉大家，生活中会感染很多的细菌，放大镜下的细菌"吓你一跳"。"看得见的污渍洗掉了，看不见的细菌你洗掉了吗？"然后通过"内含抗菌成分'迪保肤'"之理性诉求和实验，证明舒肤佳可以让你把手洗"干净"，还通过"中华医学会验证"增强品牌信任度。

**4. 采乐**

西安杨森的"采乐"去头屑特效药把洗发水当药卖，"头屑是由头皮上的真菌过度繁殖引起的，清除头屑应杀灭真菌；普通洗发只能洗掉头发上头屑，我们的方法，杀灭头发上的真菌，使用8次，针对根本"；"各大药店有售"。在药品行业找不到强大对手，在洗发水领域里更如无人之境。使消费者要解决"头屑根本"时忘记去屑洗发水，想起"采乐"。

# 第六章 基于品牌、定位形成竞争优势

## 二、定位战略的分类

定位战略一般分为避强定位、迎头定位和重新定位等。

### （一）避强定位

这是一种避开强力对手的定位选择，也叫创新式定位。通过避开与竞争者的直接对抗，定位于需求的某处"空隙"，发展市场上目前还没有的某种特色。优点是可迅速在目标市场站稳脚跟，并在顾客、公众心中树立与众不同的形象。

这种定位战略的市场风险小，成功率较高，常常为许多企业所采用。难点在于能否发现真正具有战略意义的创新之处进行定位，创新定位所需的特色等在技术上可否实现、经济上是否合算，尤其是有无足够的顾客偏好这一定位。

### （二）迎头定位

这是一种与在市场占据支配地位即最强的对手"对着干"的定位战略，也称为针对式定位。企业选择靠近竞争者或与其重合处，以相同、相近的特色争夺潜在顾客，彼此产品、价格、渠道和促销战略和方式也少有不同。这种定位有时会产生很大的风险。但不少企业认为，这样也可以激励自己奋发努力、不断上进，一旦成功更会取得巨大的市场优势。例如百事可乐与可口可乐，王老吉和加多宝两大凉茶，以及中国电信、中国联通和中国移动之间。

实施迎头定位战略必须知己知彼，尤其是要清醒、客观地评估、对比自己和竞争者之间的实力。许多时候，目的不一定是打垮对方，杀敌一万自损八千；而是市场有足够的潜力，借以尽快"上位"或巩固市场地位，或争取满意的市场份额，即使平分秋色也是成功。

一般来说，采取迎头定位战略，企业需要考虑：
（1）可否比对手质量更优或成本更低的提供产品、服务；
（2）该定位形成的市场潜力，能否容纳两个或以上直接竞争的企业；
（3）企业是否拥有比对手更为充足的资源；
（4）这个定位与企业、品牌声誉和能力等是否匹配。

### （三）重新定位

一般是初次定位不当，销路不畅或市场反应不好，对企业、品牌进行的二次定位。也有可能初次定位合适，但有对手迎头定位，企业无力竞争；或市场、用户需求偏好变化，甚至转移到竞争者方面，都会考虑重新定位。

是否必须重新定位，企业通常会考虑：
（1）重新定位的成本。改变一种原有的定位，重新建立某种新的形象，必须投入的资源、费用。
（2）重新定位的收益。新特色、新形象可能带来的效益，取决于重新定位能够吸引的顾客及购买力，对手数量与实力，平均购买率以及潜在客户最大的价格承受能力等。

## 三、定位战略的实施过程

每个企业都应具备一些独特的竞争优势,以吸引潜在顾客。

### (一) 识别潜在的竞争优势

识别潜在的竞争优势,要求从以下三个方面寻找明确答案。

(1) 竞争者在目标市场做了什么,做得如何。包括竞争者的核心竞争力所在,尤其是产品和服务质量、水平等;竞争者的业务和经营情况,如近三年的销售额、利润率、市场份额、投资回报等;竞争者的财务情况,如盈利能力、资金周转、偿还债务能力等。重点是了解竞争者满足潜在顾客,其市场提供物与需求匹配的程度,成本和收益状况等,并做出确切的判断。

(2) 目标市场上足够数量的顾客确实需要什么,欲望满足得如何。必须努力辨识潜在顾客所认为的,能够更好地满足其需要和欲望的最重要的特征。定位能否成功,关键在于可否比竞争者更好地了解顾客,对需求与企业的服务,包括产品、价格、渠道和促销等各个要素的关系,有更深刻和独到的理解。

(3) 从以上的差距和"缺口"中,分析企业能够为此做些什么。同样必须从成本和收益等方面考察。

### (二) 选择相对的竞争优势

相对的竞争优势,是企业能够超越对手的更胜一筹的能力。有的是已有的,有的是具备了潜力、通过努力可以创造的。简而言之,是能够比竞争者做得更好的满足潜在顾客的一种本领。

企业经过分析,可能发现若干潜在的竞争优势。但有的优势或许过于细小、缺乏战略意义,有的开发成本太高,有的与企业传统、长期形象不太一致等,或许就要放弃不用。企业需要的是如何选择有利的、关键的潜在优势,予以培育和开发。例如,可根据以下标准考虑和选择差异点:[1]

(1) 重要性——对目标顾客而言,该差异非常有价值;
(2) 独特性——竞争者不能提供,或企业比它们具有明显的优势;
(3) 优越性——与为顾客提供相同利益的其他方式方法比较,更具优势;
(4) 可沟通性——该差异点易于传播,购买者可以"体验"、看到;
(5) 专有性——竞争者难以模仿;
(6) 经济性——潜在顾客买得起;
(7) 盈利性——推广该差异点,可为企业带来好的收益。

---

[1] [美] 菲利普·科特勒, 加里·阿姆斯特朗. 市场营销:原理与实践(第16版) [M]. 楼尊, 译. 北京:中国人民大学出版社, 2015:216.

# 第六章　基于品牌、定位形成竞争优势

## 案例 6-3

### 海底捞的"变态"服务

哪怕在海底捞干过一天，员工都知道"客人是一桌一桌抓的"这句张勇语录。

尽管每桌客人都是来吃火锅，但有的是情侣，有的是家庭聚会，有的是商业宴请。客人不同，需求就不同，感动客人的方法就不完全一样。

从买菜、洗菜、点菜、传菜、炒底料，到给客人涮菜、打扫清洁、收钱结账，等等。做过火锅店每一项工作的张勇深知，客人的要求五花八门，标准化服务最多能让客人挑不出毛病，但不会超出顾客的期望。

开办初期的一天，当地相熟的干部下乡回来，到店里吃火锅。张勇发现他的鞋很脏，安排一个伙计擦了擦。这个小小的举动让客人很感动，从此海底捞便有了为客人免费擦鞋的服务。

一位住海底捞楼上的大姐，吃火锅时夸海底捞的一种辣酱好吃。第二天张勇把一瓶辣酱送到她家，并告诉她以后要吃随时送来。

这就是海底捞一系列"变态"服务的开始。

开连锁餐厅最讲究的是标准化，比如肯德基薯条要在一定温度的油锅炸多长时间，麦当劳汉堡包的肉饼有多少克重。可标准化保证质量的同时，也压抑了人性，因为忽视了执行者最值钱的部位——大脑。

让员工严格遵守标准化流程，其实等于只雇佣他们的双手，没雇佣大脑。这是亏本生意，最值钱的是大脑，能创造、解决流程和制度不能解决的问题。

比如吃火锅，有的人要标准调料，有的喜欢自己调；有的人口味重需要两份调料，有的半份都用不了；有的人喜欢自己涮，有的喜欢服务员给他涮；等等。

一个客人想吃冰激凌，服务员能不能到外边给他买？一份点多了的蔬菜，能不能退？既然是半成品，客人可不可以点半份，多吃几样？一个喜欢海底捞小围裙的顾客，想要一件拿回家给小朋友用，给不给？等等。

碰到这些流程与制度没有规定的问题，大多数餐馆是按规矩办——不行；在海底捞，服务员就需要动脑了——为什么不行？

海底捞上海三店的服务员姚晓曼说，一次她服务的雅间坐的是回头客鄢女士。鄢女士的女儿点菜时问，撒尿牛肉丸一份几个。姚晓曼马上意识到对方怕数量少不够吃，便回问一句：姐，你们几位？她说十位。姚晓曼马上告诉她，一份本来八个，她去跟厨房说一下，专做十个。

上海三店张耀兰有这样的经历，某个星期六晚上生意特好，七点半3号包房上来一家徐姓客人。她发现徐妈妈把鹌鹑蛋上面的萝卜丝夹到碗里吃。

张耀兰感觉徐妈妈一定很喜欢吃萝卜，于是立即打电话上菜房，让他们准备一盘萝卜丝。她又拿萝卜丝去调料台，放上几味调料。当她把拌好的萝卜丝端到桌上时，客人很惊讶。她说，"我估计阿姨爱吃萝卜丝，特意拌了一盘送给阿姨，不知道你们喜不喜欢？"

"他们当然非常高兴。边吃边夸我，还问这萝卜丝怎么拌的。"最后徐阿姨的儿子要来一碗米饭，把萝卜丝盘子里的汤拌到饭里吃了，说这是他吃过的最香的饭。接下来一个月，他们来了三次，还把其他朋友介绍来吃。

一碗萝卜丝有多神奇，海底捞的客人就是这样一桌一桌抓的。

"创新在海底捞不是刻意推行的。我们只是努力创造员工愿意工作的环境，结果创新就不断涌出来了。没想到这就是创新。"张勇说。后来公司大了，他试图把创新用制度进行考核，真正的创新反而少了。"创新不是想创就能创出来，考核创新本身就是假设员工没有创新能力和欲望，这是不信任的表现。"

资料来源：黄铁鹰. 海底捞的秘密［EB/OL］. 中国企业家网，2011 - 02 - 12. http：//www. iceo. com. cn/zhuanti2/2011/0212/208970. shtml.

### （三）表达核心的竞争优势

定位的本质是差异化，即企业、品牌以及产品、服务如何与对手得以区别。差异化是吸引目标市场的基础，企业要考虑如何表达，并使其进入潜在顾客、公众的"心智"。一般可通过具体"言""行"，即营销组合应用，将定位有效地、创造性地呈现出来，并逐渐成为一种鲜明的市场概念。当然，这种市场概念能否成功，根本上还是要取决于所提供的利益，能否与顾客的需要和追求相吻合。

企业可通过以下方面的差异化表达其核心的竞争优势。

（1）内容。这主要是指市场提供物，即产品、服务可以产生的利益和实际价值。向目标市场提供什么，能够形成企业自身、品牌在市场的具体位置。比如，在许多情况下，产品质量要取决于原材料、零部件等，以及制作工艺的精湛或简易，价格往往反映了不同的档次。因此，差异化就可以有优质优价、优质同价、同质低价、低质更低价和优质低价等各种选择，形成不同的价值主张（见图6-7）。

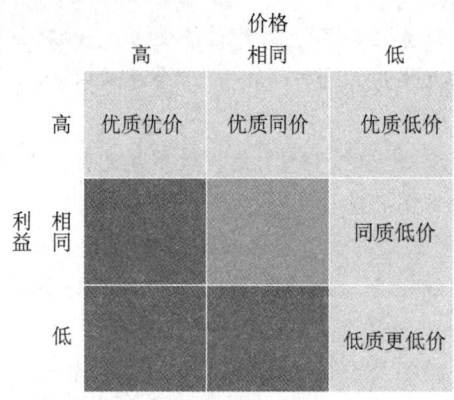

|  | 价格 | | |
|---|---|---|---|
| 利益 | 高 | 相同 | 低 |
| 高 | 优质优价 | 优质同价 | 优质低价 |
| 相同 | | | 同质低价 |
| 低 | | | 低质更低价 |

图6-7 内容的差异化与价值主张

（2）背景。即如何提供利益和价值，是定位主要的辅助部分，反映企业为潜在顾客能更好地"感受"内容的差异化所进行的努力。例如，一般的百货商店和仓储式商场，虽然经营的许多产品相同，甚至来自同一家制造商，但购物环境和氛围却不相同——百货商店更为宽敞、舒适和优雅，仓储式市场则是简朴、实惠和适用。

# 第六章 基于品牌、定位形成竞争优势

（3）基础设施。提供利益和价值的方式方法等辅助物，包括技术或人员，用以支持内容、背景的差异化。例如网上购书，书是"内容"，不同书店或许难以差异化；送书上门、送货时间等是"背景"，网上书店之间可能依然难有各自的特色；送书人、交通工具等是"基础设施"，彼此之间是可以形成一定差异的。

## 本章小结

通过分析目标市场和自身地位，尤其是影响竞争态势、行业前景的五种主要力量，企业需要考虑竞争战略的选择。一般有成本领先、差异化（"别具一格"或"与众不同"）以及"聚焦"（或集中）等三种一般性竞争战略，可帮助一个企业形成某种竞争优势。相应地，营销管理也有无差异市场战略、差异化市场战略和集中性市场战略等不同选择。

现代社会和市场经济的发展，为品牌概念增添了丰富内涵。品牌不仅是一种标识，而且代表着一贯的承诺，是与市场的一种联系，象征着企业、产品的历史和积淀，还是一种有价资产和经营资源。品牌已经成为建立竞争优势的一种战略基础。企业可发展产品品牌，也可建设企业品牌。品牌决策需要考虑使用或不用品牌，使用自己品牌还是别人品牌，自创品牌的初始档次以及如何继续建设，使用统一品牌还是个别品牌等，并要考虑是否使用品牌延伸和多重品牌战略。

企业要为自身或其品牌在目标市场树立某种特色，建设预期形象，并争取潜在顾客和一般公众的认同，即进行定位。定位选择包括避强定位、迎头定位和重新定位等。实施定位战略，企业要识别其潜在的竞争优势，并善于选择相对的竞争优势，还能成功地表达企业核心的竞争优势。

## 思考题

1. 如何理解、选择成本领先战略与无差异营销？
2. 怎样认识和选择差异化战略与差异化营销？
3. 如何选择、实施"聚焦"战略与集中性营销？
4. 怎样理解品牌、品牌名称、品牌标记和商标及其相互关系？
5. 试述品牌的价值和意义。
6. 试述产品品牌与企业品牌的异同和联系。
7. 试述品牌决策的主要步骤和关键点。
8. 如何选择品牌延伸战略？
9. 实施多重品牌战略需要注意什么？
10. 什么是定位，有什么作用？
11. 试述定位的类型与选择。
12. 试述实施定位战略的步骤及其关键点。

## 国际服务外包营销：基于创造顾客满意的视角

☞ 案例练习

### 服务外包业的新挑战和新趋势

由于经济新常态对产业的影响，我国服务外包产业过去引以为豪的大量、廉价劳动力的优势不复存在。未来服务外包产业要从过去的粗放式竞争转为精细化、差异化服务的竞争。

**六大挑战**

（1）廉价劳动力时代终结。人力成本持续上升，基于价格高低的劳动力竞争时代结束。服务外包企业在离岸业务中，不再具有传统的人力成本优势。

（2）人口红利消失，人力资源匮乏。员工素质逐渐下降，甚至从业人员招募都遇到很大问题，产业人力资源可能出现匮乏。

（3）新观念下未来的管理模式需要变化。越来越多"90后"步入工作岗位并成为骨干，与上一代不同的价值观、生活观，使未来服务外包企业的管理面临很大挑战。过去服务外包拼体力、不惜牺牲健康的发展方式，未来不可持续。

（4）产业进入成熟期，寡头垄断时代开启。传统以研发、系统开发为主的商业模式，经过十年发展已进入成熟期。少数大规模企业存活，大部分企业退出，并开始出现寡头垄断。

（5）产业转型下外包企业传统离岸业务减少。需求越来越多样化、即时化和碎片化，导致服务外包企业传统离岸业务量下降，被 Inhouse 业务需求替代，传统服务外包业务空间受到挤压。

（6）云服务减少系统开发工作量。云服务初始阶段产生大量外包业务量，但服务稳定后会减少传统外包工作量，同时带来开发成本减少、运营机会增加。

**IT 服务外包的四个阶段**

未来企业要在工业化 IT 道路和个性化 IT 道路之间抉择。信息技术外包的发展历史，先后经历"卖苦力""卖技术""卖服务"和"卖价值创新"等阶段。

（1）根据用户要求定制业务系统和管理系统的"卖苦力"模式。今天中国服务外包企业的主流模式为定制服务，客户提供相应需求，企业帮助客户实现需求。典型特征为卖苦力、以工作量计价，是最低端的业务模式。

（2）为用户提供全套 IT 产品及系统解决方案的"卖技术"模式。部分服务外包企业以 IT 解决方案方式服务客户，是一种以 IT 技术服务计价的模式。其代表是微软、思科和 IBM 的硬件部门等客户。

（3）融入客户业务流程，以 IT 技术为工具提供业务解决方案的"卖服务"模式。部分企业发现，只有 IT 技术完美结合到客户流程才有价值。它们把技术工具藏在业务流程后面，进而提供一套业务解决方案，给客户带来更高的价值。这种模式以服务来计价，其代表为埃森哲、NTTDATA、IBM 的咨询部门等客户。

（4）持有和分析用户数据，洞察未来变化趋势，提供基于大数据的服务，帮助客户创

# 第六章　基于品牌、定位形成竞争优势

造新价值的"价值再定义"模式。部分创新企业拥有大量数据且利用数据分析趋势，进而改变客户流程，重新定义客户业务。这些企业的代表为谷歌、亚马逊、脸书和苹果等公司，这种模式具有革命性的意义，将颠覆传统决策模式。未来基于流程的服务，会逐渐被基于数据分析结果带来的创新服务取代。

**五大趋势**

（1）服务外包企业将与行业深度融合。传统服务外包业务模式技术和业务分割严重，未来一定是与行业深度融合，这一趋势将使服务外包企业和解决方案供应商的边界越来越模糊。当前，部分传统外包企业声称已不是外包企业，而是解决方案提供商；也有解决方案提供商，称自己为服务提供商。

（2）从承接项目到系统运营模式的变迁。越来越多的服务外包企业不愿以承接项目的方式开展业务，更愿采用运营业务模式。一是带来可持续的收益；二是能够实现复制。从经营看，行业未来必然倾向于运营模式的服务。技术与服务完美融合，企业利润率及发展潜力才会发挥。

（3）大数据与云计算对行业影响深远。大数据创造机会，云服务减少机会。云服务是面向工业化的需求，把共性提炼出来提供服务；基于大数据的服务更多是个性化服务，要求行业、企业的系统构筑、软件开发的运营模式改变。

（4）敏捷开发方式与开源软件的发展。在大数据背景下，过去按顾客要求开发、迭代缓慢的模式，将无法适应时代。未来敏捷开发的快速方式肯定流行，开源软件的使用也将越来越普及。

（5）商业流程整体外包模式的发展。业务流程外包业务形态将发生根本性改变。过去呼叫中心、扫描、录入等业务流程外包低端业务，未来需要相当高端的IT技术为支撑。未来的业务流程外包一定需要为客户从业务上带来更多的颠覆，并创造新价值。

资料来源：钟明博. 服务外包产业向"出智慧"转变 [N]. 国际商报，2015-03-04.

## 讨　　论

1. 面对服务外包业的新挑战和新趋势，国际服务外包企业应当怎样选择其竞争战略？如何考虑相匹配的市场战略？

2. 调研一家国际服务外包企业，思考其应当实施什么品牌战略？怎样选择能够形成竞争优势的定位？

# 第七章　构建、交付和获取顾客价值

☞ 本章学习目标

- "整体产品"的概念、层次与营销意义
- 服务产品的分类与开发过程
- 产品组合与产品线决策
- 员工关系与内部营销
- 服务质量与互动营销
- 顾客黏性与关系营销
- 分销与分销渠道
- 渠道关系与管理
- 制订价格的过程与方法
- 主动发起价格变动与应对竞争者价格变动

☞ 开篇案例

### 长城汽车摸索到海外经营之钥

2019年长城汽车董事长魏建军提出，长城汽车要"走出去"、实施全球化战略，如今已是第二年了。其实，长城汽车的出海从1998年算起，已经走了20多年，也积累了不少经验，内部培养了一批精干的业务骨干。他们这支长城汽车的"奇兵"在平时并不为外界熟知，但却为长城汽车国际化立下了不小的功劳，也是魏建军对长城"走出去"如此有底气的原因之一。

在2020（第十六届）北京国际汽车展览会上，长城汽车公司销售国际副总经理孙光接受采访，披露了目前长城汽车海外业务现状。

"目前长城汽车的主要销售地区，在中东（以沙特为首）、中南美（以智利为首）、南非、澳大利亚和新西兰以及俄罗斯。22年来总体出口的保有量70万台，覆盖国家60多个，海外网络数量总计超500余家。去年（2019年）总体海外销量是6万5千台，今年（2020年）上半年受疫情的影响，所以我们今年目标是7万台，同比增长5 000台。"孙光介绍，"经过多年摸索，长城汽车目前在部分海外地区走到了品牌建设高度，单纯的销量目标已经不再是最重要的命题了。"

谈到如何让一个海外新品牌在当地市场立足，孙光总结出三个阶段。第一阶段，纯贸易阶段，"把货卖出去就行，管不了很多"；第二阶段，初步建立渠道，能够自主筛选合作经销商和销售网络；第三阶段，完全走出去，打响品牌，在海外设立子公司。目前澳大利亚、

# 第七章　构建、交付和获取顾客价值

南非以及后续南美和中东都将设立子公司,"我们将品牌建设放在首要位置。在海外如何长久地在市场上立足并持续经营下去,就要通过品牌溢价来赢得海外的利润。"

不过,品牌立足的根本在于为当地市场专门优化的产品,这一点中国人其实很有体会。目前在国内的合资品牌和豪华品牌,都通过加长、电动化等版本来满足中国人的特殊喜好,而长城汽车在海外也一样会照顾到当地需求。孙光说:"在我们展台上那么多优秀的产品,并不是每个产品都能到海外去卖。我们这些产品要符合当地法规的要求和当地环境的要求,所以产品的适应性是一项挑战。虽然车型外观一样,但是每个市场的产品内核是不一样的。所以我们在区域市场上,产品是区域化、属地化的。"

售后服务代表着一家企业在当地经营的口碑。当一个陌生的品牌到来时,优秀的售后服务能够在一定程度上弥补品牌影响力的不足,还能帮助品牌在当地树立口碑,让当地消费者看到品牌在当地经营的恒心。"对于我们的售后服务,其实也是海外客户最关心的,中国品牌是不是卖几年就不做了?因此,改进售后服务成为我们首要的工作之一。另外,能够辐射区域的配件中心是保证售后服务的基础,我们在澳大利亚、俄罗斯等地都设立了能够辐射周边国家和地区的配件生产中心。"

资料来源:王鹏杰.20余年发展,长城摸索到海外经营之钥——访长城汽车股份有限公司销售国际副总经理孙光[EB/OL].环球时报汽车周刊,2020-09-29. https://mp.weixin.qq.com/s/2aGQy1apMMCUnGROxG6ICg.

**思考与分析**

1. 长城汽车在构建和交付顾客价值方面,主要做了什么?
2. 开展国际服务外包营销,我们可从长城汽车的经验中学到什么?

企业要为自己选定的潜在顾客,开发、提供与之匹配的市场提供物。这是市场交换的实质内容,也是满足顾客需要和欲望的重要基础。构建、交付和获取顾客价值,也就是决定产品战略、分销战略和定价战略。为目标市场发展合适的营销组合,也一直是营销决策的重心。

## 第一节　产品:构建顾客价值

人们通常所理解的产品,是具有某种物质形状、用途的物品,一种看得见、摸得着的东西。营销学认为这是狭义的,广义的产品包括"向市场提供的,引起注意、获取、使用或消费,以满足需要和欲望的任何东西。"[①] 国际服务外包企业为客户提供的服务业务,作为市场提供物,当然也是一种产品。

### 一、"整体产品"概念

营销者通过产品构建顾客价值。营销学意义上的产品,无论是有形的物品或无形的服

---

① [美]菲利普·科特勒,加里·阿姆斯特朗.市场营销:原理与实践(第16版)[M].楼尊,译.北京:中国人民大学出版社,2015:227.

## 国际服务外包营销：基于创造顾客满意的视角

务，抑或其他表现形式，作为顾客通过购买、租赁所得的满足，都是一种"需求解决方案"或载体。可将它们区分为不同层次，每个层次都可以努力增加更多的顾客价值，所有层次系统整合，构成了提供给市场的"整体产品"。

应用较早、较广的是三层次认识的"整体产品"概念。依据它们在满足顾客中提供的价值和作用，分为核心产品、形式产品和延伸产品等（见图7-1）：

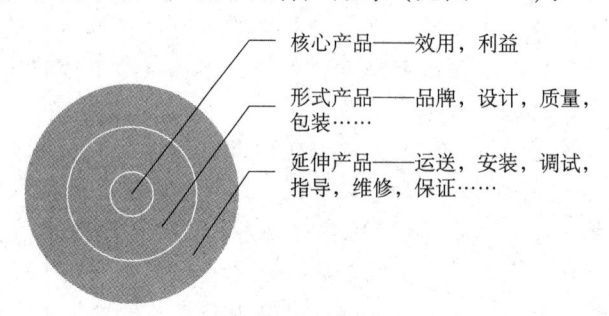

核心产品——效用，利益

形式产品——品牌，设计，质量，包装……

延伸产品——运送，安装，调试，指导，维修，保证……

**图7-1　三层次认识的"整体产品"概念**

### （一）核心产品

核心产品是顾客真正想要获得的利益和效用，也是整体产品的核心部分。如前所述，人们购买、使用口红等，所追求的是"好看"；购买汽车也是为了提升生活品质、满足出行便利。同理，一个企业将其有关业务外包，或者说购买服务外包企业的相关服务，一般也是为了扬长避短——专心做好自己最能干的，把其他工作外包给能做得更好的，从而控制成本、提高效率和降低风险，尤其是增强核心竞争力。所以，营销人员要擅长具体问题具体分析，挖掘、发现其产品与顾客的期望之间的联系，不仅仅只是描述产品特点。

### （二）形式产品

形式产品是承载核心产品的具体形态，即向市场提供的产品实体和服务的性状。如果产品是实体如口红、汽车等，则是指它们看得见、摸得着的内容，如品牌、设计（式样、特征等）、质量和包装等；如果是服务，则主要通过服务的设施设备，服务人员技术水平、熟练程度和态度，以及企业的商号、商徽和声誉等间接地表现出来。同样的核心产品，可以有不同的形式产品。所以市场上的口红、汽车等可以有千差万别的造型、设计；服务外包企业提供的产品属于服务，也有各种各样的具体内容、类型和方式。

形式产品可为企业更好地构建顾客价值，提供广阔的创新空间。企业首先必须识别出潜在顾客追求的利益，由此进行具体的价值设计，努力寻求可承载核心产品的更好的表现形式，以更完美地匹配他们的需求。

### （三）延伸产品

延伸产品也叫扩展产品，是顾客由于购买所派生的相关要求和希望。例如送货，提供安装、使用指导和调试，售后维修和保证等内容。假如是口红、化妆品等，人们会要求它没有不良的副作用；购买汽车，顾客可能看重它的安全可靠，也希望获得相关的赠品等；一些设

# 第七章 构建、交付和获取顾客价值

施设备和大件耐用消费品,可能要求送货、安装,使用指导、培训及维修服务……这样,买方才能完整获得产品提供的利益或效用。

可见,合适的延伸产品是不可或缺的,也是买方完整获得核心产品提供的价值和利益的重要保障。所以,常常是企业增强其产品吸引力的重要措施之一。

### ☞ 案例 7-1

#### iPad 的"整体产品"

人们购买一款 iPad,不只是简单为了获得一台平板电脑。他们希望通过购买获得娱乐、自我表达、效率以及与亲朋好友的关系——简直就是一个面向世界的个人移动窗口。

iPad 是一个实体产品。它的品牌、构件、风格、特征、包装及其他属性被精心组合在一起,以承载、传递"保持联系"这一核心顾客价值。

iPad 不仅仅是一种数字设备和硬件,它给顾客提供了一个完整的解决移动联系问题的方案。顾客购买了 iPad,苹果公司及其分销商还会提供一份对部件和工艺的保修单,一份如何使用的说明书,必要的快速维修服务,有任何问题和疑问可随时联系的免费电话,以及提供各种免费或收费应用软件及配件的网站。苹果公司还提供可将购买者不同的数字设备上的图片、音乐、文档、应用、日历、联系人和其他内容随时随地整合在一起的 iCloud 服务。

资料来源:[美] 菲利普·科特勒,加里·阿姆斯特朗. 市场营销:原理与实践(第16版)[M]. 楼尊译. 北京:中国人民大学出版社,2015:228-229.

## 二、服务产品与开发

国际服务外包企业的产品或市场提供物是服务。与所有服务企业一样,也面临有关提供何种产品,以及采用什么生产过程以创造这些的选择。

### (一)服务产品的分类

服务作为一种产品,有许多具体的分类方法。其中最主要的有两种。[①]

(1)依据主要依靠人还是设备完成服务过程,可分为高接触性服务和高技术性服务。前者指那些主要依靠人来完成服务过程的服务,后者则是利用自动系统、信息技术或其他有形要素完成服务过程的服务。

需要注意的是,高接触性服务既包括有形的资源,也包括以高科技为基础的服务系统;而在高技术性服务中,人的要素也是不可或缺。例如,顾客抱怨或自动服务系统出现失误,

---

① [芬兰] 克里斯廷·格罗鲁斯. 服务营销与管理:基于顾客关系的管理策略[M]. 韩经纶,等译. 北京:电子工业出版社,2002:35.

## 国际服务外包营销：基于创造顾客满意的视角

就必须由员工出面加以解决。在高科技服务企业，有许多以员工为主体的服务平台。甚至可以说，它们对人的依赖性更大。在这些高科技服务企业，一旦需要员工出面解决的，肯定都是非常关键的问题。如果这些具有高接触性的互动过程失败，企业就会失去补救失误的机会。因此，这些互动过程也是企业的关键时刻。

（2）根据顾客与服务企业的关系，可分为连续性的服务和间断性的服务。在有些行业，如工业清洗、保安、货物运输、银行等，以及服务外包行业，顾客与服务提供者之间存在长期的互动关系，这为企业与顾客建立良好关系提供了大量机会。在那些提供间断性服务的企业，如理发、医疗和维修等，虽然也能与顾客建立长期友好的关系，而且也是一种有利可图的做法，但要达到这个目的困难许多。提供连续性服务的企业，一般无法承受顾客流失带来的损失，因为争取新顾客的成本昂贵；提供间断性服务的企业，却可利用交易导向的营销模式成为赢利企业，虽然一般来说关系导向是更好的营销模式。

每一种服务都有其自身特性，必须考虑不同服务的类型的特点，有的放矢地进行服务产品的开发和管理。

☞ **链接 7-1**

### 3.0 时代服务外包的核心变化

服务外包是指以信息技术为核心的生产和提供手段，凭借专业的知识和智力资本，针对企业（组织）价值链中某一个或多个环节与职能，以服务或者嵌入式服务形态交付的经济活动的总称。

全球知名咨询公司及相关机构如 Gartner、NASSCOM 等，都对服务外包有过定义。尽管侧重点不同，但着眼点及关键特征基本形成共识：（1）从客户（发包商）的角度来看，服务外包是其一种经营战略的体现，是可以选择的一种服务获取形态。（2）以信息技术为基础。IT 技术是服务外包产生、发展及交易、交付的核心要素，不是利用信息技术手段提供的服务就不是服务外包。（3）发生在企业与企业（组织）之间，不涉及对消费者的服务，典型的 B2B。（4）提供的终端"产品"是无形的"服务"。（5）针对的是发包商企业的非核心职能或流程，不属于其核心竞争力范畴。（6）从发包商内部转移出来的职能和流程。（7）服务商不拥有服务过程中产生的知识产权。（8）中间产品。是针对客户内部职能的服务，不针对终端客户，属于过渡性、中间性的服务。（9）基本以数据和现代通信技术手段的形式交付。

然而随着社会和经济发展，服务外包活动已逐渐从企业内部流程中分离，不再仅仅作为执行内部流程和选择服务的一种经营模式，而是形成了一种独立的社会产业分工形态。同时随着服务外包应用越来越广，在同其他垂直行业的融合中，其商业模式、交付方式、服务范畴及内容都在不断演变升级。尤其是在新兴技术冲击下，服务外包产业的内容及特征都发生了颠覆性变革。

（1）非核心职能。目前越来越多的外包服务已经涉及发包商企业的核心职能，甚至是

# 第七章　构建、交付和获取顾客价值

核心竞争力的关键要素。不能再用非核心来定义外包服务了。例如研发设计外包的发展，微软将 Windows 系统开发外包。

（2）中间"产品"。越来越多的外包服务直接面向消费者，即客户的客户。如呼叫中心，提供的就是对消费者的服务，不再是中间产品而是最终"产品"。

（3）以数据形式提供，现代通信技术手段交付。在医药研发外包中，就有以产品形式交付，服务内嵌在产品中。

（4）内部职能或流程。现代服务外包，特别是放弃型外包逐渐成为主流，加上轻资产运营的发展，越来越多企业直接将还没有的职能或流程，通过外包服务方式获得。例如神州租车，其客户服务团队不是先自建再外包，而是直接寻找外包服务商完成。

（5）知识产权让渡。例如在日趋普及的云外包服务中，云服务商在为客户提供外包服务中并不让渡知识产权。

资料来源：齐海涛. 鼎韬观点：3.0 时代的服务外包［EB/OL］. 中国外包网，2013-12-31. http：//www.chnsourcing.com.cn/outsourcing-news/article/72473_2.html.

## （二）服务产品的开发

根据克里斯托弗·H. 洛夫洛克在其他学者研究基础上提供的一个模型，企业设计和传递服务过程中的决策，包括以下的关键步骤。[①]

**1. 计划、生产和传递服务**

开发服务产品，必须清楚企业的战略目标和可获得的资源，根据市场和竞争者分析、确定机会。要对细分市场及提供的服务进行定位，明确那些可以区别于竞争者的具有战略意义的特征。这与一般的产品营销并无不同。

然而，开展服务营销还必须考虑如何将定位和执行战略所需的运营资产联系起来。例如，企业有无能力配置所需的必要的有形场地、设备、信息、沟通技术和人力资源，以支持其定位；或者可否通过与中介机构甚至顾客本身建立合作关系，以获得这些资产。定位战略可否保证有足够的收益，扣除相关成本后还有可接受的利润和资产回报率。

接下来，是形成一种服务营销思想，阐明可给予顾客的利益和回报顾客需要承受的成本。营销思想考虑的顾客利益，包括核心服务和附加服务，这些服务的可靠程度，顾客在哪里和何时得到；成本包括金钱、时间、脑力和体力等。

同时，还要形成一种服务运营思想。即规定服务运营的地理范围和进度，描述场地设计和布置，表明应该如何以及什么时候部署生产能力完成特定工作，包括可否利用中介机构或顾客自身资产提供服务。最后要考虑哪些工作分配给前台完成，哪些交由后台执行（见图 7-2）。[②]

---

[①]［美］克里斯托弗·H. 洛夫洛克. 服务营销（第 3 版）［M］. 陆雄文，庄莉，等译. 北京：中国人民大学出版社，2001：314-317.

[②]［美］克里斯托弗·H. 洛夫洛克. 服务营销（第 3 版）［M］. 陆雄文，庄莉，等译. 北京：中国人民大学出版社，2001：315.

**国际服务外包营销：基于创造顾客满意的视角**

```
                    ┌──────────────┐
                    │ 企业目标和资源 │
                    └──────┬───────┘
              ┌────────────┴────────────┐
        ┌─────┴──────┐            ┌─────┴──────┐
        │ 营销机会分析 │            │ 资源配置分析 │
        └─────┬──────┘            └─────┬──────┘
              │                         │
    ┌─────────┴─────────┐      ┌────────┴──────────┐
    │ 定位描述           │      │ 运营资产描述       │
    │ 产品               │      │ 设施与设备         │
    │ 用以区别的特征     │      │ 信息和沟通技术     │
    │ 目标细分市场       │      │ 人力资源（人数和技能）│
    └─────────┬─────────┘      └────────┬──────────┘
              │                         │
    ┌─────────┴─────────┐      ┌────────┴──────────┐
    │ 服务营销思想       │      │ 服务运营思想       │
    │ 顾客利益           │      │ 运营的地理范围     │
    │ ·核心产品          │      │ ·服务的地区        │
    │ ·附加服务          │      │ ·单个地点和多个地点│
    │ ·服务可靠程度      │      │ ·设施的位置        │
    │ ·易接近性          │      │ ·电信联系          │
    │ 成本               │      │ 进度计划           │
    │ ·金钱              │      │ ·服务的小时/天/季节│
    │ ·时间              │      │ ·连续的或间断的    │
    │ ·脑力              │      │ ·若是间断的，频率如何│
    │ ·体力              │      │ 场地设计和布置     │
    │                    │      │ 运营资产的部署     │
    │                    │      │ ·什么工作          │
    │                    │      │ ·在哪里            │
    │                    │      │ ·在什么时候        │
    │                    │      │ 利用中介机构的运营资产│
    │                    │      │ 利用顾客的资产(合作伙伴│
    │                    │      │ 与自我服务)        │
    │                    │      │ "前台""后台"任务分配│
    └─────────┬─────────┘      └────────┬──────────┘
              │                         │
              └────────────┬────────────┘
                    ┌──────┴───────┐
                    │ 服务传递过程  │
                    └──────────────┘
```

图7-2 计划、生产和传递服务

## 2. 服务传递和评价

在设计服务及其传递过程中，企业必须进行一系列选择。根据克里斯托弗·H. 洛夫洛克的观点，服务营销和服务生产两种思想在这里形成了相互作用（见图7-3）①。

（1）在服务传递中，不同步骤应当如何排序，这些步骤应在哪里（地点）和何时（时间）实施。

（2）为了更好地传递服务，是否要将服务要素打包、捆绑。例如，一个服务企业是直接提供所有服务要素，还是把其中某些委托中介机构完成，诸如信息和预订等。

（3）服务提供者和顾客之间，合同的特征是什么。比如是顾客到服务提供者这里，还是服务提供者到顾客那里，或者双方通过邮递、电信等相隔一定距离进行交易（从声讯电

---

① ［美］克里斯托弗·H. 洛夫洛克. 服务营销（第3版）[M]. 陆雄文，庄莉，等译. 北京：中国人民大学出版社，2001：316.

# 第七章　构建、交付和获取顾客价值

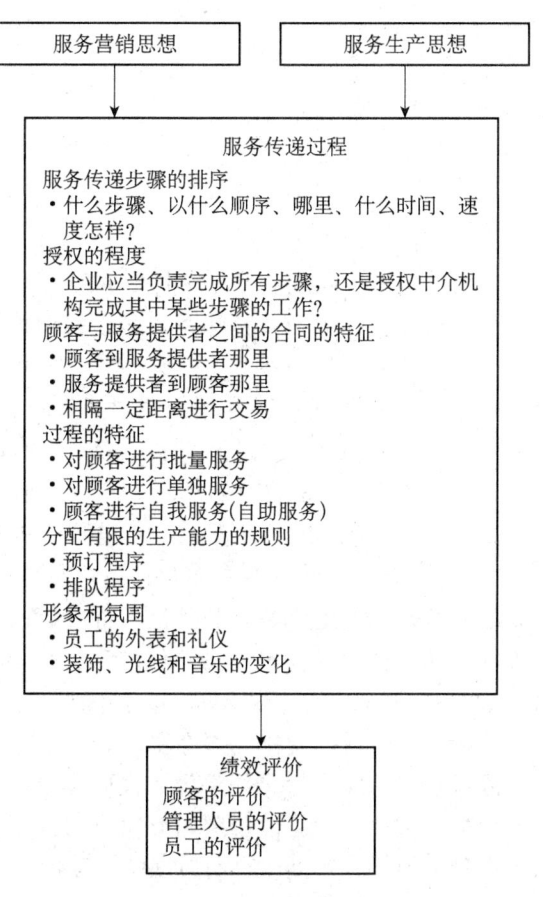

```
┌──────────────┐         ┌──────────────┐
│  服务营销思想 │         │  服务生产思想 │
└──────┬───────┘         └───────┬──────┘
       │                         │
       ▼                         ▼
┌─────────────────────────────────────────┐
│            服务传递过程                  │
│ 服务传递步骤的排序                       │
│ ·什么步骤、以什么顺序、哪里、什么时间、  │
│  速度怎样？                              │
│ 授权的程度                               │
│ ·企业应当负责完成所有步骤，还是授权中介机│
│  构完成其中某些步骤的工作？              │
│ 顾客与服务提供者之间的合同的特征         │
│ ·顾客到服务提供者那里                    │
│ ·服务提供者到顾客那里                    │
│ ·相隔一定距离进行交易                    │
│ 过程的特征                               │
│ ·对顾客进行批量服务                      │
│ ·对顾客进行单独服务                      │
│ ·顾客进行自我服务（自助服务）            │
│ 分配有限的生产能力的规则                 │
│ ·预订程序                                │
│ ·排队程序                                │
│ 形象和氛围                               │
│ ·员工的外表和礼仪                        │
│ ·装饰、光线和音乐的变化                  │
└────────────────────┬────────────────────┘
                     ▼
            ┌─────────────────┐
            │    绩效评价      │
            │  顾客的评价      │
            │  管理人员的评价  │
            │  员工的评价      │
            └─────────────────┘
```

图 7-3　服务传递和评价

话到网络）。

（4）服务过程中，每个环节特征是什么。例如，对顾客是提供批量服务还是单独服务，或者他们参与自我服务。

（5）服务的规则是什么。企业是否应当使用预订系统，或在必要时采用"先来先服务"原则的排队系统，或为某些类型的顾客建立一个优先权系统。

（6）服务传递的环境，应当建立什么样的外观和氛围。如果是高接触性服务，要考虑场地设计和布置，员工制服、外表和态度，家具和设备类型，音乐、光线和装饰的使用等问题。选择的地点及周围区域的特征，也会对顾客的整个体验产生影响。

最后是绩效的评价。顾客满意度在很大程度上取决于使用者如何看待与他们的期望相比较的服务表现。企业及管理人员则可能使用更正式的标准，以衡量服务在某些特征方面的绩效，并同预先确定的标准比较。此外，还要激励员工的投入和参与。

## 三、产品组合与产品线

每个企业提供给市场和顾客的,都可能不会只有一种产品或服务。它们之间的关系,构成了产品组合与产品线。

### (一) 产品组合与相关概念

产品组合是企业提供市场的全部产品线、产品项目形成的产品结构,反映这个企业的经营范围。为了实现营销目标,满足目标市场及其顾客,必须努力设计和不断优化产品组合。产品线是产品组合中,某一类产品或产品系列。它们是一组密切关联的产品,比如,以类似方式发挥功能,售给相同的顾客群体,通过同样的渠道进入市场;或属于同样的价格范围等。产品项目则是指产品线上不同的品种,以及同一品种的不同品牌、款式等。

产品组合可从宽度、长度、深度和关联度等方面考察。产品组合的宽度,反映一个企业产品线的多少。假设有一家公司,其产品线为手机、平板电脑、音乐播放器、电脑和智能手表等,产品组合的宽度即为5。长度是指产品项目多少;以产品项目的总数除以产品线的数目,得到产品线的平均长度。还是以上述公司为例,若产品组合的总长度为22个产品项目,平均长度则是4.4(22/5)。深度是指在产品线中,每个产品项目有多少款式、品种和具体规格等。假如其中的某款型号手机有银色、深空灰、金色和玫瑰金等4种颜色,并且各有16GB、64GB和128GB等3种内存容量的选择,深度就是12(4×3)。统计每一种产品项目颜色、内存容量的总数,除以项目总数,为平均深度。关联度是指各产品线在最终的用途、生产条件、渠道或其他方面的一致性和相关性。例如上述公司,5条产品线都属于电子消费产品,可以同样的销售终端进入市场,产品组合有较强的关联性。

### (二) 调整和优化产品组合

产品组合的状况,直接关系销售和利润。因此,企业要对现有产品组合系统进行评估,尤其是分析产品线的销售额和利润、产品项目的市场地位和变化等,以决定增加还是剔除某些产品线、产品项目,调整和优化产品组合。

**1. 扩大产品组合**

如果企业发现和确认,现有产品线的销售和盈利未来可能下降,就要考虑是否引进、增加新的产品线,或加强其中有发展潜力的产品线。

根据产品组合的四种维度,可以考虑:

(1) 扩展产品组合的宽度。即在现有的产品组合里增加新的产品线,扩大经营范围,实施业务多样化,分散风险。

(2) 增加产品组合的长度。主要通过增加产品项目,使有关产品线更加丰满充实,成为一家更全面的产品线公司。

(3) 延长产品组合的深度。在原有产品线、产品项目中,通过增加款式、品种和规格等,占领同类产品更多的细分市场,满足更广泛的需求,增强在行业中的竞争力。

## 第七章 构建、交付和获取顾客价值

（4）加强产品组合的关联度。提高产品线、产品项目之间的一致性和相关性，有助于在特定市场和领域增强竞争力，为企业赢得更高声誉。

**2. 缩减产品组合**

在市场繁荣时期，较长或较宽的产品组合可以带来更多的盈利机会。但在市场不景气或原料、能源供应紧张时期，缩减产品组合也可能使总的利润上升。因为剔除了那些获利小甚至亏损的产品线、产品项目，企业可集中资源于赢利能力强的产品线和产品项目。

### （三）产品线决策

**1. 产品线延伸**

产品线延伸是指通过全部或部分改变原有产品的市场定位，以发展新的产品项目的一种战略。按其发展方向，具体有三种方式。

（1）向下延伸，在高端产品线增加低端方向的产品项目。这一选择适用于以下情况：高端产品销售增长缓慢，资源设备没有被充分利用，为赢得更多的顾客而将产品线向下伸展；最初进入高端市场是为了建立品牌声誉，然后进入中低端市场，以扩大市场份额和销售增长；利用高端品牌声誉，吸引购买力较低的顾客慕名购买产品线中低价产品；补充产品线的空白。

（2）向上延伸，即在原产品线增加高端产品项目。这就需要考虑：高端市场是否具有更好的成长性和较高的利润；企业技术、设备和营销能力等，是否具备进入高端市场的条件；如何重新进行产品线的定位。

（3）双向延伸。原定位于中端市场，掌握市场优势以后，同时向产品线上、线下两个方向延伸。例如，假日酒店公司将其酒店分为五个独立的连锁店系统，以针对五个不同细分市场——高级的皇冠广场、传统的假日酒店、可欠费的假日 Express、商务假日 Select 和假日 Suites & Rooms 等。

**2. 产品线现代化**

强调把现代化科技应用于生产过程。有时候虽然企业产品组合的广度、深度和长度等都适宜，但生产方式已经落后，并影响了生产、营销的效率效能。因此需要实行产品线现代化，对现有产品线进行技术更新或改造。

决定进行产品线现代化，必须考虑是逐步实现产品线技术改造还是以最快的速度、全新设备更换原有设备。逐步实现产品线现代化资金较为节省，但容易被竞争者发现、跟进；快速实现产品线现代化，短期内需要大量资金支持，但也可以快速产生市场效果，并对竞争者形成威胁。

**3. 产品线特色化和削减**

企业在一条产品线中，选择一个或一些项目作其特色产品。比如生产和提供少量高价、尖端的产品或服务，购者寥寥，目的在于由此提高整条产品线档次；也有一些零售商，提供一些"市场最低价"的产品，以树立特别物美价廉的品牌形象，带动其他正常定价产品的销售。

企业还要定期地检查产品项目，考虑产品线削减的问题。产品线中可能有一些利润减少、销售疲软的项目，或企业缺乏足够的生产能力，就要考虑是否缩短产品线。

☞ 案例7-2

### 并购助力博彦科技转型升级

博彦科技成立于1995年，是亚洲领先的全方位IT咨询、服务及行业解决方案提供商。在全球三大洲六个国家，设有超过30个分支机构和交付中心，具备全球范围的交付能力和灵活多样的交付方式。

博彦科技总裁兼首席运营官马强认为，"传统的以规模、人数增长的模式，在目前中国的环境中是不可持续的，必须对传统服务外包业务优化。"因此从2014年开始，博彦科技将一些盈利较高、但与公司发展方向不一致的业务剥离，集中精力向新领域转型。

马强说，最近主要从三个方面努力。首先，对传统服务外包领域进行优化，包括客服和服务商方面，通过升级稳住传统业务。其次，进行微创新。积极发挥员工创造性与使命感，在一些新技术如云计算、大数据进行创新，甚至孵化一些新项目放到公司外部。最后，进行并购。将外部的新技术和新服务模式带到内部。

2014年并购上海泓智，博彦建立了完善的金融服务体系，已经可以打出"博彦金融"品牌。收购美国TPG咨询公司，为博彦科技拓展了全新领域。TPG主推市场客户拓展，服务于美国本土的丰田、雷克萨斯等公司，提供商业网站架构设计、用户体验策略设计及网站运营维护管理，还提供商业大数据挖掘与分析等新兴业务。2015年5月，博彦又与美国Piraeus Data LLC股东就收购PDL100%股权达成协议。PDL是从事高端服务业的公司，业务领域有管理咨询、商业智能、数字营销分析、数字化服务等。博彦可以更高效切入高端服务市场。

总结转型之路，马强认为博彦科技步伐稳固。第一步，是从传统服务外包企业转向行业解决方案；第二步是转向垂直行业，放弃大而全转向小而美，在某一行业中占据垄断地位。

资料来源：武连峰. 颠覆与重构：中国服务外包企业在升级 [J]. 服务外包，2015 (6).

## 第二节 服务营销与管理

国际服务外包企业提供给顾客的产品是有关服务业务。服务产品本身特性决定了服务营销与产品营销的特点不尽相同。克里斯廷·格罗鲁斯提出一个"服务营销三角形"，指出内部营销、互动营销和外部营销等在服务营销与管理中具有重要作用（见图7-4）。[①]

---

① [芬兰] 克里斯廷·格罗鲁斯. 服务营销与管理：基于顾客关系的管理策略 [M]. 韩经纶，等译. 北京：电子工业出版社，2002：38-40.

# 第七章　构建、交付和获取顾客价值

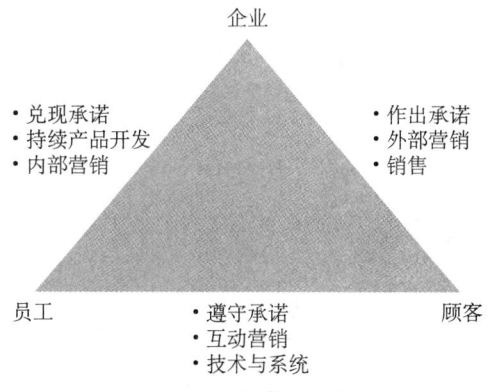

图 7-4　服务营销三角形

## 一、员工关系与内部营销

最初的内部营销,主要作为提高服务传递质量的一种方法。在服务中,人的因素及个体差异造成了服务产出效果的不连续性,也导致了质量水平的不均衡。为了获得相对一致的高质量服务产出,特别是服务质量成为竞争中唯一的、真正的差异化因素时,吸引、保持和激励员工尤为关键。为了顾客满意,企业必须使员工满意。运用"类似营销"的方式,视员工为"内部市场",工作为满足"内部顾客"需求的产品,通过创造更多的员工满意,进而创造更多的顾客满意。

### (一) 内部营销的必要性

内部营销的主要任务之一是建设和发展良好的员工关系。员工的态度、努力和工作表现,直接关系企业的正常运营和目标的实现。对于服务企业和服务营销,员工关系尤其意义重大。

**1. 员工是最重要的基础资源**

企业的方针政策、计划和营销努力,要得到外部顾客、市场的认可与好评,必须获得员工的理解和支持,并依靠他们的身体力行付诸实现。没有良好的员工关系,不会有满意的员工;没有满意的员工,不会有满意的顾客;没有满意的顾客,更不会有满意的股东(见图 7-5)。

图 7-5　员工关系的基础作用

### 2. 员工是企业形象的具体代表

服务企业的许多员工和部门，经常与外部顾客接触，一言一行都会给市场留下或好或差的印象。他们充当企业与外部互动的触角，直接展示出企业、品牌形象的某一方面。在一般顾客和公众眼中，"企业"的概念可能是抽象的，"员工"却是具体的、活生生的。员工的言谈举止常常会被认为代表企业、品牌本身，他们的表现自然会对企业形象发生影响。

### 3. 员工是企业智慧的主要来源

良好的员工关系，可使员工具有更强烈的责任心和合作意识，调动工作热情和积极性、主动性，发挥创造力，为企业成长尽心尽力，贡献聪明才智。

## （二）内部营销的"产品"

开展内部营销，同样可以使用一般营销的理念和方法。例如，要对"内部市场"进行市场细分，考虑和选择满足"内部顾客"的营销组合。其中，提供什么用以交换员工满意，是实施内部营销的关键。

一般来说，企业可通过调研，分析员工为何愿意、怎样乐于在企业工作以及期望从企业获得什么等入手，设计内部营销的"产品"或"市场提供物"。

### 1. 薪酬

薪酬一般是员工普遍关心的问题。与员工分享企业发展的成果和利益，给付公平合理的薪酬待遇，也是保护员工积极性、激励工作热情的前提。

薪酬是对员工的贡献包括态度、行为和业绩等提供的回报。广义上说，包括工资、奖金和休假等外部回报，也包括参与决策、承担更大责任等内部回报。外部回报是基于与企业的雇佣关系，员工从自身以外获得的，也称"外部薪酬"，包括直接薪酬和间接薪酬。前者如基本工资，作为激励薪酬的绩效工资、红利和利润分成等；后者即福利，包括提供保险、非工作日工资、额外津贴和其他待遇，如单身公寓、免费工作餐，等等。

员工对内部回报的要求，主要体现在对职业生涯和个人成长等的关注。员工为企业做出贡献，也会希望自己的能力、表现得到认可，能有机会在更大范围一展身手，萌发职务晋升等念头。为了成长和提高，希望有进修学习等机会。关心和合理满足这些要求，可以发挥良好的激励作用。

### 2. 工作岗位和内容

一般来说，人们总是向往有意义、感兴趣的任务，希望在工作中发挥长处，个人能力也能得到提高。不同个体对"意义""兴趣"的认识是有差异的，更可能与企业的用人要求不一致。企业分配岗位和任务，有时就可能与员工愿望脱节，甚至发生冲突。不注意这种矛盾的可能性并及时沟通、引导共识，既不利于调动员工个体的积极性，还可能会影响群体和组织效率。

### 3. 工作环境

这一般是指的是可对企业运行和员工工作产生影响的周边条件。可以是人文因素，如心

# 第七章　构建、交付和获取顾客价值

理的、社会的影响，构成工作中的"软环境"，也可以是物质因素，如温度、湿度、洁净度、粉尘等。物的因素包括工作场所的房屋维护，设施设备，灯光照明，噪声，取暖、通风、空调和电器装置的控制，工作区域的绿化和绿化面积，以及与工作环境有关的安全隐患等，构成了工作中的"硬环境"。

就"硬环境"而言，员工一般希望是有安全保障，环境舒适，能令人赏心悦目。良好的工作条件，可使员工感受"以人为本"的尊重，形成良好的工作体验。一旦他们视工作也是一种乐趣，在工作中会迸发出更多热情和创造性。

**4. 感情交流**

员工为企业工作，不仅有物质方面的考虑，也有精神的需要。例如，与同事建立彼此信任、相互帮助的友好关系；被正式组织和各种非正式组织接纳，不会遭到排斥、孤立；得到组织的重视和认可，意见和建议为上级、同事所重视；工作中能取得突出业绩，体现自身价值……所以，企业有责任创建良好氛围，帮助员工健康成长。使其能够积极参与，树立自尊和责任感，充分挖掘潜能和发挥工作积极性；在组织中获得安全感、归属感，形成感情的慰藉。

## （三）内部营销的沟通

内部营销需要沟通和维护员工关系。与内部顾客沟通的信息，性质上可区分为员工希望知道的和企业需要员工知道的，据此考虑、选择沟通的方式与渠道。

**1. 员工希望由企业获取的信息**

这一类信息通常与员工的切身利益直接相关。因此，他们急于知道、乐于知道，沟通要及时、迅速和准确：

（1）基本情况。包括企业历史和发展过程，业务性质、组织规模和内部结构，社会声誉和行业地位，经济和社会效益，财务成果的使用原则，等等。

（2）薪酬体系、制度和发放标准。

（3）与工作职责有关的内容。如岗位职责和具体要求，圆满完成任务的明确标准，奖惩标准；行政关系和同事相处的规则；怎样适应企业环境，并获得个人职业生涯的成功；上级的看法、要求和希望；等等。此类沟通有助于员工明确努力方向，认识自身不足并改进。

（4）人力资源政策。尤其是人事制度，比如人事变动及职务升迁，原因和条件等。增强透明度，有利于员工参与和监督，防止产生不公平感。

（5）员工新闻。如企业开展体育、文娱活动的信息，员工工作、生活中的趣闻轶事，员工生日与祝贺等。可加强员工之间、员工和企业的情感交织。

**2. 企业期待员工了解的信息**

这一类信息是企业需要员工知道和掌握的，但与员工近期或直接利益未必显著相关，他们不一定太关心的。因此，要选择员工喜闻乐见的形式沟通：

（1）企业文化和社会责任。包括企业使命、愿景和价值观，社会责任与认识，顾客观念和服务文化等。可帮助员工理解日常工作的意义，更快地融入企业和团队，为全体员工提

## 国际服务外包营销:基于创造顾客满意的视角

供行动的指南。

（2）企业发展中面临的问题。如生产、技术和营销等遇到的困难，竞争者的发展和挑战，顾客或公众关于企业、产品的认识和评价……如实相告，能凝聚人心，争取员工谅解和参与，增强危机感、紧迫感。

（3）企业政策和重大决策。需要员工了解背景和动因，预期效果与成果，企业需要的变革以及可能对他们的影响和要求等。通过沟通，有助于消除员工疑虑，增添信心，争取理解、配合与支持。

（4）生产和业务知识、技能等。如安全生产、提升效率的技能，运用新技术、新装备的培训。

（5）企业领导者和模范人物事迹。如历任领导者的战略思想、领导艺术和历史地位，模范人物的荣誉和事迹等。可增强与优秀人物共事的荣誉感，因有卓越的领导者而对前景更有信心。

（6）法制教育。教育员工遵纪守法，维持良好的工作秩序，在社区为企业带来良好的声誉。

## 二、服务质量与互动营销

互动营销也称交互式营销，是服务业一线员工对顾客及其需求的即时响应。这种买卖双方之间的互动一旦形成良性循环，不仅可对顾客购买及重复购买产生一定影响，还能为企业带来新的销售机会。其中，服务传递及质量水平与顾客感知，是服务营销与管理中，员工与顾客互动的核心问题。

### （一）确定和改进服务质量的不足

帕拉舒曼（Parasuraman）、柴特哈姆（Zeitheml）和贝里（Berry）等学者曾提出一个系统的服务质量概念模型。他们认为，不了解顾客的期望，或了解顾客期望但没有纳入服务规范，或服务实施与规范不匹配，以及营销沟通宣示的与服务实施的实际状况存在着差异等，最终导致顾客所期望的和实际得到的之间出现的差距，影响了服务的提供和质量水平（见图7-6）。[①]

针对这些问题，三位学者相应地提出了解决的思路和建议。

**1. 顾客预期与管理层感知之间的差距**

管理层不能正确地把握顾客的需要和欲望，或不能正确地判断他们如何评价服务构成的各项内容，就可能将服务提供引导到错误的方向。例如，服务外包提供商以为顾客要的是价格低廉，其实他们关心的是服务提供能力和水平。

因此，一定要从顾客的视角出发，以准确把握顾客的期望：

---

① [美]克里斯托弗·H. 洛夫洛克. 服务营销（第3版）[M]. 陆雄文，庄莉，等译. 北京：中国人民大学出版社，2001：470-472.

# 第七章 构建、交付和获取顾客价值

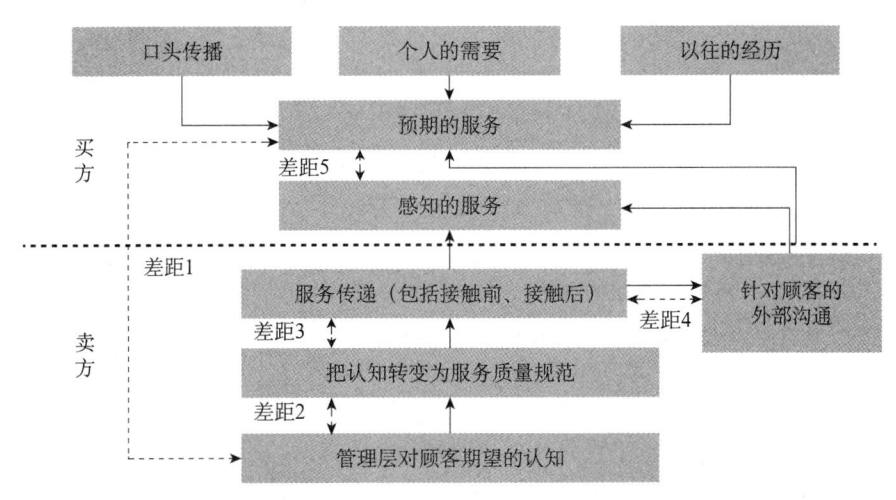

图 7-6 服务质量的概念模型

（1）通过调研、投诉分析和顾客小组讨论等，深入了解顾客的想法和要求。
（2）增加管理人员与顾客直接交流、互动的机会，增进了解。
（3）改善从顾客接触人员再到管理层的上行沟通方式，尤其是要减少两者之间的层次和不必要的中间环节。
（4）把获得的信息和观念转化为实际行动。

**2. 管理层感知与服务质量规范之间的差距**

有时候管理层能够正确感知顾客预期，但没有建立相应的服务规范。或要求不够明确，或标准清楚但不切合实际，或切合实际但没有真正落实。比如呼叫中心规定，顾客电话铃响5秒钟内要有应答。可是在操作中达不到标准时，既不增加人手，也没有采取其他的措施，服务规范流于形式。

解决办法是建立正确、有效的服务质量标准。例如：

（1）确保企业和管理层能不断努力，切实从顾客视角界定服务的内容、质量和标准。建立明确的、具有挑战性又可操作的、详尽的服务质量目标。
（2）中层和部门管理人员要根据所在单位的任务，设定顾客导向的服务标准和规范，不断加强员工的责任意识。
（3）加强培训，提升管理人员领导员工传递优质服务的技能。
（4）对重复性的工作进行标准化。使用可靠、适用的设施设备和技术替代人工接触，鼓励生产革新、不断改进工作方法，以保证服务质量的一致性。
（5）确保员工了解和接受服务质量目标以及优先顺序。明确规定谁的工作对服务质量影响大，谁就应得到更高优先权。
（6）要对绩效进行衡量，定期反馈。对于实现质量目标的管理人员和员工给予奖励。

**3. 服务质量规范和服务传递之间的差距**

要保证服务实施达到规范和标准，需要努力做好以下基础工作。
（1）使员工理解其角色和工作。确保所有的员工都清楚自己的职责，尤其是对顾客满

## 国际服务外包营销：基于创造顾客满意的视角

意度的影响和贡献。可通过员工参与包括服务标准的制订，减少和消除员工之间的角色冲突。

（2）为每个岗位的工作，遴选和安排能力、技术匹配的员工。

（3）提供相关技术和其他培训，不断帮助员工提高、完善工作所需的本领和技能。包括讲授顾客的期望、感知和问题；训练、提升人际沟通能力，尤其是紧急情况下与顾客打交道的技巧；掌握设定优先顺序、进行时间管理等方法。

（4）选用合适、可靠的设备与技术，以支持员工提高工作绩效。

（5）提供富有新意和竞争力的招聘以及"留人"办法，吸引优秀人才并建立忠诚度。例如，有意义、及时、简单、准确和公平的奖励制度，可将报酬、表彰与优质服务提供联系起来的业绩衡量体系等。

（6）合理分权，一些决策权下放基层单位。例如，赋予相关人员可在现场做出某些决定的权力，允许他们自主选择实现目标的方法等。

（7）营建浓郁的顾客导向服务文化。要保证其他部门和岗位，自觉自愿并乐于为直接服务于顾客的一线员工提供强有力支持，成为他们生产、传递优质服务的坚实"后盾"。例如，建立网络，使员工之间沟通、合作更便捷；使用团队奖励为主要的激励手段。

（8）引导顾客参与。把顾客看作"半个员工"，阐明他们在服务传递中的作用，培养和激励他们扮演好的"合作生产者"或"产消者"。

**4. 服务提供与营销沟通之间的差距**

企业还必须努力保证服务传递与承诺的一致性。例如：

（1）制作新的广告、宣传材料等营销信息，邀请一线生产人员参与，或由承担实际工作的员工出演广告。请服务提供者在顾客看到之前，进行信息预审。

（2）营销人员可邀请生产人员与潜在顾客面对面座谈。

（3）企业内部可通过一些教育性、激励性和广告性活动，加强营销、生产和人力资源管理等部门的联系。

（4）切实保证在不同地点、场合与媒体上，传递的同一服务的标准做到口径一致，是"一个声音"在说话。

（5）保证传播内容能准确反映顾客与企业接触时，他们最看重的服务特征。

（6）对顾客期望进行管理。要让顾客了解什么可能，什么不可能及其原因。对于可能导致服务提供产生缺陷的不可控因素和理由，要做出确定说明。

（7）可以不同价格为顾客提供不同水平的服务，并说明其中的差异。

### （二）顾客感知服务质量的决定因素

企业还需要了解潜在的顾客如何感知服务的质量，以提高互动营销的针对性和有效性。根据贝里和帕拉舒曼、柴特哈姆等人的研究，要注意五个方面：[①]

---

① ［芬兰］克里斯廷·格罗鲁斯. 服务营销与管理：基于顾客关系的管理策略［M］. 韩经纶，等译. 北京：电子工业出版社，2002：54－55.

# 第七章 构建、交付和获取顾客价值

(1) 有形性。与企业的设施、设备和原材料等相关,也与员工仪表相关。

(2) 可靠性。保证准确、及时地提供第一次服务。

(3) 响应性。员工乐意帮助顾客,能对顾客的问题给予迅速、有效的解决。

(4) 真实性。员工行为可增强顾客对企业的信心,同时也让他们感到安全、放心。员工要有诚意,还要具备解决顾客问题必需的知识、技能。

(5) 移情性。设身处地为顾客着想,并对顾客给予特别关注。营业时间要充分考虑顾客的实际情况。

## 三、顾客黏性与关系营销

外部营销的直接对象,主要是顾客。关系营销(relationship marketing,RM)"通过创造卓越的顾客价值和满意度,建立和维护与顾客之间有利可图的长期关系"①,诚如菲利普·科特勒所言,其"主要关注合作伙伴和顾客,而不是企业的产品;更加重视保留和增加顾客,而不是获得顾客;主要依赖跨功能团队,而不是部门工作;更加注意聆听和学习,而不是说服"②。格罗鲁斯明确指出,"关系营销的目的就是要发现、建立、保持和强化与顾客的关系。当然在有些情况下,如果需要的话也会中断与某些顾客的关系,以更好地满足其他顾客的经济和其他需要。这个目的是双方在不断做出承诺和履行过程中来实现的。"③

国际服务外包企业直接面对的顾客,是国际服务外包发包商。实施关系营销就是要通过持续互动和沟通,增强彼此之间的依赖和不可更换性,建立更加长久的"伙伴"关系,提升顾客黏性。

### (一) 选择关系营销的对象

一般可通过市场分析、顾客分析和销售分析等,对顾客和潜在顾客分类,从中发现和提出需要关系管理的顾客。并建立相关数据库,内容包括顾客及其关键人物的基本情况、背景资料等。

关系营销是作为交易营销的对称提出的。一般来说,交易营销更关心如何达成交易。满足顾客是为了实现商品价值,所以要提供、经营能够畅销的产品。营销活动主要被视为"创造购买",就是同能够左右购买的买方人员交往、劝导、说服。本质上是把买卖双方关系界定为"你买我卖",因此多用于转换成本低的顾客。关系营销不然,认为向现有顾客继续销售,比吸引新顾客更为合算。顾客"体量"、规模在大型化,数量却在减少,每个客户的重要性都进一步提高;"交叉销售"的机会越来越多;购买大型设备、复杂产品的用户增

---

① [美] 菲利普·科特勒,加里·阿姆斯特朗. 市场营销原理(第9版)[M]. 赵平,王霞,等译. 北京:清华大学出版社,2003:550.

② [美] 菲利普·科特勒. 科特勒精选营销词典[M]. 俞利军,译. 北京:机械工业出版社,2004:140-141.

③ [芬兰] 克里斯廷·格罗鲁斯. 服务营销与管理:基于顾客关系的管理策略[M]. 韩经纶,等译. 北京:电子工业出版社,2002:18.

## 国际服务外包营销：基于创造顾客满意的视角

多，销售只是关系的开端……善于和顾客建立、维持良好并牢固的联系，可从顾客那里获得更多未来的机会。关系营销尤其适合目光长远、转换成本高的顾客，因为他们更倾向于建立长期的交易关系，更换卖主对双方都会是一种损失。

### （二）明确职责范围并有专人负责

企业要为担当关系营销职责的有关营销人员，例如客户经理，规定其负责的对象、具体目标、责任和绩效评估的标准。客户经理直接面对顾客，是有关顾客一切信息的汇聚点，也是动员、组织内部各部门提供顾客服务的中心。每个客户经理一般负责一个、一类或少数几个顾客的关系管理。

### （三）制订长期的以及年度的工作计划

客户经理必须考虑与顾客沟通的目标、战略、要求和方式方法，遵循不同对象不同信息的原则，制订计划和实施方案。根据数据库的资料，如顾客特征及偏好等，通过不同方式和渠道，分别传达专门的信息。

关系营销需要沟通的信息，与一般的促销传播不同。虽然最终都和营销、销售有关，但一般的促销多为配合交易营销，着力于短期见效、尽快实现交易；关系营销意在长期关系和效果，重在培养双方之间的连续性合作。因此，主要是向顾客表达对其根本利益的关切，帮助他们认识和理解，保持关系双方受益，中断来往双方受损。沟通方式更直接，针对性更强。所以需要经常联系顾客，向他们提出各种有用的建议，不是要做业务了才想到他们；关心顾客的现状，了解他们的问题和机会，及时以恰当的方式为他们服务。换言之，不仅创造购买，更要建立关系。在平等的基础上与顾客成为互利的"伙伴"，在更大范围推动"伙伴"关系的发展，带来营销目标的实现。

### （四）反馈、评估与追踪管理

企业和客户经理还要掌握产品与顾客、销售与成本之间的关系。一般的促销依据"花出去多少"推测效果；关系营销分析"花出去的效果"，确定有关顾客关系是否值得继续保持，稳定还是扩大发展。经常性地评估顾客的购买与行为变化，了解各项关系投资所产生的效益。

作为一种战略，关系营销着眼于面对激烈竞争，企业如何稳定顾客队伍，强化目标市场的选择性需求，提高品牌忠诚和巩固市场。尤其要在卖方对买方依赖性不断增强的同时，也提高买方对卖方的依赖性。由于双方都为这种关系的建立和发展，投入了较高的期望，大量的时间、精力和费用，所以能产生这样的效果——顾客发现，转换供应商需要付出更大代价，风险更大；供应商也会发现，失去这位顾客将是一种重大损失。作为一种战术，关系营销更多地被视为与顾客沟通的范畴，通过更经济、有效的方法增强顾客黏性。即发展顾客与企业、产品之间的连续性交往，形成更亲密、更直接的相互依赖关系。所以，企业应有高层管理人员全面负责包括客户经理的管理，协调整个企业的关系营销活动。

# 第七章　构建、交付和获取顾客价值

☞ **链接 7-2**

### 关系营销的战略与战术问题

关系营销的三个战术要素：
- 与顾客和供应商等保持直接的接触；
- 建立与顾客相关的数据库；
- 创建顾客导向的服务体系。

关系营销的三个战略要素：
- 将企业整合为一个服务平台，服务作为竞争的核心要素——利用完整的服务"整体产品"组合开展竞争；
- 进行流程管理，而不仅仅是职能管理——即对顾客价值生成的过程进行管理，不仅仅只是销售产品或服务；
- 在整个服务过程中，建立合作关系和沟通网络——与潜在顾客进行密切的接触。

资料来源：[芬兰] 克里斯廷·格罗鲁斯. 服务营销与管理：基于顾客关系的管理策略 [M]. 韩经纶, 等译. 北京：电子工业出版社, 2002: 19.

## 第三节　渠道：交付顾客价值

构建的顾客价值要通过一定方式和路径，在合适的时间、合适的地点交付给合适的顾客。产品由生产地点向销售地点的运动过程与管理，即分销（distribution）。帮助承担分销相关职责的外部企业或专业机构及其联系，构成了一个企业的分销渠道（distribution channel），或叫营销渠道（marketing channel）、销售渠道。分销渠道的起点是产品、服务的供应商，终点是消费者或用户，其间市场提供物的所有权或使用权至少发生过一次转移或易手。

☞ **链接 7-3**

### 分销渠道的一般职能

产品和服务与其顾客之间，在时间、空间和所有权上存在差距。渠道成员通过消除这些差距实现了增值。它们承担了许多关键职能，协助完成交易。
- 信息：收集和发布协助交易所需的，关于顾客、生产者及营销环境中其他行动者和重要影响因素的信息。
- 促销：传播与市场提供物有关的各种信息，沟通并吸引顾客。
- 联系：寻找潜在买主并与之沟通。

# 国际服务外包营销：基于创造顾客满意的视角

- 匹配：协助和支持供应商，根据买方需求形成和完善市场提供物。包括生产、分类、组装和包装等活动。
- 谈判：就价格和其他条件形成协议，以方便和推动所有权或使用权实现转移。

其他有助于达成交易的职能。

- 实体分配：运输和储存，通过物流配送以保障正常供货。
- 融资：获得和使用资金，补偿分销运营的成本。
- 风险承担：承担执行分销任务中的相关风险。

资料来源：[美] 菲利普·科特勒，加里·阿姆斯特朗. 市场营销：原理与实践（第16版）[M]. 楼尊，译. 北京：中国人民大学出版社，2015：344.

## 一、分销渠道及其类型

要为交付顾客价值选择合适的渠道，就必须了解渠道的类型和特点。

### （一）直接渠道和间接渠道

一般依据分销过程经过的中间环节、层次多少，即渠道的长度，可分为直接渠道和间接渠道（见图 7-7）。

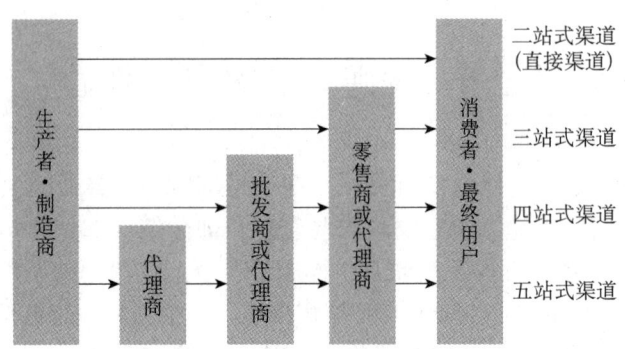

图 7-7 分销渠道的长度类型

**1. 直接渠道**

直接渠道是在供应商与顾客之间没有任何中间商介入、参与的分销渠道。产品、服务由企业直接交付消费者和用户。

直接渠道是组织市场、工业品分销的主要方式。一些大型设施设备、专用工具和技术复杂、需要提供专门服务的产品系统，几乎都是采用直接渠道。即使在消费品市场，直接渠道也呈现出扩大的趋势。如鲜活商品、部分手工艺品和特制品，长期的传统就是直销。新技术在分销过程中的广泛应用，如邮购、电话电视等和方兴未艾的电子商务、在线销售等，使直接渠道获得更大的发展。

直接渠道是目前国际服务外包营销中提供商向其发包商交付价值的主要选择。由于"点对点"，最大的优点是与顾客可直接交流，利于形成稳定、牢固的业务关系和互动；不

# 第七章　构建、交付和获取顾客价值

足之处是其以线性联系为基础，单次覆盖的顾客有限。

**2. 间接渠道**

间接渠道是分销中有一级或多级中间商的介入和参与，产品、服务的交付要经由一个或多个中间环节。依据其中的中间商类型和层次，间接渠道分三站式、四站式、五站式等类型。

间接渠道一直是消费者市场的主要分销形式，组织间营销也有采用这种形式。这种选择意味着，作为供应商，企业在一定程度上要放弃对于如何销售和销售给谁的控制，可能增加市场风险。然而，通过专业化的中间商也可能获得更大的比较利益。例如，一些制造商缺乏直接分销的财力和经验，间接渠道可借助中间商广泛提供产品、迅速进入市场等实现高效率，将自身的资源集中于主营业务；可利用中间商的网络、顾客关系和经验，专业化服务和规模经济等优势，使总费用的水平低于自营分销，获得更高利润。中间商通常还能更好地协调制造商提供的产品组合与消费者、用户的需要组合之间的矛盾，包括处理产品差异、时间差异、地点差异和所有权差异等产生的矛盾。

间接渠道的特点是"点对面"。分销经过的中间环节、层次越多，渠道可以展开的"扇形"以及对市场的覆盖面越大，但也会延缓交付速度。通常，服务外包企业进入国际市场，也会考虑选择有代理商介入的间接渠道。

## （二）宽渠道与窄渠道

依据各环节、层次中参与的中间商的多少，即渠道的宽度，可分为宽渠道与窄渠道；依据分销渠道的宽度不同，形成了三种分销战略。

**1. 密集式分销**

在每个环节和层次尽可能通过较多的中间商进行分销。重点是扩大企业对市场的覆盖，或快速进入新市场。例如，国际服务外包企业招募和动员一切可用的力量，如各种代理商、中介机构等，将其业务推广到目标市场。

**2. 选择性分销**

即企业从有意愿参与、介入的中间商中，依据一定条件和要求，筛选若干合适者为其渠道成员。重心是维护企业、品牌声誉，建立稳固的市场地位。企业可避开与自身形象、能力不匹配或无利可图的中间商，集中与适当数量的中间商合作，以获得高于平均水平的推销努力、更广的市场覆盖和较低的分销成本。

**3. 独家分销**

即在一定的时间、一定的地区企业只是选择一家中间商分销。通常在彼此之间定有协议，包括双方都不得为对方的竞争者提供产品和服务。目的是更好地控制目标市场，获得对方更积极的合作，强化品牌形象。在许多情况下，独家分销是由于产品、市场具有其特殊性，如专门的技术诀窍、品牌优势和专门的用户等，企业希望严格控制分销流程和中间商服务水平。

## 二、渠道关系建设与管理

倘若使用间接渠道，企业需要进行渠道关系建设和管理。

### （一）选择渠道成员

为分销渠道招募中间商，必须明确适用的中间商的条件和特点。例如，开业年限，经营范围，盈利和发展状况，财务能力，合作意愿和管理水平，信誉等级等。若是代理商，需要进一步了解它们代理的其他产品种类、性质和规模，业务人员素质等。对于独家分销的中间商，必须分析其顾客类型和发展潜力。

### （二）激励渠道成员

为了促使中间商保证、保持最佳工作状态，企业需要了解、掌握不同中间商的需要和欲望，并不断予以激励。常用的方式有：

（1）合作。主要使用积极手段，如较高折扣，合作广告和举办展销，组织销售竞赛，提供特殊照顾，等等。偶尔也会采用一些消极手段，如减少折扣、推迟交货甚至提出中断关系。使用消极手段要慎之又慎，防止产生大的负面影响。

（2）合伙。着眼于和中间商发展稳定、长期的合作与伙伴关系。

（3）关系管理。把企业与中间商双方的需要结合起来，内部设立相应的管理机构。任务是了解中间商需求并制订营销计划，帮助中间商以最佳的方式经营。实际上，也是建立专业化管理的垂直营销系统。

### （三）评估渠道成员

企业需要定期评估中间商业绩。包括销售定额完成情况，平均存货水平，送货时间，次品和丢失品处理，促销和培训合作，货款返回及顾客服务等。

从事国际服务外包，企业可能更看重中间商开发的顾客数量，以及由此带来的业务规模。可将中间商的业绩分期列表排名，促进落后者摆脱落后，领先者保持绩效。由于中间商所处环境的差异，规模、实力和不同时期经营的重点不同，可在横向比较的同时，辅之以另外两种方式：一种是将中间商业绩与其前期比较；另一种是根据中间商的具体情况和潜力，分别制订任务，将其实绩与定额比较。

评估渠道成员的目的，是及时了解情况、发现问题，以便有针对性地面向不同中间商实施激励。要建立一定的制度，对完成任务良好者进行奖励，对长期业绩不佳、不能有效工作者考虑中断业务关系。

### （四）调整分销渠道

为了适应环境与变化，现有的渠道系统经过一段时间的运营之后可能需要调整。

（1）增减某些渠道成员。即对现有的中间商进行增减变动。要分析增加或减少的效果，

## 第七章 构建、交付和获取顾客价值

比如，对企业的销售、成本和收益可能的影响和程度。尤其需要注意，这一变化会对其他中间商的需求、成本和情绪产生什么影响。

（2）增减某些分销渠道。增减渠道成员不能根本上解决问题，就要考虑增减分销渠道。要分析可能带来的直接、间接反应和效益。有时候，撤销一条缺乏效率的渠道，比开发一条新的渠道更难。

（3）改进整个分销渠道。即对原有的分销体系和制度等通盘调整，难度也最大。因为不是在原有渠道基础上修补和完善，需要改变企业的分销战略，会带来营销组合有关因素的一系列变化和反应。

增减渠道成员属于结构性调整，着眼点在于增加或减少某些中间层次，或某些具体的中间商；增减销售渠道和改进整个分销渠道，属于功能性调整，目的在于将分销任务在一条或多条渠道及其成员中重新分配。

## 第四节 定价：获取顾客价值

价格是营销组合中唯一带来收益的因素，其他营销手段都在产生成本。因此，企业不仅要善于构建、交付和沟通顾客价值，还要能够通过合理的定价和价格战略有效地获取顾客价值。

### 一、制订价格

首次定价过程需要明确企业的战略意图，分析各种可能影响定价目标实现的因素，然后考虑合适的定价方法。

#### （一）明确定价目标

制订价格必须考虑营销战略、目标市场与定位的要求，还要结合一些具体业务指标如利润、销售、市场份额等。每一种可能的选择，都会对利润、收益和市场份额等产生不同的影响。

**1. 维持生存**

如果企业产能、产量过剩，或面临激烈竞争，一般会把维持生存作为主要的目标。为了确保继续开工或存货出手，或许选择、制订较低的价格，并希望潜在顾客是价格敏感类型的。也有许多的企业，通过大量的价格折扣来保持其活力。只要收益足以弥补变动成本和部分固定成本，企业生存便可维持。

**2. 当期利润最大化**

有些企业追求当期利润最大化。通过估算需求、成本，据此选择一种价格，以争取最大的当期利润、现金流量或投资回报。

## 国际服务外包营销：基于创造顾客满意的视角

需要注意的是，当期利润最大化并不必然就等于高价格。价格过高容易引起各种对抗和抵制，比如刺激替代品的加速出现、需求减少、顾客抗议和政府的干预等。在这些力量的作用下，会使供求逐渐接近平衡，价格回归到较为合适的水平。因此，也有企业直接追求适当的利润目标，"适当"的水平则视产量变化、投资者要求和市场可接受的程度等因素而定。

**3. 市场份额最大化**

也有的企业希望通过定价获取市场控制地位，即谋求市场份额最大化。它们认为，拥有高市场份额可以享有最低成本和最大的长期利润。所以，在单位价格不低于可变成本的前提下，尽可能制定低价格，追求市场份额优先。有些企业可能追求某一特定的市场份额，例如一年内从5%提高到10%。实现这样的目标，还要考虑相应的营销组合和价格战略。

**4. 产品质量最优化**

企业也可能选择质量领先目标，在生产和营销中坚持质量最优的指导思想。定价选择上要求高价格弥补高质量和研发、生产甚至分销、促销的高成本。

### （二）分析影响因素

实现定价目标，会受到许多内外因素的制约和影响。它们主要有：

**1. 成本**

成本是考虑价格水平的下限，即产品、服务的"价格地板"。在正常情况下不应低于成本定价。

成本可有不同分类，如长期成本和短期成本，变动成本和固定成本，直接成本和间接成本等，因而可有不同计算方法。对于现有的产品，成本范围包括与生产、营销有关的直接成本和分摊的间接成本；若是新产品，还可能包括未来整个产品生命周期的直接成本和间接成本。无论依据什么，在一个计划期，通过定价获得的总收益要足以覆盖总成本，收入才能抵偿生产支出和经营费用。一般来说，这样的价格才能列入考虑的范围。

**2. 需求及其反应**

不同价格水平会导致需求量的不同，并对营销目标产生不同影响。一般来说，较高价格会减少一定需求量，较低价格会引起需求量增加。虽然需求量多少与收益不一定呈现正比例关系，但定价必须充分考虑需求及其反应的约束。一般来说，需求决定价格水平的上限。预期规模的顾客和他们最大的价格承受能力，是产品或服务的"价格天花板"。

**3. 竞争态势**

企业面临的竞争格局和形势，将影响到价格在"地板"和"天花板"之间的具体位置。竞争激烈又处下风，定价可能趋向下限，即成本；竞争较少或占优势，价格可能趋向上限。因此，著名品牌即使定价较高也仍然畅销，一般品牌往往只能较低定价追随。

企业必须了解竞争者的产品、质量和价格，比质比价，以便更好地给自己考虑定价。品牌影响力相当，质量大体一致，定价一般可以接近或略低，否则可能滞销；品牌影响力更大，质量较高，价格可以考虑更高；品牌影响力弱，质量也低，可选择较低定价。

# 第七章 构建、交付和获取顾客价值

**4. 法律与政府的限制**

定价还须考虑法令法规以及政府规定、政策要求等。这是影响定价的一个重要因素,也是特殊的因素,影响企业的定价自由和权限。例如,目标市场所在国对某些产品和交易,可能会有最高或最低限价,甚至直接由政府决定价格。

## (三) 选择定价方法

选择定价方法,必须全面了解成本、需求和竞争及法律等的影响,考虑怎样更好地适应它们。但在实践中,企业往往只能侧重于某一个方面,形成基本价格以后再依据具体情境和营销战略、价格政策等予以调整。

**1. 成本加成定价法**

这是一种依据成本确定价格的方法,实践中被零售行业广泛采用。其做法是单位成本加上固定比例的利润,以此决定价格。例如,零售商常在货物进价之上,再加 20%～50% 作为利润确定售价。

这种方法以成本为中心,也就容易忽略价格的需求弹性。不论从长远还是短期来看,都不易获取最大利润。因此,还要结合需求弹性和其他因素影响,对基本价格进行必要的调整。

**2. 目标收益定价法**

这也是以成本为基础的定价方法。根据总成本和预测的销量确定目标收益,核算价格。例如,以总投资额的 15%～20% 作为每年的目标收益摊入售价。许多大型公用事业喜欢这样定价。它们的投资大,业务有垄断性,又与公众的生活息息相关。所以,政府对其定价也有一定限制,只能根据投资额确定一定比例作为收益,计算收费标准。

这种方法的主要缺陷,是企业依据预期需求反推价格。价格恰恰又是影响需求量的一个重要因素。如果销售不能达到盈亏平衡点,就该项业务而言,企业可能要出现亏损。

**3. 感知价值定价法**

这是一种以需求为中心的定价方法。根据顾客的感知价值,就是买方认为产品、服务"值多少价钱"定价。通常,企业会使用营销组合中的其他因素,对潜在顾客施加影响,使其形成与企业基本一致的"感知价值"和预期价格。

假如整个行业都依据顾客感知价值定价,理论上各个企业都可得到相应的市场份额。要是一个企业的定价低于感知价值,就会得到更高的市场份额。因为顾客会认为,同样的支出可以得到更多的利益。

**4. 随行就市定价法**

这是一种以竞争为导向的定价方法。企业依据行业平均价格水平,并结合自身质量等考虑具体定价。有些是产品难以核算成本,有些是企业更愿与同行和平共处,或另行定价的话揣摩不透对手、顾客的反应,不如随行就市更为稳妥。

在完全竞争的市场,又经营相同的产品、服务,在定价方面实际上没有多少的选择余地,企业只能参照行业现行价格水平。因为价格高了,产品卖不出去;低了,别的企业也可能降价。

在寡头垄断市场,一般也倾向于和竞争者保持同质同价。市场上只有少数几家大企业,价格稍有差异,顾客就会转向低价企业。其他企业随之降价,最终可能整个行业的收益水平拉低,各自市场份额则回到原有水平。

**5. 密封投标定价法**

这也是以竞争导向的定价方法。买方(招标者)发出信息,说明采购的内容和具体要求,公开招标。卖方(供应商)有意参加投标,应在规定的期间密封报价,参与比价竞争。密封价格就是卖方提供的定价。由于定价目的是中标,所以报价一般要求尽可能低于竞争者。因此要更多考虑对手可能的报价,而不是只关心企业的成本、收益。

虽然如此,报价高低仍有一定限制。再急于中标,一般来说报价也不应低于边际成本,劳而无功。同时也不能只考虑利润,报价太高也不能中标。可以先测算不同方案的企业收益,参考中标概率,根据期望利润的最高值权衡报价。

经常参加投标的企业,通常采用期望利润作为选择报价的标准,因为它不需要依靠一次中标来生存。但是由于某种原因势在必得,这么选择就未必合适。假如开工不足、产能过剩,与其停产或倒闭就不如低利或无利,甚至略有亏损。

## 二、变动价格

供求环境变化,企业需要考虑是否变动价格;竞争者变动了价格,也要考虑是否做出包括价格手段在内的反应。变动价格,不外乎选择降价或涨价。

### (一) 主动发起价格变动

企业率先发起价格变动,必须考虑到购买者、竞争者可能作出的反应。

**1. 购买者对价格变动的反应**

无论降价还是涨价,购买者会作出什么反应,常常是能否达到预期目的的决定性因素。企业可从需求的价格弹性和购买者感知入手,进行分析、预判。

(1) 需求的价格弹性。即价格变动的百分比与引起的需求量(一定时期的销售量)变动的百分比之间的关系,一般可衡量价格变动给需求量、销售收入带来的影响(见表7-1)。

表7-1 价格与需求量及销售收入的关系

| | 弹性需求 | 单元弹性需求 | 非弹性需求 |
| --- | --- | --- | --- |
| 价格上升<br>需求量下降 | 价格上升百分比<br>小于需求量下降百分比<br>销售收入减少 | 价格上升百分比<br>等于需求量下降百分比<br>销售收入不变 | 价格上升百分比<br>大于需求量下降百分比<br>销售收入增加 |
| 价格下降<br>需求量上升 | 价格下降百分比<br>小于需求量上升百分比<br>销售收入增加 | 价格下降百分比<br>等于需求量上升百分比<br>销售收入不变 | 价格下降百分比<br>大于需求量上升百分比<br>销售收入减少 |

## 第七章 构建、交付和获取顾客价值

价格弹性一般是有条件的。首先,它依据预期的价格变动幅度而定。变动微小、低于"门槛水平"时可以忽略,变动大时影响就很可观。其次,价格弹性也和原价格水平有关。不同基数,同样涨价10%,就可能出现不同的弹性。最后,长期的价格弹性与短期的也会不同。长期需求比短期更有弹性,也可能相反。

(2)购买者感受。降价一般能够吸引更多的购买,但有时顾客会有不同理解甚至曲解。比如,认为产品不行了,要让新产品淘汰了;产品有毛病,卖不动了;企业遇到财务困难,维持不下了,售后保修、更换零配件会麻烦;还会再降价的,等等再看;降价了,质量也降了;等等。这样,短期内反而降低需求量。

涨价通常会减少需求量,但顾客也可能从另一面看。比如,好销才敢涨价;涨价因为质量好;卖方想多赚,还要再涨的;等等。短期内涨价反而刺激购买。

**2. 竞争者对价格变动的反应**

如果一个行业的企业少,产品同质化,购买者又有相当的辨识能力并了解市场,分析竞争者对企业价格变动的反应就特别的重要。

假如只有一家大的竞争者,其事先有一套应对竞争、包括价格变动的预案,便可分析它当时追求的最大利益点是什么。通常,企业总是依据自身利益选择行为方式。如果企业发起降价,竞争者的目的是市场份额,它有可能跟进降价进行反击;如果追求最大利润,它也可能选择其他反应方式,比如增加广告,改进产品、服务质量等。必须了解竞争者的财务状态、近年销售、生产、顾客忠诚和目标等,通过各种信息来源,努力掌握竞争者心理。

如果竞争者没有规范的应对程序,而是相机行事、个别处理,情况就复杂许多。它们可能对企业发起价格变动产生不同的理解。比如降价,可能认为企业想从它们那里夺取更多的市场;或经营不善,要加快存货处理;或意图挑动全行业降价,以刺激需求疲软等。不同的认识,会导致它们做出不同的反应。

倘若行业集中度低,竞争者不止一个,问题就更复杂。企业要考虑每个主要竞争者可能的反应。如果它们反应方式比较接近,那么分析一个典型代表大致即可。如果它们之间规模、市场份额和营销战略等差异很大,就要分别或分类分析。

### (二)应对竞争者价格变动

企业也会遇到竞争者率先发起价格变动,同样需要考虑如何应对的问题。

**1. 区别同质性市场和异质性市场**

如果是同质性市场,遇到竞争者发起降价,一般别无选择。不予理睬的话,顾客可能流失,转向低价的竞争者。但是,竞争者涨价,其他企业则不一定会跟进,除非认为这对整个行业有利。若有一家不这么看,坚持原价,竞争者和其他企业的涨价效果就可能大打折扣。

在异质性市场,企业做出反应有更多的选择。因为买方选择供应商受到更多因素影响,如质量、服务和可靠性等,可减弱微小的价格差异产生的敏感性。企业也可借此放弃一些无利可图的顾客,集中依靠高忠诚的顾客与之抗衡;部分或完全跟进竞争者价格变动;变化营销组合其他因素进行反击;等等。

**2. 分析竞争者调整价格的意图和影响**

决定具体行动之前，必须清楚以下问题。①

（1）竞争者为什么变动价格。

（2）竞争者价格变动是暂时的，还是长期的。

（3）如果不做任何反应，对企业现有的市场份额、利润等有什么影响，其他企业又会有什么举动。

（4）对企业可能的每一种反应方式，竞争者和其他企业可能会如何反制。

**3. 选择应对竞争者价格变动的具体方式**

应对竞争者价格变动的恰当反应，要视具体情况而定。受到威胁的企业需要考虑，该产品在生命周期中的位置，在产品组合里的重要性，竞争者的意图和资源，市场、顾客的价格敏感性，成本随销量、产量变化的情况以及企业拥有的其他机会等。例如，应对竞争者的降价，就有以下反应方式可以考虑（见图7-8）：②

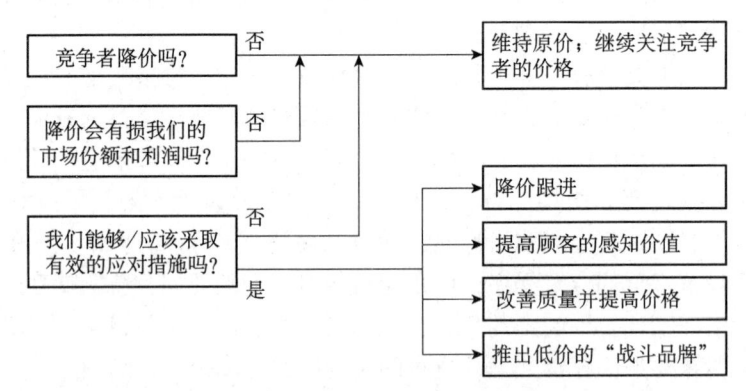

图 7-8 评估和应对竞争者降价行为

（1）降价。如果市场的价格敏感度高，竞争者降价可能夺走较多市场份额，可考虑降价应对。降价会损失短期利润，有些企业通过降低质量、减少服务和促销传播等，以尽量维持原来的利润水平。从长期看，这样最终会损害顾客关系并影响市场份额。企业即使降价，也要努力保证质量。

（2）维持价格不变，但提高产品或服务的感知价值。通过改善和加强顾客沟通，强调自己的产品、服务比降价者的更物有所值。有时候，维持原价并将钱用于提高顾客感知价值，比简单的跟随降价、减少利润合算。

（3）改进质量并提高价格。用高质量支持高价格，使品牌保持"更高端"的市场形象，可能企业获利更多。

---

① [美]菲利普·科特勒，凯文·凯恩·凯勒. 营销管理（第14版·全球版）. [M]. 王永贵，等译. 北京：中国人民大学出版社，2012：443.

② [美]菲利普·科特勒，加里·阿姆斯特朗. 市场营销：原理与实践（第16版）[M]. 楼尊，译. 北京：中国人民大学出版社，2015：331-332.

# 第七章 构建、交付和获取顾客价值

(4) 推出低价的"战斗品牌"。即在产品线上增加价格较低或更低许多的产品项目，或开发低价位的品牌。如果竞争者降价威胁到企业所在细分市场，价格更为敏感，顾客对高质量也不太在意，这也是一种有效选择。

## 本章小结

企业要为目标市场开发、提供匹配的产品和服务。作为一种"需求解决方案"或载体，"整体产品"可从三层次分析和认识。服务也是产品，可分高接触性服务和高技术性服务，连续性的服务和间断性的服务。服务企业通过计划、生产和传递、评价服务，为顾客构建价值。并要根据市场和顾客的变化，调整、优化产品组合与产品线。

"服务营销三角形"指出了内部营销、互动营销和外部营销在服务营销中的重要性。内部营销建设、发展良好的员工关系。没有满意的员工，不会有满意的顾客；没有满意的顾客，不会有满意的股东。互动营销是员工对顾客及其需求的即时响应。服务传递及其质量水平和顾客感知，是员工与顾客实施互动的核心问题。外部营销主要对象是顾客。应通过关系营销，创造卓越的顾客价值和顾客满意，建立、维护与外部顾客长期、良好的关系，提升顾客黏性。

顾客价值要通过一定方式和路径交付到顾客。分销是产品由生产地点向销售地点运动的过程与管理。帮助承担分销职责的外部企业、机构及其联系，构成了一个企业的分销渠道。依据中间环节、层次的多少，即渠道长度，可分直接渠道和间接渠道；依据各环节、层次参与的中间商数量的多少，即渠道宽度，可分宽渠道和窄渠道，以及密集式分销、选择性分销和独家分销等分销战略。直接渠道也是目前在国际服务外包市场，交付价值的主要方式。采用间接渠道的企业，需要进行渠道关系建设与管理。

企业要通过合理定价和价格战略，有效获取顾客价值。制订价格要明确定价目标，分析各种影响因素，选择定价方法。还要根据情况变化，考虑是否变动价格，包括降价和涨价；何时主动发起价格变动，如何在竞争者发起价格变动时做出合适的反应。

## 思 考 题

1. 理解"整体产品"的概念及其层次，对企业构建顾客价值、开发服务外包业务有什么启发和帮助？
2. 服务产品可以怎样分类，服务外包业务属于哪种类型？
3. 怎样进行服务产品的计划、生产和传递、评价？
4. 产品组合与产品线的调整、优化与管理。
5. 内部营销在服务营销中的意义。
6. 互动营销在服务营销中的作用。
7. 怎样确定和改进服务质量的不足？
8. 如何通过关系营销提高顾客黏性？
9. 开展国际服务外包营销，企业应该怎样选择分销渠道？

## 国际服务外包营销：基于创造顾客满意的视角

10. 制订价格的过程与方法。
11. 主动发起价格变动需要注意什么？
12. 应对竞争者的价格变动，企业一般有哪些选择？

☞ 案例练习

### 东软为客户创造价值

"服务外包核心竞争力发生很大变化，由围绕客户需求，转向为客户创造价值为核心。"东软集团高级副总裁兼首席运营官陈锡民认为，过去只要证明能提供高质量服务，通过CM-MI等管理体系认证就能承接到业务，但是现在很困难了。

东软集团创立于1991年，有20 000名员工。在中国有8个区域总部，10个软件研发基地，16个软件开发与技术支持中心。在60多个城市建立了营销与服务网络，在美国、日本、欧洲、中东和南美也有子公司。

"作为服务外包企业，必须以变应变，跟上时代变革的步伐。"陈锡民详细阐述了面对变革的三大措施：

第一，深耕守土。继续承接原有服务外包业务，同时思考自身核心专业领域的竞争力如何提高。2014年专门成立咨询公司，从更深层面对客户形成影响力。东软很早就从单纯的外包服务，改为提供行业解决方案服务。目前东软的行业解决方案，涵盖领域包括电信、能源、金融、政府、制造业、商贸流通业、医疗卫生、教育与文化、交通、移动互联网、传媒和环保等。

第二，商业模式转变。过去卖人头、工时和项目的模式，虽然带来充足的现金流，但相当多客户IT建设的需求不可能持续维持在高水平。业务可能越来越少，干完一个就少一个活。"通过与客户长期合作和信任关系，适时转变一些商业模式。"陈锡民认为，这里首当其冲的就是云服务模式。东软与客户正在探讨联合运营或者委托运营模式。

目前东软主要有两个应用支撑平台。其中，SaCa云应用平台（Secure Social Active Connected Cloud with Awareness）支撑从端到云的统一、高效、安全的应用，提供一系列子产品应对B2B2C/G2B2C模式下移动互联网、社交网络、云计算、大数据、情景感知的需求，解决垂直领域的社区化应用、移动应用的快速开发与交付、基于用户行为的实时个性化主动服务、敏捷云应用的开发与管理等共性问题。另一个UniEAP（Unified Enterprise Application Platform），是面向软件产品线的业务基础平台。通过多层次、结构化的基础架构、组件及相关开发工具，提供用于支撑业务开发的完整解决方案，可有效解决当前软件产业面临的用户需求复杂多变、应用系统难以集成和软件研发效率低下等三大难题。

第三，创新。陈锡民表示，"互联网+"应该是讲究客户价值为中心，重构和颠覆原来的业务模式。作为服务外包企业，就是要结合自身优势资源，对行业进行整合和重构。

同时陈锡民认为，企业转型的挑战是巨大的。主要体现在有效人才的供给不足；在加强研发投入的情况下，如何保持收支平衡；公司团队管理和激励；思维的转变；从B2B到

## 第七章　构建、交付和获取顾客价值

"B2B2C",企业如何对"B"定位；如何建立企业创新机制。

资料来源：武连峰. 颠覆与重构：中国服务外包企业在升级 [J]. 服务外包，2015 (6).

## 讨　　论

1. 尝试应用"整体产品"的概念，分层次分析东软提供的顾客价值，并提出改进和完善的建议。

2. 东软集团可以怎样进行产品组合的调整、优化和产品线延伸？

# 第八章　沟通和维护顾客关系

☞ **本章学习目标**

- 传播过程
- 营销传播的职能与作用
- 营销传播的一般决策
- 明确传播目标、设计营销信息和选择信息渠道
- 构建促销组合与选择促销战略
- 人员促销
- 广告
- 公共关系
- 销售推广
- 网络传播
- 传播目的与沟通方式
- 传播手法与沟通方式

☞ **开篇案例**

### 故宫文创这样创造顾客价值

作为近 600 年历史的文化符号，北京故宫拥有众多皇宫建筑、文物古迹。近年来它不再只是博物馆，更是化身为"网红"。故宫的雪，故宫的猫，故宫文创，故宫展览……成为利用文化创意产品走进百姓生活的样板。

**人们愿意买喜欢买**

每年 1 700 万人次参观，每天数万名观众，这座著名的综合博物馆和世界文化遗产，如何让收藏在禁宫的文物、陈列的遗产、书写在古籍里的文字活起来呢？

2013 年，台北故宫推出一种创意纸胶带在网络爆红。过去故宫博物院做的，只是将书画、瓷器等简单复制，很少有人买。2008 年故宫淘宝上线，价格高且质量一般，消费者不买账。该如何研发不同结构、不同层次、不同表达的文化创意产品呢？受到台北故宫的启发，故宫博物院开始新尝试。

要让文物藏品更好地融入人们日常生活，以发挥其文化价值。故宫 2013 年 8 月第一次

# 第八章 沟通和维护顾客关系

公开征集文化产品创意,举办"把故宫文化带回家"设计大赛。此后"奉旨旅行"行李牌等各路"萌系"产品问世,故宫变得年轻、鲜活起来。

故宫还在网上打开"宫门",目前拥有4家文创网络经营主体。它们面向不同人群,产品风格各有特色,共同塑造故宫文创的整体形象。其中,文创旗舰店配合故宫博物院展览做主题性文化挖掘,研发了千里江山系列、清明上河图系列等产品,积累193万多粉丝;故宫淘宝产品萌趣而不失雅致,致力于以轻松时尚方式展现故宫文物、推广故宫文化,目前拥有400万粉丝。

### 年轻人爱上故宫文化

让沉睡在博物院的优秀传统文化为青年一代喜欢和接纳,是故宫博物院院长单霁翔常常思考的问题之一。

要拉近与年轻人的距离,就要研究他们乐于接受的传播方式。让历史"平易近人""生动有趣",成为故宫"网红"进阶史上的重要课题。

2014年,故宫淘宝微信公众号刊登《雍正:感觉自己萌萌哒》,成为其第一篇"10万+"爆文,雍正皇帝也借此成为热门"网红"。同年还相继推出"朝珠耳机""奉旨旅行"腰牌卡、"朕就是这样的汉子"折扇等一系列产品……与年轻人的"脑洞"碰撞到一起,能持续挖掘故宫"矿藏",传播效果也更强大。故宫成为融历史与现代、文化与科技、传统与创新为一体的知识产权(IP)。

2015年,作为清代皇城正门的端门被改造成数字博物馆。通过沉浸式立体虚拟环境,游客既可"参观"许多以前不能踏入的宫殿,也能"试穿"帝后服装,欣赏宝物……故宫先后上线9款App,涉及资讯、游戏和导览等。与观众感兴趣的题材密切结合,把专家的研究成果"翻译"成观众,特别是年轻人乐于接受的形式,更加口语化,形象更亲和,不断拉近了故宫博物院与广大观众的距离。

够专业的内容、接地气的策划和高水准的制作,成为故宫产品的一贯风格,也获得了"故宫出品,必属精品"的评价。"不一味迎合大众,以严谨、风趣的方式接近消费者。"单霁翔说,这是故宫应该达到的最好状态。

### 运用多种方式传播优秀传统文化

一座博物馆的价值不仅在于历史悠久、藏品丰富,更在于应用这些资源为社会做出实实在在的贡献。近年来故宫研发了一般百姓能够乐于享用、传统文化与现代生活相结合的许多产品。例如故宫娃娃系列,因趣味性受到少年观众喜爱;手机壳、电脑包、鼠标垫和U盘等,因实用性持续热销。"很多观众对宫门印象很深,我们就做了宫门旅行包,让人们把对宫门的印象带回家。雍正的十二美人很有名,我们就做了美人伞,春夏秋冬都可以打。故宫日历去年发行68万册,今年做了英文版。"单霁翔认为,文创产品必须深入挖掘自己的文化资源、文化信息,跟人们的需求对接。

故宫博物院在确保每件文化产品都拥有故宫创意元素的同时,加强对产品设计、生产、营销各个环节的把控。样品打样常规在4~5次以上,以精准把握细节、调整产品工艺和完善制造工序。从文化创意产品本身到包装盒、包装袋都要有统一的呈现,延续整体风格。

资料来源：王萌．故宫文创这样造品牌［N］．人民日报海外版，2019-03-01．

**思考与分析**

1. 故宫文创是怎样考虑营销传播战略，做到"年轻人爱上故宫文化"的？
2. 故宫文创与其潜在顾客沟通的方式和做法，对于我们将服务外包业务推向国际市场有什么样的启示？

企业还必须擅长沟通顾客价值。营销传播是联系顾客不可或缺的手段，也是与公众、社会保持良性互动的纽带和桥梁。通过传播和交流，顾客和公众了解了企业，企业也能够了解顾客和公众。在此基础上，彼此协调和相互适应，实现顾客关系的沟通和维护。

# 第一节 传播与营销传播

## 一、传播及其一般过程

传播（communication）是人类交流信息，以期发生相应变化的活动。对于传播的一般过程及其实现，学者学界提出了许多见解。其中应用较广的，当属拉斯韦尔（H. Lasswell）的"5W模式"。①

拉斯韦尔认为，一个传播过程通常包括五大要素，即"谁"（who）、"说什么"（say what）、"通过什么渠道"（through which channel）、"对谁"（to whom）和"产生什么效果"（with what effect）等。它们之间形成如下关系（见图8-1）：

| 谁 | 说什么 | 通过什么渠道 | 对谁 | 产生什么效果 |

**图8-1 拉斯韦尔的5W传播模式**

拉斯韦尔还提出了五种与之对应的传播研究，分别是："谁"，传播主体——控制分析；"说什么"，传播内容——内容分析；"通过什么渠道"，传播媒介——媒介分析；"对谁"，传播对象——对象分析；"产生什么效果"，传播效果——效果分析。

在实践中，"传播"与"沟通"通常被作为同义语。中文语境里，严格来说两者还是可以区分的。信息通过一定的形式和渠道，如何由传播者送达受众，这是传播；受众是否理解了相关信息，并产生传播者预期的反应，这是沟通。从这个意义上，可把"传播"更多地看作信息交流的过程，"沟通"则是信息交流的"收获"与结果。没有传播，不会有沟通；没有沟通，传播也失去了意义。

---

① "5W模式"最早见于拉斯韦尔1948年发表的《社会传播的结构与功能》一文。该文对传播学来说，"是一部纲领性的力作，一部传播学的独立宣言"，涉及传播学的许多基本内容。

# 第八章 沟通和维护顾客关系

## 二、营销传播的职能与作用

### (一) 营销传播的职能

营销传播的基本职能,表现为由低到高发展、效果逐渐积累的四个层次(见图8-2):

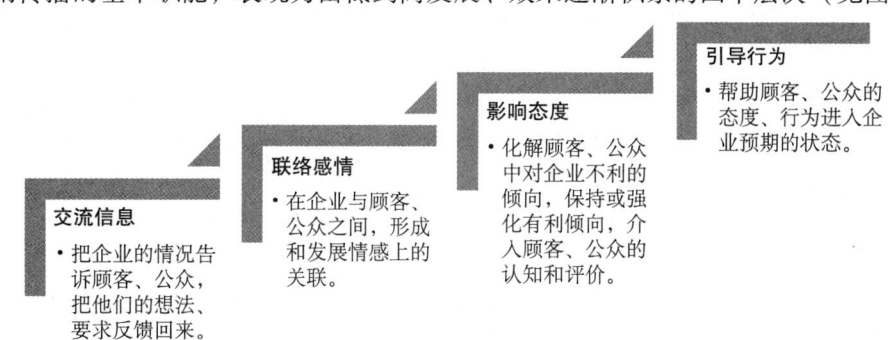

**交流信息**
- 把企业的情况告诉顾客、公众,把他们的想法、要求反馈回来。

**联络感情**
- 在企业与顾客、公众之间,形成和发展情感上的关联。

**影响态度**
- 化解顾客、公众中对企业不利的倾向,保持或强化有利倾向,介入顾客、公众的认知和评价。

**引导行为**
- 帮助顾客、公众的态度、行为进入企业预期的状态。

图8-2 营销传播的基本职能

(1) 交流信息,也是营销传播效果的基础层次。企业从事实出发,与传播对象互通情况。即把自身的想法告诉受众,又把对方要求、意愿反馈回来,在交流中增进双方的认识和相互适应。比如,在企业创立或品牌推出之初,潜在顾客有的不知道,或者缺乏了解,对拓展业务造成了诸多的不便。通过有效传递和交流信息,可使目标市场得以知道、了解,产生应有的认识和反应。

(2) 联络感情。以交流信息的效果为基础,企业可与目标市场建立一种感情联系。生活中的人际关系,往往是"话不投机半句多","越了解你就越喜欢你,越喜欢你就越愿意了解你",企业与潜在顾客、公众之间也是如此。一般来说,与传播对象交流越持续、频繁,越能了解和适应对方,相处也就可能越发融洽,感情自在其中。当然,做了大量营销传播,受众未能接受或予以排斥,还是不能达到联络感情的效果。

(3) 影响态度,也是营销传播效果的较高层次。通过交流信息和联络感情,企业可化解潜在顾客和公众中于己不利的一些情绪,或者保持、强化有利倾向,从而影响他们对具体问题的态度。比如,企业因为失误而伤害了顾客、社会的利益,通过迅速纠正、调整,并使公众知道这一切努力,还是有可能转化其态度的;同样,做了有利于社会的事,实事求是地让潜在顾客知道,能够保持或强化目标市场的信念。

(4) 引导行为,也是营销传播效果的最高层次。通过前面的努力效果,可以帮助受众的行为进入预期的状态,与企业的追求达成一致。例如,企业推出了高质量的产品、服务,希望并获得市场的热烈反应,顾客的踊跃购买,媒体和社会舆论给予良好评价,等等。

营销传播的基本职能,也限定了其作用范围。假如没有良好的市场提供物,营销传播无论怎样"妙笔生花",最终都将无济于事。传播不是营销活动的全部工作和内容,更不是包治百病的灵丹妙药。

# 国际服务外包营销：基于创造顾客满意的视角

## （二）营销传播的作用

一般来说，如果潜在顾客的有关体验和看法处于空白状态或比较模糊，应当通过营销传播建立企业、品牌的声誉；如果相互关系良性循环，就要力求维持和谐状态，防止发生不利的变化，通过营销传播巩固企业、品牌的形象；如果因为错误、过失等伤害了顾客、公众和社会利益，或受众对企业的认识不全面、有误解，影响了品牌知名度和美誉度，就要通过营销传播调整认知。

**1. 建立声誉**

（1）使目标市场对于企业能够知道、了解和熟悉。人们无法注意不知道的事物，也不会了解不感兴趣的事物，更难以要求他们熟悉偶然看到的事物。因此，企业要建立声誉，首先必须积极主动而又巧妙、经常地与市场沟通，以期引起潜在顾客和公众的关心、注意和兴趣，并保持不断的联系。

（2）使传播对象对企业产生认同、喜欢和偏爱。认同是对有关信息、事物的接受和认可，也是受众对传播的意义和合理性的承认。人们所知道、了解和熟悉的，未必都能够接受，有的甚至会持反对或不赞成的态度。只有认为"合理"才接受，并内化为自己的信念。喜欢是一种更积极的情绪，是在认同基础上的愉悦感。偏爱则是在喜欢的基础上，形成的一种特别的感情。

**2. 巩固形象**

（1）强化印象。受众对企业、品牌形象的认识，是一个不断地由浅入深、由表及里和由偏到全的过程，也有明显的阶段性。不断增进潜在顾客的认识，强化他们对企业、品牌的印象十分必要。现代社会是"信息爆炸"时代，人们随时面对大量的、包括企业营销信息在内的各种包围之中。建立形象的工作，只能使受众对企业产生基本的认识，为树立形象奠定基础。还必须不断地在人们心目中，通过有效的营销传播力争一席之地，并牢牢扎根。否则在各种海量信息冲击下，人们原有的认识容易淡化。

（2）保持了解。一个企业传递给目标市场、社会的信息一旦减少，原有的交流渠道就可能被"压缩"而变窄。相对来说，一个企业传递的信息少了，就等于竞争者和其他企业的多了。所以，纵然企业声誉已经建立，甚至知名度、美誉度步入较高阶段，也仍然需要保持一定水平和态势的营销传播，以保障或避免中断目标市场、公众和社会的"知情权"。

（3）稳定态度。态度反映人们的信念和倾向，使人的行为表现出一定的规律。态度的形成有一个过程，一经形成也不会轻易改变。如果以为潜在顾客已经形成对己有利的态度，因而松懈营销传播，那将是危险的。新的知识或经验的引进，很可能使正在形成的态度发生变化。即使态度较为稳定，由于"事实胜于雄辩"，某些被公众认作事实而接受的新内容，如误解、谣言等，也会导致人们对原态度的动摇、否定。必须通过营销传播，不断向目标市场提供新论据、新观点，证明其原认识、看法的正确性，防止态度向中间状态或反面转化。

（4）加深感情。人们的认知过程不是冷漠无情、无动于衷的，充满了鲜明的态度体验和感情色彩。在认知的同时，会对企业及其行为做出真善美或假恶丑的判断，并据以确定反应倾向。因此，引导传播对象的感情倾向，增加感情深度并提高感情效能，有利于巩固企

## 第八章 沟通和维护顾客关系

业、品牌形象。

**3. 调整认知**

许多时候,企业也需要通过营销传播调整甚至改变形象。包括:

(1) 挽回影响。企业出现失误,伤害顾客、公众的同时,自身形象和声誉也会受到损坏。因此,要努力挽回不良影响,减少受损程度。通过敢于担当、知错必改的行动和事实,展现对顾客、公众利益的尊重和关心,并让社会知道、认可自己的态度和努力。

(2) 消除误解和偏见。人们对一个企业毫无理由的反感,优质服务被看成二流质量等,往往源于误解或偏见。不仅影响企业声誉,而且妨碍巩固形象。还有的时候企业本身并无过失,却被错误对待或不当认知,形象受到伤害。比如,偏见、谣言或人为的破坏,使公众对一个企业及其品牌失去信心。因此,必须迅速行动,主动查明原因,澄清事实。消除误解和偏见,是对公众不准确的认识和看法进行调整,通过改进、完善沟通机制,消除信息不对称现象。

(3) 更新认识。企业形象一经形成会有相对的稳定性,目标市场也可能形成某种固定模式或"刻板印象"。营销环境变化或企业自身的发展,又需要营销传播为公众认知注入新内容,使之与"今天"企业形象的变化保持同步。

☞ **链接 8-1**

### 更新认识与建立声誉和巩固形象

更新认识与建立声誉,营销传播的方式方法有许多相同之处。区别在于:后者是在人们的认知空白、模糊的时候,如何建立清晰、明朗的企业形象;前者是企业形象已经建立或较为固定的时候,怎样突破公众原有的认知框架,充实或改变"过去"的印象,建立与"今天"匹配的印象。一张白纸好做文章,更新认识比建立声誉难度更大。

更新认识与巩固形象也有不同。首先,目的不一样——前者意在调整认知,后者为了强化印象、加深理解。其次,适用场合不同——假如一个国际知名的电脑品牌新推出智能手机产品,只要保持目标市场的了解即可;如果变化是根本性的,比如不再经营电脑、手机,而是开始专门提供信息技术外包(ITO)和业务流程外包(BPO)服务,就必须改变潜在顾客和公众过去的认识,努力建立全新的品牌印象。

## 三、整合营销传播

整合营销传播(integrated marketing communications,IMC)也称整合营销沟通。依据美国营销协会的定义,是"一种用来确保产品、服务、组织的顾客或潜在顾客所接受的所有品牌接触都与该顾客相关,并且保持一致的计划制定过程"。[①] 被誉为"整合营销传播之父"

---

[①] 转引自:[美] 菲利普·科特勒,凯文·凯恩·凯勒. 营销管理(第14版·全球版). [M]. 王永贵,等译. 北京:中国人民大学出版社,2012:535.

**国际服务外包营销：基于创造顾客满意的视角**

的唐·舒尔茨（Don E. Schultz）指出，"IMC 不是以一种表情、一种声音，而是更多的要素构成的概念。IMC 是以潜在顾客和现在的顾客为对象，开发并实行说服性传播的多种形态的过程。"[①]

从操作层面看，将广告、公共关系、大型活动（或"事件"events）、销售推广（sales promotion）、包装与装潢设计、企业形象识别系统（CIS）和直效营销（direct response）等手段进行整合运用，即形成整合营销传播。从观念层面看，整合营销传播导入了"沟通观念（communication concept）"。面对潜在顾客的"立体化沟通"，最大优势在于"以一种声音说话"（to speak with one voice），即使用多样化的传播方式、手段，向目标市场表达同一诉求；由于潜在顾客、公众和社会"听见的是一种声音"（to hear one voice），能更有效地接收信息，准确辨认企业及其产品、服务。对企业来说，也有助于实现传播资源的合理配置，通过相对低成本的投入产出较高的效益。

☞ 链接 8－2

## 从战略层面认识和应用营销传播

（1）营销传播作为一种战略手段，受众面更为广泛。战术意义上的营销传播，受众一般集中在特定的目标市场；战略性营销传播用于打造竞争优势，不仅针对现有的和潜在的顾客，还要面向一般公众和社会，包括一切存在利益关系的相关群体。在现代市场和营销活动中，努力争取目标顾客支持是必须的，又是不够的；因为，潜在顾客和利益相关者、社会的方方面面之间，还存在着"小环境"和"大气候"的关系。营销传播必须为企业、品牌的深入人心，在更大的范围创造有利的舆论环境。不仅要在顾客中，而且要在利益相关者和全社会，形成不同企业、品牌的认知差异。

（2）战略性营销传播以双向交流为基础，竞争优势为导向。现代社会由于科技进步和发展，新的传播媒介、传播方式不断出现，为营销传播提供了更多、更好的选择。竞争日趋激烈，企业和广告商对传播渠道的不断开发，营销推广手段的多样化，造成了商业信息的"狂轰滥炸"。传播渠道和信息增多，营销战略和手段同质化现象日趋严重，大大稀释、淡化了潜在顾客和公众对具体信息的注意力。大众传播媒体的影响不断减弱，费用持续上涨，劝服力又大不如前。传统媒体的受众不断流失，企业投放的广告预算也在下降。在这个社会由大众化向分众化转变的时代，如何使目标市场和社会乐于接受商业信息，准确认识、理解企业及其品牌，成为一大挑战。以双向交流为基础，平等的、对话式的进行营销传播，使沟通建立在人们所见所闻和所感之上，不再只是关于自己、产品或服务的自言自语，更不是营销推广的"独白"。信息技术的革命，尤其是互联网的出现，"一对一沟通"和"一对一营销"不仅成为必要，而且已是可能。

---

① 转引自：[韩] 申光龙. 整合营销传播质量管理 [M]. 北京：中国物资出版社，2001：6.

# 第八章 沟通和维护顾客关系

(3) 作为打造竞争优势的战略平台,营销传播必须是多参与者、多信息载体、多传播渠道,全方位和一体化的有机结合。现代社会传播流程参与者的多元化,产品、服务和品牌的剧增,加剧了竞争的白热化,一般的营销传播影响力大大减弱,使用复合的营销工具和传播媒体渐成趋势。由此产生了"建立公众关系为主的营销目标","整合所有传播工具,用正确的媒体,传递正确的信息给正确的公众"等一系列新的理念,实施战略性营销传播也因此水到渠成。

## 第二节 营销传播过程与决策

传播是努力与对方建立某种共识的行为。传播者借助一定的传播方式、信息渠道,把信息传递给受众,与之共享和互动。营销传播是有目的、有计划地整合传播手段、推广方式,与潜在顾客和公众交流信息、实现沟通的过程。

### 一、分析传播对象

营销传播的对象即受众,可以是潜在顾客或现有用户,也可以是购买过程的决定者或各种影响者,还可以是某些个人、群体或一般公众。明确传播对象,是制订营销传播各项决策的前提。传播对象决定传播者如何设计营销信息,选择信息渠道,以及何时何地以何种媒体表达信息。

明确传播对象,必须研究传播对象的类型,他们的需求、态度、偏好和其他特征,尤其是印象。比如,对企业和品牌的看法,对竞争者及其品牌的评价。

#### (一) 一般印象分析

人们对特定事物的看法和评价,简单归纳为两大方面——知与不知,喜不喜欢。传播对象的了解、熟悉状态与程度,可用知名度衡量;信任和赞许的状态与程度,可用美誉度(美名度)衡量。"形象评估工具图"可以帮助确认一般印象的大致情况(见图 8-3)。

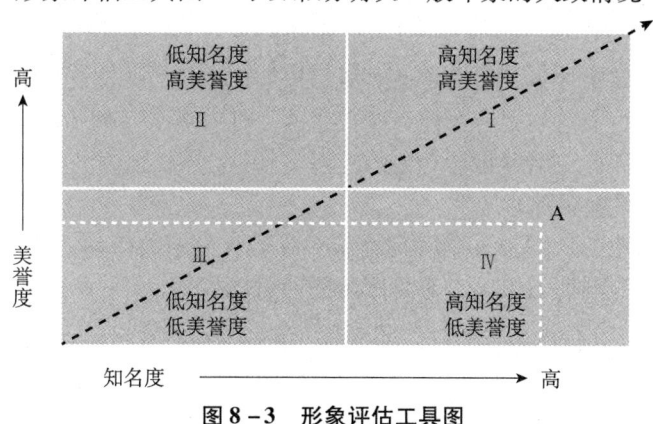

图 8-3 形象评估工具图

图 8-3 中纵坐标与横坐标，分别为知名度和美誉度，用百分比表示。依据知名度和美誉度的关系，"形象评估工具图"分四个象限。第Ⅰ象限是知名度、美誉度"双高"区域，是较理想的位置，也是营销传播追求的主要目标。第Ⅱ象限是低知名度、高美誉度区域，说明知者虽有好感，但是比例偏低。由于在一般印象中只是依稀可见，传播重点是努力提高知名度。第Ⅲ象限是知名度、美誉度"双低区域"，知者不多，影响也不太坏，营销传播需要在两个方向增加努力。第Ⅳ象限是高知名度、低美誉度区域，一般印象严重不良。知者甚多，好感者寥寥无几，提高美誉度更是当务之急。位于不同象限，一般印象的性质、程度不同，营销传播任务也不一样。

（二）特定内涵分析

一般印象分析是综合诊断，还要分析一般印象的特定内涵，即了解形成这种状态的具体原因。通常可选择若干影响知名度或美誉度的因素，如名气、质量、服务、创新、信用和可靠性等。采用语义差别法，每个项目划出标值，如无（0）、较小（10）、一般（20）、较大（30）和很大（40）等。由调查对象根据其看法，分别在每个项目相应标值上做记号。最后汇总并取其总和平均值，分析具体的看法并找出原因（见图 8-4）。

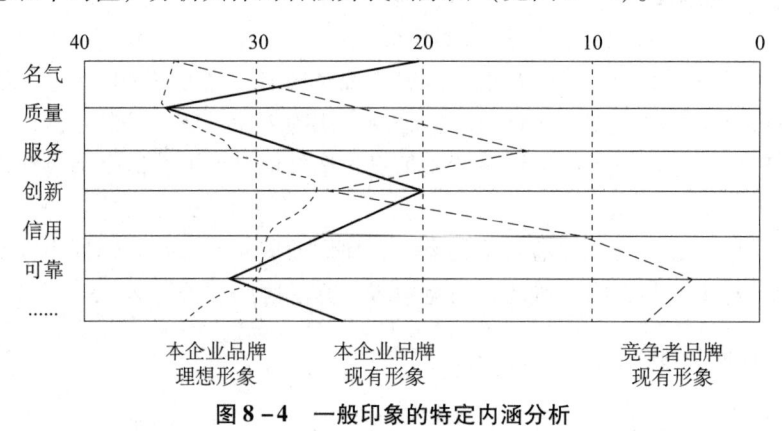

图 8-4 一般印象的特定内涵分析

## 二、明确传播目标

传播目标是通过营销传播，拟从传播对象争取的预期反应。毫无疑问，最终追求的反应是顾客购买行为。但大多数购买者在最终购买之前，都会有一系列的决策，购买行为只是他们决策的最终结果。因此，明确传播对象的范围、特征之后，还要考虑如何将他们从目前的状态推向更高的准备购买的阶段。

如何影响传播对象的认知，改变他们的态度和促成预期的行动，理论上有许多的解释。一般可根据阶段性选择预期效果，考虑营销传播的具体目标。

（一）"爱达"（AIDA）模式

"爱达"是英文字母 AIDA 的译音，也是四个英文单词的首字母。分别是：A（atten-

## 第八章 沟通和维护顾客关系

tion),引起注意;I(interest),唤起兴趣;D(desire),激发欲望;A(action),促成行动。

该模式认为,传播对象接受影响以后,其反应会依次经过注意、兴趣、欲望和行动等四个阶段顺序发展,是一种循序渐进的变化过程。例如,首先必须吸引潜在顾客的注意,才可能推动他们产生兴趣;其次形成欲望;最后是促成行动。

### (二)效果层次模式

该模式把传播对象的反应,依次区别为以下层次。

(1)知晓。倘若大多数传播对象还不知道,就要帮助、促使他们知晓。比如,可重复传播企业或品牌标识等简单信息,以达到效果。

(2)了解。传播对象知道,但认识不多,不够全面。要引导他们进一步认识和熟悉有关的情况。

(3)喜欢。传播对象在了解以后,会有什么感受和评价——可能喜欢,也可能不喜欢,还可能无所谓。如果是负面看法,要查明前因后果再进行沟通。如果不良评价来源于企业自身的失误,仅靠传播就不能从根本上解决问题。

(4)偏爱。重在强化传播对象的情绪,在双方之间建立特别的感情。

(5)信念。加强人们认为可以肯定或确认的观念、看法。通过营销传播,要在传播对象中巩固良好印象,避免负面感受的长期驻留。

(6)购买。即促使传播对象采取企业所希望的行动。例如,顾客已有信念,但未必购买;可能暂时没有意愿,或条件不成熟,还可能在继续等待等,要引导他们迈出最后一步,激励其购买行为。

## 三、设计信息

明确期望从传播对象获得何种的反应之后,需要设计营销信息。通常的做法是依据具体阶段的不同传播目标,发展相应的营销信息。

### (一)信息范围

营销信息的有效与否,前提在于受众能否准确地"解读"其意义。因此,传播者的"编码"过程必须与受众的"译码"过程吻合。也就是说,信息作为一种基本符号,必须是传播对象也熟悉的。传播者与受众之间的经验领域相交、重叠范围越大,信息越易于为受众所理解。传播者在起点能够"编码",受众在终点能够"译码",都是以各自的经验为基础的。必须根据传播对象特征,在其能够"译码"的范围内考虑、选择和设计信息。

### (二)信息内容

决定对传播对象"诉说"什么,提供什么理由以触动他们产生反应。

(1)理性诉求。直接诉诸传播对象的理智,显示企业、产品的功能、利益等,以触动其购买行为。例如,向潜在顾客说明产品性能、服务质量和价值、性价比和利益等。一般来

## 国际服务外包营销：基于创造顾客满意的视角

说，组织购买者对理性诉求的反应明显，具有足够的专业知识，决策要对组织负责、接受他人的评判。他们有时间、有必要比较不同供应商的各个方面，从中选择合适的卖主。消费者购买高价产品也会多方收集信息，仔细比较和选择，对理性诉求做出积极的反应。

（2）情感诉求。经由激发传播对象的兴趣和意愿，引发其某种肯定或否定的情绪，产生感情上的共鸣。例如，鼓励人们去做应该做的，或终止不应该做的，如吸烟、酗酒等。有时候，一些传播也使用让人产生恐惧、罪恶感和羞耻心等消极情感的信息。积极的情感诉求如幽默、爱、自豪和快乐等，有利于提高传播效果。比如，风趣可以吸引更多关注，甚至对传播者也产生更多喜爱和信任。

（3）道义诉求。通过指引、倡导传播对象进行思考、分辨、认识、强化某种道德和价值判断，如"这么是我应该的、分内的"等。常见用于号召公众参与、支持某项社会事业，如创造、保持优美环境，救助弱势群体等活动。

### （三）信息结构

信息内容如何安排，主要考虑三个问题。

（1）结论由谁给出。可由传播者明确说出自己看法，也可含蓄暗示，由受众"琢磨"意思。一般来说，明确说出的方式优于含蓄暗示。受众因此按传播者提倡的方向发生改变的，也要比自己归纳的比例高出许多。但是传播者被视为自身有瑕疵、不可信，受众会对试图影响他们的"说教"不满；比较简单的问题，或受众认为自己更专业、"比你懂"，也会对传播者"喋喋不休"产生厌烦；倘若问题涉及隐私，更有可能对传播者"公然"强调感到愤慨。在这些情况下，由受众自己"悟出"传播者的"潜台词"，或许更为适宜。

有时候传播者提出的结论过于明确，也会限制品牌推广。比如，企业强调自己是"国际"服务外包供应商，就可能阻碍它吸引"国内"发包商成为顾客，除非这家企业本来就有这样的意图。有些情况下，使用"模糊"一些的信息，由受众自己去思考，可能会产生宽泛一些、"模糊"一些的市场边界，便于购买者更多的任意选用具体的产品和服务。只有那些复杂的或专用性强的产品，比较适宜明确而简单的结论，比如"我们是ITO（信息技术外包）服务提供商"。

（2）一面之词还是两面都说。企业还要考虑传播中是只讲"好的"，还是"好坏都说"。一般来说，一面之词适合于原来就相同立场的受众，两面都说适合于持反对态度的受众。受教育程度高的专业人士，可能受到负面影响的传播对象，适宜两面都说。

（3）先说后说孰更有利。即信息表达的顺序问题。一般的规律是人们对开头、结尾往往印象更深，所以要考虑最强力的论点、最重要的内容是放前面还是后面。

在一面之词的情境下，一开始说最重要的可更好地引起注意，激发兴趣。例如，报纸、杂志和网站，常常使用这种渐降式表达方法，"开门见山"，甚至在标题上大做文章。受众可选择的信息多，所以要先安排最强力的论点，以吸引他们的"眼球"。已经接受自己影响的受众，或信息缺乏选择性的受众，可用渐升式表达方法，"由远及近"，最重要的内容放在后面，"慢慢道来"。

在两面都说的情境中，还要考虑"好的"先说还是后说。先说可先声夺人，产生卓越效

## 第八章 沟通和维护顾客关系

应；后说可后发制人，产生崭新效应。如果受众持反对意见，先说"坏的"不失为明智之举。这样或许可减少他们的戒备、防范，拉近双方心理距离，也有机会最终说出"好的"。

### （四）信息格式

还要为信息设计最具吸引力的格式。例如，文字要考虑标题、文稿、插图、色彩及版面和排版；音频需要选择辞句、考虑音质（如语速、韵律和音调等）、发声（如停顿、叹息）等。传播不同信息，可能声音、腔调等还要有所区别。如果是视频，或举办活动、拜访客户等，还有仪容仪表、肢体语言和表情都要设计。

### （五）信息来源

信息的有效性，还受到传播对象对信息来源看法的影响。在受众眼中，信息来源的可信度越高，正向态度的一致性越强，信息越有说服力。

信息来源可信度的高低，通常取决于三个因素。

（1）权威性。一位专业领域享有盛誉的专业人士谈其专业问题，要比外行泛泛论道更加可信，也更容易引起受众态度的变化。许多服务外包企业、咨询机构和广告公司，常常参加专业会议、相关学术会议等，以提升"专业"形象。

（2）客观性。传播者在受众中被认为公正、可靠，态度超然，没有私利和个人目的，更容易取得好的传播效果。例如，一位专业人士既是权威又立场客观，必然更容易得到传播对象信任。

（3）认同性。其他条件相同，如果受众认为传播者是"自己人"，容易亲近而非高不可攀，坦诚、自然或风趣而不是道貌岸然、高高在上或卖弄玄虚，受人喜爱，也更容易接受其影响。

## 四、选择信息渠道

传递信息有人员渠道，还有非人员渠道。要结合传播对象、预期反应和信息特征等，选择合适的渠道和方式。

### （一）人员渠道

人员渠道是两个或更多人之间，直接进行交流的一种渠道。可以是面对面交谈，也可通过电话、通信和电子邮件等，包括即时通信工具以及微信朋友圈、QQ等。特征是借助于传播者个人机会和人脉关系实现传播目标。

人员渠道又可分以下三种：

（1）说情渠道。例如，营销人员或团队与潜在顾客接触、洽谈，说服购买。

（2）专家渠道。由独立的第三方出面，利用其权威身份、专业知识等提出建议，影响、引导潜在顾客。例如，行业协会、专业组织和社会名流等。

（3）社交渠道，即"口碑影响"。潜在顾客通过亲朋好友等"朋友圈"，网络购买的好评差评等受到的影响。也是人员渠道中说服力最强的一种，在消费者市场的效果尤其明显。

一般认为，以下情况中人员渠道的作用更大。例如，价格昂贵、不常购买和风险大的产品，反映购买者身份、地位和品位的购买等。前者需要收集大量信息后考虑购买，顾客可能不会满足于一般媒体的信息，需要"更专业"的意见和帮助；后者由于存在明显的品牌差异，顾客更乐于由人员渠道寻求建议。

企业可主动采取一些措施，以推动人员渠道发挥作用。例如，培养意见领袖，借助他们产生示范效应。在组织间营销中，有的供应商首先争取行业中举足轻重者成为顾客，再通过它们的使用和"口碑"，影响、引导其他企业。

### （二）非人员渠道

不经人员直接接触进行营销传播的渠道。例如：（1）媒体。包括报纸、杂志、直邮等印刷媒体，广播、电视、录像等电子媒体，海报、告示、企业标识和模型等展示媒体，以及网站、微博和微信公众号等网络媒体。也是非人员渠道的主要形式。（2）气氛。通过专门设计、整体配套的一种环境影响，用以产生、强化传播对象的情绪、购买倾向。包括光线、色彩、音响、气味及装饰、摆设等构成因素，可作用于受众的心境并影响其行为。例如，卖场喜欢使用特定颜色、灯光和装修，创造适宜的氛围；组织间营销中，企业通过荣誉室、产品展示等的设计和布置，以影响顾客的感受。（3）事件（event）。也称"事件营销""活动营销"，通过创造性的事件或活动与受众进行沟通。事件需要精心的策划和安排，活动要有戏剧性和新闻价值，更能迎合媒体和公众兴趣，甚至成为舆论焦点。如新闻发布会、庆典和展销活动，公众开放日或参观和赞助公益事业等。

☞ 链接 8-3

### "二步式传播"

"二步式传播"有意识地通过第三方对受众施加影响以达到传播目的。它通过人员渠道，先将信息送达知名度高、影响力大的公众人物；通过他们的再次传播，影响大众传播媒体，并送达更多的一般公众。也可先经广播、电视和印刷媒体等，使信息进入意见领袖的视野，通过他们的人际传播、网络传播等，再次传播给那些主动性不足的受众——意见追随者。

"二步式传播"的兴起，是人们认识到大众传播方式对舆论的影响，不如想象的直接、有力和自动，它们经常要经过"意见领袖"这个中介。意见领袖是群体中有能力为大家提供指导和参考的人士。他们在某些方面见多识广，或拥有更多的专业知识和经验，成为"圈子"里公认的、可信度高的信息来源。他们可以扩展大众传播媒体的影响范围；当然也有"把关人"作用，可以决定传播哪些、不传播哪些，甚至改变信息和内容。

以往认为影响他人意见的顺序，是从社会地位较高者开始依次向下传递，事实上并不总是如此。多数时候，人们主要的接触对象在同一阶层。他们追随并接受同一阶层的行为方式和思维方式，即认同的意见领袖。也就是说，"圈子"的影响更大也更直接。

# 第八章 沟通和维护顾客关系

## 五、构建促销组合

每种促销手段的特性不尽相同,各有其作用和所需成本。有时候一种手段可以代替另一种,有时候又要几种配合使用、优势互补。还要结合市场和产品的类型等,例如组织间营销一般多用人员渠道,消费者市场经常选择非人员渠道。促销组合是将相关促销方式和信息渠道等,通过资源整合和一体化,扬长避短地争取整体效应。

在有中间商介入的情况下,企业一般有两种促销战略(见图8-5)。①

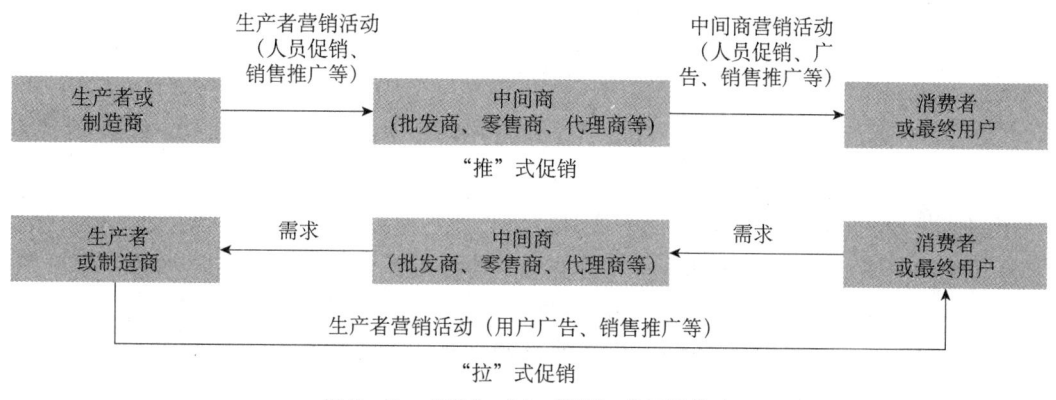

图8-5 "推"式与"拉"式促销战略

### (一)"推"式战略

采用"推"式促销,企业通过分销渠道一环环接力,将产品、服务及品牌等信息,逐步推向消费者、最终用户。首先,激励渠道成员,吸引它们购买、代理;其次,由它们向下一层次展开促销,并最终覆盖目标市场。

一般来说,潜在顾客集中,目标市场区域范围小;市场平销或开始饱和的产品;知名度低的品牌;投放市场已久的产品;需求有较强的选择性的品牌;销路容易疲软的产品;购买动机偏于理性的产品;以及需要较多介绍使用的产品,可考虑"推"式战略。

### (二)"拉"式战略

采用"拉"式促销,企业将营销信息集中于刺激消费者和最终顾客。首先刺激、引导他们产生欲望,向中间商询问、购买;再触动中间商,逐级向上一层次询问、进货,一直到供应商企业。

"推"式战略一般多用于以下情况:目标市场范围大,销售区域广泛;试销的新产品;销量正在上升,或初步打开市场的品牌;有较高知名度的企业;购买动机偏向于感性的产

---

① [美]菲利普·科特勒,加里·阿姆斯特朗. 市场营销:原理与实践(第16版)[M]. 楼尊,译. 北京:中国人民大学出版社,2015:427-429.

品；容易使用的产品；需求缺乏选择性的品牌；以及经常购买的产品。

## 六、制订经费预算

开展营销传播必须花费一定的费用。但多少才是合适，又往往难以定夺。

### （一）量入为出法

依据企业所能承受的财力制订促销预算。例如，上一年度的总收入减去总支出，可有多少用于下一年度的广告、公共关系等促销活动。

这种做法的不足，是忽略了营销传播也有"投资"作用，可对销量产生直接影响。促销经费缺乏稳定性、连续性，不利于长期规划，难以保证战略性效果。

### （二）销售比例法

以当前或预期销售额的一定比例，或单位售价的一定比例制订预算。这么做容易操作，也考虑了促销与销售增长、价格和利润的关系，费用可因销售状况而变化，相对明确和稳定。但是这种做法同样难以说明支出的合理性。它把销量或销售额当作营销传播的原因，没看到也是促销的结果。不能很好地切合品牌建设、开拓市场的具体需要，也不利于做长期规划。

### （三）竞争对等法

按竞争对手促销支出的大致情况，考虑、决定自己的预算。一些企业认为，竞争者的支出水平可大致代表行业的智慧，大家都这么做自然有其道理。长期如此，还可避免无意义的"促销战"发生。

问题在于，竞争者的支出不一定就科学、合理。企业之间各有各的情况，目标、营销战略和条件等都不尽相同，这么做容易作茧自缚。况且，其中一家或几家想要一争高下，大幅增加促销经费，"促销战"还是会爆发。

### （四）目标任务法

根据传播目标和具体任务决定预算。首先考虑传播目标，然后明确必须的传播任务和具体的项目，测算各项活动所需支出，形成计划期的促销预算。目标明确，每笔开支都有明确用途，故逻辑上有较强的合理性。

## 七、评估传播效果

最后，企业要对营销传播进行评估，分析其在目标市场产生的影响。包括向潜在顾客了解他们看到了什么，看到过几次，记住了什么，感觉怎么样；过去对企业、品牌或产品的态度，现在的看法，发生的变化，等等。还要掌握顾客反应的具体数据，如多少人购买，多少

### 第八章 沟通和维护顾客关系

人喜欢并和其他人谈论过相关话题。

开展促销活动，主要目的之一是追求满意的销售效果。必须注意的是，促销本身的主要作用在于传播信息，与目标市场、包括中间商和顾客等进行沟通。倘若销售效果良好，如实现了预期销售目标，一般来说营销传播是有效的。假如销售效果不好，就要从知名度和美誉度两个方面具体进行分析。知名度没有达到要求，说明传播战略、促销方式等存在问题，需要改进；美誉度不能实现预期，不一定就是营销传播的问题，可能还要从产品、渠道和定价等查找原因。销售效果是营销组合各个要素共同努力取得的整体相应，促销只是其中一个影响因素。

## 第三节 促销手段与网络传播

传统上，促销手段一般分为人员促销、广告、公共关系和销售推广等方式。近年来，网络传播蓬勃发展和普及，为传统的促销方式注入了新的内容与活力。

### 一、人员促销

企业派出和通过营销人员，接触中间商或最终顾客，以介绍、推荐产品和说服购买。这是一种最古老的促销方式，如早期商贩的沿街叫卖、送货上门等。如今，人员促销不仅广泛应用于组织间营销，也越来越多地用于消费者市场。

人员促销有以下优点：

（1）方式灵活。企业通过一线营销人员直接与顾客接触，可随时观察、掌握顾客反应，及时调整沟通内容和促销方式。通过自身形象、言辞和动作等，辅之以样品、图片等各种手段，更方便产生好感、建立信任，达到说服的目的。

（2）强针对性。广告等促销方式面对范围广泛的受众，他们可能是也可能不是潜在顾客。人员促销通常是个别进行，需要调研、分析和选择拜访对象，可以有的放矢、提高绩效。

（3）直接成交。人员促销可及时为潜在顾客提供所需信息，尽快消除担心和疑虑，也会大大缩短从首次拜访到最后购买的时间。

（4）培育关系。在营销人员与顾客的来往中，双方容易形成友谊和良好关系。营销人员帮助顾客选择、获得称心的产品，解决他们使用中遇到的问题，也使顾客对营销人员及企业建立好感。顾客一旦认可和肯定营销人员，也会愿意主动推荐企业和产品。

（5）反馈信息。人员促销是双向交流，在与顾客交往中营销人员可以观察、收集相关市场信息，分析和发现机会，帮助企业改进产品、完善服务。

人员促销也有其"短板"。倘若市场区域广阔，顾客分散，就可能需要庞大的营销队伍，导致促销费用中的相关成本增加；营销人员通常是个别作业，对其管理、考核都有一定困难，不易适度把握；合适的营销人才难得、难觅。

## 二、广告

广告是通过支付一定的费用给相关传播媒体,并以广告主的名义发布信息,以影响顾客认知、行为的一种大规模促销方式。过去主要以大众传播媒体为主,如有报纸、杂志、广播、电视"四大广告媒体"的说法。

### (一) 报纸广告

报纸媒体刊发广告,特点是定期发行,时间间隔短,传播快,影响面大,能够留存重复宣传,广告面积也可大可小。但是报纸印刷质量一般,表现手法局限较大,并随报纸的时效失去广告作用。

在网络媒体、网络广告强力冲击下,报纸媒体发行量江河日下,已经失去昔日四大广告媒体之一的地位。一些报纸也在努力依据时段(如平时与周末)、发行区域(读者所在地方)等细分市场,在主体内容一致的基础上,推出不同版本、栏目,实施自身的差异化营销以留住读者。

### (二) 杂志广告

杂志媒体一般拥有较为固定、专一的读者群,因此广告对象针对性相对强;能保存的时间长,多次宣传的效果也要更好;其印刷质量也大大优于报纸媒体。但是杂志媒体出版的时间间隔长,多为按月出版,所以刊登的广告传播也较慢;读者专一带来的影响,可能就是范围"小众"。

### (三) 广播广告

以广播电台、有线广播站等为媒体播出的广告,传播速度快,影响空间广。广告内容可配乐,可朗诵,可辅之以各种音响效果,语言形式生动活泼,听觉形象强,费用也低。但其时间短促,稍不留神容易错过,也不方便记忆。作为传统的四大广告媒体之一,同样受到包括网络媒体等的冲击严重。

### (四) 电视广告

利用电视媒体播放的广告,可同时整合活动画面、语言文字和音响效果等。送达对象范围广泛,信息穿透力、渗透力更强,令人印象深刻。但其费用最贵,展示时间也很短促。曾经位居四大广告媒体之首,近年来由于网络媒体等新兴传播方式冲击,观众流失比较严重。

### (五) 户外广告

包括在建筑物外表或街道、广场等公共场所,设立霓虹灯、路牌和张贴海报等传播广告信息的做法。户外广告一般无差别地面向所有公众,难以选择具体广告对象。但是可在固定地点长期存在,在广告期内不间断地展示企业或品牌形象,对提高知名度仍然有较好的

## 第八章　沟通和维护顾客关系

效果。

（1）路牌。利用建筑物外墙涂制，或在公共场所、交通要道等树立专用平面、电视大屏幕等，进行信息传播的一种户外媒体。特点是广告画面大，作用时间长，但影响范围主要限于行人或经常来往者，传播对象较为单一。

（2）张贴海报。在街头布置、张贴，可深入街区、村落，便于广泛使用，密集使用可形成强烈的促销气氛。但广告作用时间的长短与气候条件关系密切，风吹雨打容易剥落。

（3）霓虹灯、灯箱广告，利用彩色霓虹灯或灯箱等展示信息。特点是色彩闪烁丰富，容易引起行人、公众的注意；不足是信息量有限，必须简洁。

（4）气球、飞艇媒体。采用大型氢气球等高空悬吊，或能够推进、控制飞行状态的飞艇为广告媒体，容易引起周边公众的注意和兴趣。信息内容一般只能极为简单。

### 三、公共关系

公共关系原意是指与公众的往来和联系。作为一种管理职能，主要用于与公众的交流和沟通，通过协调关系、化解矛盾，争取更多的理解和支持。在企业被广泛用于配合营销职能，尤其是开展营销传播和促销。

公共关系作为促销和营销传播方式使用，有以下显著的优点。

（1）真实感。公共关系传播或借助于事实，让人耳闻目睹、亲身体验；或通过他人之口，如新闻媒体、权威人士和意见领袖等，告知天下。事实胜于雄辩，他人夸奖难得。公共关系巧妙避开人员促销、广告等"自卖自夸"的嫌疑，突破公众、顾客的防范和戒备心理，传播内容更易于深入人心，沟通效果更为持久。

（2）新鲜感。由于人员促销、销售推广等方式花样层出不穷，广告竞争更是剧烈，常常沦为令人厌烦的商业"喧嚣"和骚扰。难以吸引顾客、公众留意，甚至产生负面影响。公共关系方式另辟蹊径，并不直接劝导购买，而是以新闻或其他的方式传播信息，把"文章"做在社会、公众关心和瞩目的问题上。既新颖独特又富于戏剧性，相对容易吸引视听。

（3）亲切感。公共关系传播重在表现企业的"人情味"，创造勇于担当社会责任的良好形象，贴近公众、顾客感情。更利于买卖双方建立长期的合作关系，不断发展、扩大友好往来，形成顾客对特定企业、品牌的高度黏性。也是一个企业实施"拉"式战略促销、大营销战略进入国际市场的主要手段。

公共关系活动的具体方式有很多。例如新闻报道和新闻发布，组织、接待公众和顾客参观，处理投诉，赞助和参与公益事业、慈善事业以及社会活动，开展顾客教育和市场引导，免费介绍、示范、指导、咨询和培训，等等。通过与顾客、公众和社会之间的良性互动，提升企业、品牌的知名度和美誉度，为营销活动创造和谐社会关系的舆论环境。

### 四、销售推广

是企业为刺激需求、开拓或扩大销路，采用可迅速见效的各种激励方式进行的促销。一般用于招徕新顾客,稳定动摇的顾客以及回报忠诚的顾客。销售推广追求立竿见影的效果,往往大张旗鼓进行,以造声势、产生轰动效应。

常用的销售推广方式有:

(1) 免费样品。向潜在顾客提供免费试用,以建立认知、加强信心。多用于新产品促销,如在卖场、闹市散发或挨家挨户派送。

(2) 有奖销售。设立购买奖励机制,按一定条件发放。如幸运抽奖,机会多购多得,当场摸奖或规定日期开奖;有奖游戏,集娱乐性与促销于一体,顾客通过购买取得参加资格,优胜者给予奖励;赠奖,对购买者另送礼品或纪念品,或对收集一定数量购物标志的顾客进行奖励。在消费者市场,有奖销售可刺激多买多购,甚至即刻改变购买习惯。

(3) 折价优惠。寄送、发放优待券、折价券等,顾客凭券享受一定的优惠。

(4) 展销。通过产品展览、陈列和示范,招徕中间商和最终顾客。例如,服务外包企业可以专场推荐活动,吸引潜在顾客到场。配以免费行业专题讲座,邀请专家、权威人士开讲,现场营销人员接触、互动,会后跟踪效果。

(5) 竞赛、津贴与奖金。确定销售奖励办法,组织中间商、营销人员参加,优胜者给予奖励;或对业绩突出的中间商、营销人员,发给一定的津贴或奖金。

(6) 培训。在组织间营销中,一些提供大型、复杂、成套设备和系统的企业,常为顾客等提供若干免费的学习机会,帮助他们尽快、更好地掌握使用方法和技术。还有的企业经常对中间商开展培训,以熟悉产品性能、提高销售技能。

(7) 举办或参加与顾客、公众交流的联欢活动。销售推广可以最终顾客为对象,也可面向中间商或营销人员。其最大的优点在于通过强烈地展示企业、品牌和产品,产生较大的冲击和吸引力,激励促销对象的积极性,打破购买或销售的惰性。但是销售推广的许多做法,也会显现出企业急于推销、成交的迫切。频繁应用或使用不当,都可能令人生疑甚至反感,损伤企业和品牌身价,需要慎重考虑和选择。

## 五、网络传播

网络传播以计算机通信网络为基础,通过互联网进行信息传递、交流和利用,也称为互联网传播。融合了大众传播的单向传播和人际传播的双向交流,形成了一种散布型的网状传播结构。网络传播的长处和元素,也融入了传统促销手段中,为营销传播提供了更多更好的选择。

### (一) 网站与网络论坛

网站是应用最早,也最广泛的网络传播形式。通过 Web 网页发布信息,提供相关服务并与受众互动。也可看成是大众传播方式的互联网化。

一般的企业、组织都有自建网站,也是其营销传播重要的自媒体;外部门户网站等"它媒体",也是网络传播的重要工具。综合性门户网站知名度高,各类信息全面,访问量大且覆盖面广,但专业性不太突出,适合与宽泛的一般公众和顾客沟通。行业性门户网站主

## 第八章　沟通和维护顾客关系

要锁定所在的行业，行业内的影响力大，访问人群也集中、固定，适合"门当户对"、专业要求较高的传播。

以各种话题讨论为主的门户网站 BBS 论坛、网络媒体开设的论坛等，是一种多对多交流的平台，也是最早的互联网社交媒体或称社会化媒体。不同专业、不同问题的分别讨论，使其受众相对稳定，而且能有较集中的人气。

虽然受到博客、微博兴起的冲击，论坛传播还是没有完全失去其意义。因为论坛是以内容为中心的社交媒体，微博、微信等是以人为中心的社交媒体。人们的信息互动，受到社会关系"圈子"的影响。需要淡化个体中心或超越个人关系网络以内容为中心进行交流，论坛就更有价值。但总的来说，在 Web2.0 时代，论坛形式已经日渐衰落。

### （二）即时通信

即时通信（instant message，IM）是互联网用以实时通信的系统服务，允许多人使用，实时传递文字、文档、语音及视频等信息流。其功能日益丰富，除了基本通信，还集成了电子邮件、博客、音乐、电视、游戏和搜索等。已经不再是单纯的聊天工具，成为具有交流、娱乐、商务办公、客户服务等特性的综合化信息平台。例如腾讯 QQ、微软 MSN Messenger 等。看似"点对点"，其实是有同步交流的时效、交流可控性以及丰富、可切换的交流手段。

### （三）博客（Blogger）、微录（Vlog）与微博

博客是在互联网上的一种流水记录形式，也称"网络日志"（web log），或音译为"部落格""部落阁"。许多博客专注于在特定方面提供评论或新闻，内容以网页形式出现，根据张贴时间倒序排列。具备 RSS 订阅功能。

微录是博客的一种变体。全称 video blog（视频日志）或 video log（日志视频），意为视频记录、视频博客或视频网络日志。强调时效性，作者以影像代替文字、照片写网志，上传与网友分享。在 95 后以及 00 后人群中，微录逐渐成为他们记录生活、表达个性最主要的方式。

微博即"微型博客"，也是一种通过关注机制分享简短实时信息的广播式社交媒体、网络平台。如新浪微博、推特（Twitter）等，用户可以在桌面 PC、智能手机等终端接入，通过文字、图片、视频等媒体形式，实现信息的即时分享、传播互动。

在微博传播中，意见领袖是不可忽视的重要角色。不同于以往"线下"的意见领袖，他们具有积聚性、集权性、圈群化和跨界化等特征。由于微博的便捷性、低门槛，使得无论"精英"还是"草根"，都更容易成为微博中的意见领袖。他们也往往不只是活跃于某一专门的领域，常常"跨界"发表意见、引导舆论。意见领袖之间的关系密切、互动频繁，呈现圈群化现象。名人之间互相评论和转载，可使事件引发持续关注，影响舆论的风向。

### （四）微信

微信将人际传播、群体传播和大众传播等三个层级，对等地聚合在一起，三者之间实现

无缝连接、全面贯通。成为最方便使用、覆盖面极广的社交媒体。

社交是微信最核心的功能，也是支持其他功能的基础。以其为营销及服务平台，企业可直接提供硬广告、植入营销信息以及出售产品。微信也是一种个性化服务平台，可为用户提供一对一服务，在人、设备和服务之间形成一种智能的线上线下的连接。

目前应用较多的微信传播方式，有朋友圈、微信公众平台和小程序。用户通过微信朋友圈，可发表文字、图片和视频，还可通过其他软件分享内容，以及对好友"评论"或"点赞"。还可按照不同的需要和标准，建立或参加各种"微信群"开展活动。微信公众平台简称公众号。利用公众号平台进行自媒体活动，就是开展一对多的传播，目前成了一种主流的线上线下互动的营销方式。微信小程序是一种不需要下载安装即可使用的应用，实现了应用触手可及、用完即走。

### （五）App 传播与移动视频直播

App（应用）等第三方应用程序，通常也称"客户端"。如抖音、今日头条、网易云音乐等。特征是垂直程度高，提供个性化服务。

当前短视频 App 有社交型、工具型、媒体型、娱乐型等不同应用，并呈现多强格局。既有央视频这样的"国家队"，也有抖音、快手等全民应用。作为 UGC（user generated content，即用户生成内容、用户原创内容）平台，其内容正在逐渐朝细分化、精品化、垂直化发展。短视频作为全场景媒体，简明、直观、轻松并易于表达，能够争夺用户碎片时间，整体用户年轻，并下沉到了三、四线城市，用户持续增长。用于营销传播，同样具有天然优势。

移动视频直播是基于互联网，以视频、音频、图文等为载体，向公众持续发布实时信息的传播活动，具有在场、表演与陪伴等特征。在电视时代，电影、电视等媒体的核心优势，在于其对现场的"再现"能力。但"现场"并不就是"在场"，在场是指身在事物发生、进行的地方。在移动互联网时代，用户不仅需要视觉体验，还需要亲临现场的真切感受。移动视频直播操作简易、时效更快且真实性更强，具有更广泛的"现场进入"与"在场感"，因此也获得了用户欢迎和迅猛发展。

## 第四节　顾客关系沟通

企业需要精心选择、整合促销手段，以沟通和维护顾客关系。顾客行为不仅受到需要、欲望的制约，还受到利益相关者、一般公众、舆论以及营销环境诸因素的影响。开展营销传播活动，必须要有开阔的视野。

### 一、依据传播目的分类的沟通方式

依据顾客关系形成和发展的阶段性以及具体状态，依据营销和促销目标的不同，沟通方

# 第八章 沟通和维护顾客关系

式可分为五种类型。重点是追求全局性、长远性的顾客关系效果。

## (一) 建设型关系沟通

企业由于开创新局面，需要向潜在顾客、目标市场主动推介自身，以建立良好、深刻的"第一印象"，初步形成相关顾客网络所进行的沟通。目的是使顾客和社会对企业、品牌及有关业务，产生明确认知或新的兴趣，形成新的感受和体验。多用于与潜在顾客交往初期，如创始阶段或进入全新的市场领域；某一重大转折点，如战略转型阶段；某项业务问世，如新产品、新服务的上市推广。通过提高知名度，直接推动企业和业务发展。

这种沟通类型多以宣传（publicity）和交际相结合的做法，吸引舆论和公众关注，使之产生兴趣、愿意了解，形成好感并进而采取相应行动。由于容易给人留下明显的"宣传"（propaganda）痕迹，故应将重点放在引起注意和增加认识。注意选择有利时机、恰当场合切入，既要把握"宣传"分寸又要力求新意，通过新颖别致的"曝光""亮相"等，赢得公众和社会瞩目。尤其要注意避免千篇一律、千人一面，使活动流于一般化；更要提防沦为"噱头"和功利性"炒作"。

## (二) 维系型关系沟通

在稳定、顺利发展的时期，为了保持与顾客、一般公众的"淡淡长情"，以稳定和巩固企业、品牌形象所进行的沟通活动。其特点是立足于不动声色而又十分执着，着眼于潜移默化而又不大张旗鼓。低姿态、不间断地保持适度联系、刷"存在感"，使目标市场始终感受到企业的"如影随形"，保护已有的影响力。

具体操作有两种选择：

(1)"软维系"。目的虽然明确，但没有更多的直接要求，沟通对象也不限于特定人群。如保持一定的媒体曝光率，在街头、建筑物长期竖置企业形象、品牌广告，分发服务性、知识性信息、资料，无偿提供某些便民措施，逢年过节用户专访、慰问等。近年来，开设微博、微信，创建网络百科有关词条，在公共场所提供免费 Wi-Fi 等，也成为"软维系"的重要做法。其形式灵活多样，表现自然超脱，可使公众不知不觉、自然而然地联想到特定企业。

(2)"硬维系"。目的较为明显，顾客也不难理解企业用意。多通过实惠的服务等举措，维护彼此感情联系和友好往来。常见的有对消费者实行"会员制"优惠，给小微中间商赠送有企业标识的店铺牌匾，为社区提供健身设施设备，向学校提供有企业标识的桌椅，与重点客户定期不定期联谊，等等。方式应该为顾客、公众能够接受、乐于接受，切忌演变为纯粹的、"变相"的商业活动。

## (三) 防御型关系沟通

在危机、伤害可能发生之前，通过及时调整企业政策、行为，提前适应环境变化和异动，防患于未然的沟通活动。其特点是以防为主，避免顾客关系继续失调，防止或减缓矛盾的爆发。通过及时发现威胁和不利，迅速填补有可能损伤顾客、公众和社会利益的"疏

## 国际服务外包营销：基于创造顾客满意的视角

漏"，进行防范、化解。

实施防御型关系沟通，也有两种基本类型。①

（1）"强本固源"式。通过平时积极建立正面形象，强化顾客、社会的正面认知和定位，增强和累积危机抵抗力。防止身陷不利的环境、舆论时，顾客、公众信心的大面积动摇。

（2）"正本清源"式。从根本上整顿，从起源上梳理。通过预先告知危机情境，尤其是可能的负面信息，如谣言、中伤和恶意攻击等，使顾客和公众预先有心理准备，形成"危机抗体"。但这种沟通类型并不适合于所有的企业。就像打"预防针"，一个人体弱多病、免疫系统已经无法抵御病毒疫苗，反而会伤害健康。所以要衡量自身"体质"是否足够强壮，能否经受产生的风险。

### 案例 8-1

### 苹果推出回收计划

2013年7月13日凌晨2时许，"@M小静1128"微博称，妹妹用正在充电的iPhone5接电话突然被电倒，随后不治去世。"原本她的婚礼将在8月18日举行，望苹果公司能给个说法。也请朋友们切记，不要充电时打电话。"

该微博立即引来众多网友的关注和转发。"@胖子不胖"留言，他也在充电时发生过漏电，"拿起来感觉手被麻了一下，赶紧把手机丢到一边。"百度搜索"iPhone漏电"，显示1 550 000个结果，不乏"充电时漏电""iPhone漏电很厉害"等帖子，甚至重庆还有晚上iPhone4放枕边充电手机爆炸的惊险事故。

记者联系苹果售后服务热线。工作人员告诉记者，iPhone漏电的情况有可能，"可能是电池问题，也可能其他部件故障。建议充电时不要拨打电话。"

一家手机社区就此发起"你相信这是真是假"的投票。1 030位网友参与，18.62%的选择相信，11.64%的怀疑事件的真实性，其他69.74%持观望态度、半信半疑。不过专家也建议，要使用合格手机、电池、充电器，不要在温度过高环境下充电，充电时最好不要长时间打电话。

8月7日，苹果（中国）宣布推出电源适配器回收计划。苹果公司称最近的报告表明，部分假冒和第三方适配器设计可能不合理，并会导致安全问题。"尽管并非所有第三方适配器都存在问题，但我们仍推出USB电源适配器回收计划，让客户获得设计合理的适配器。"

依照计划，从周五开始至10月18日，用户对自己的任何USB电源适配器存有顾虑，可送Apple Store零售店或Apple授权服务提供商处理，随后可以68元特价买到一个苹果公司的USB电源适配器。用户需要同时携带一件苹果设备，工作人员验看序列号。

---

① 吴宜蓁. 危机传播——公共关系与语义观点的理论与实证 [M]. 苏州：苏州大学出版社，2005：69-70.

# 第八章 沟通和维护顾客关系

苹果公司没有对电源适配器做出限定。这意味着用户持有的任何品牌的电源适配器，都能前往以特价买到正品电源适配器。

资料来源：郑诚. 23岁空姐被电死 iPhone 充电惹祸？警方称在调查［N］. 羊城晚报，2013-07-14；佚名. 苹果推出回收计划 加68元可换购苹果电源［N］. 北京晚报，2013-08-07.

### （四）进攻型关系沟通

企业与环境发生冲突、摩擦，与特定顾客、公众的关系出现严重失调，通过主动出击，以摆脱被动和困境进行的沟通活动。特点是"以攻为守"，着力于改善原来的环境或改变过分依赖，调整、改造与特定顾客、公众的关系，以保证企业能够继续顺利发展。

进攻型关系沟通所针对的，一般是不受欢迎的当事方。例如，遭遇不正当的竞争、不恰当的舆论等，面临严重不利局面，企业、品牌声誉受到很大的影响。无论是申请政府部门采取作为，还是通过法律或其他的方式维权，都要力争掌握舆论主动权。一方面主动地公开事实真相，提请顾客、一般公众识别真伪、明辨是非；另一方面积极争取社会舆论和民意，获得更多的理解、同情和支持，以保护自身权益和形象。

这种沟通类型的重点和难点，有两方面：

（1）"以防为主"还是"以攻为守"的考虑。例如案例8-1中，苹果（中国）公司推出电源适配器回收计划，以应对"部分假冒和第三方适配器设计可能不合理"导致的安全问题，防止使用者发生意外并影响其品牌形象，可视为一种防御型沟通。在与某些新闻媒体或公众人物、意见领袖等发生冲突之后，一些企业采取针锋相对，以求"说个清楚"，基本上属于进攻型沟通。很难说孰优孰劣，一般都是依据如何更利于护卫企业形象的原则选择。

（2）首要传播对象和战略战术的选择。在一般情况下，大多数企业会直接剑指不受欢迎的当事方，以求明辨是非。但在王老吉、加多宝之争中，后者实际上选择了一般公众和潜在顾客，以他们为首要对象屡屡出手"悲情牌"，争取同情和支持。因为无论怎样沟通，短时间内一般都难以转化对立面和敌意者，但却可以争取数量更多的中间态度的独立公众，稳定和巩固支持者的"军心"。

### （五）矫正型关系沟通

在企业、品牌形象受到伤害，顾客关系严重失调，采取措施善后以修复形象的沟通活动。通过查明原因、消除影响，努力恢复顾客、公众和社会的信任。重点是避免不利舆论的长期存在和继续蔓延，防止陷入进一步的困境或窘境。

在与顾客、公众的交往中，因主客观原因和内外因素，企业也有可能出现失误，遭遇意外或误解。归结起来，企业、品牌形象受到伤害，可能是误解所致，例如媒体报道的偏颇、失误，遭遇谣言甚至人为的破坏等；也可能是自身行为、政策出了问题。对于前者，重点是澄清误解、揭示真相，以平息风波、挽回声誉。对于后者，要敢于担当。首先是承认错误，积极补救；还要调整政策、行为，杜绝危机重演；并要积极与市场、公众沟通，争取谅解。

## 二、依据传播手法分类的沟通活动

实现顾客关系沟通,往往需要不同手法的配合。据此分类,也有五种。可根据传播目的和需要,交叉或顺序使用。

### (一) 宣传活动型沟通

宣传(publicity)活动型沟通,采用各种方式自我"宣传",帮助建立顾客关系。过去主要靠大众传播媒体,现在越来越多使用网络传播和社交媒体。特点是企业在活动中主导性强,影响面广,提高知名度见效快。

宣传活动型沟通的主要做法有:

(1) 新闻式。以新闻报道、专题通讯、经验介绍、记者专访等形式,通过大众传播媒体、网络传播等广泛告知,也可视为"不用付费的宣传"。通过"别人"之口,容易被顾客、公众所接受,有较好的传播效果。但是"别人"是否愿意,以及将会如何去"说",决定权不在企业。因此,要将重点放在创造条件、促成机会,如召开新闻发布会、信息通报会,投寄新闻稿或提供素材等;还可开展有新闻价值的促销活动,设计事件营销,吸引媒体和社会关注。

(2) 专业式。选择行业媒体,如在专业杂志、学术期刊等发表署名文章、论文或研究报告,提升企业的专业形象;或主办、参加专业性、行业性研讨会与论坛,扩大知名度和影响力;还可参加行业领域的一些评比评选,以获得的荣誉佐证企业的能力。一些咨询公司、广告公司,即是通过各种场合发表新颖的专业观点,借以宣传自身。

(3) 广告式。通过刊发广告的形式,以企业、品牌形象为中心,直接或间接表现、展示企业使命、愿景和价值观,理念与追求,社会贡献,管理经验及各种荣誉和成就,达到自我"宣传"的目的。一般不直接进行产品促销,而是着力体现企业形象,所以也叫公共关系广告、形象广告。

还有一些其他的方式可以考虑。例如借助名人效应,"搭车"吸引媒体、公众"眼球"。常见有一些酒店、企业,邀请明星名流下榻、到访,以扩大影响。

### (二) 交际活动型沟通

交际活动型沟通以企业成员等为载体,通过社交活动和来往,与潜在顾客等实现联络感情、协调关系或化解冲突的目的,创造"人和"的环境。传播一般不经中间环节,沟通直接进入情感层次。具有亲切感和更多的灵活性,注重感情投资,在增进公众好感和缓解矛盾方面的效果突出。还能融于日常交往各个方面,广结良缘。是使用最多、应用最广的一种沟通类型。

交际活动型沟通有两种主要做法。一种是社团交际,指组织间联系和交流,例如座谈、联欢、招待会、工作餐或宴请等形式;一种是个体间,如企业领导者或营销人员,代表企业与特定对象接触、互动,包括拜访、祝贺、信函和电话联系,以及邀请访问和参加其他

# 第八章 沟通和维护顾客关系

活动。

交际活动型沟通的优点是直接、灵活，亲切温暖，有人情味。因此，在互动中一要以礼相待，二要以诚相待。注意社交礼仪和规范，文明礼貌，"入乡随俗"，让对方感受到尊重和友善，维护长期联系。

## （三）服务活动型沟通

服务活动型沟通以提供相关服务为载体，向潜在顾客、社会展现企业宗旨、性质和情怀，释放诚意和善意，通过亲近公众而感化人心。借助于有意义的"实惠"举措，在企业与公众之间建设稳固的，看得见、摸得着的"桥梁"。更易于公众和社会接受，尤其有利于提高美誉度。

这种沟通类型主要以实际行动为"语言"传播。一般来说，可从三个方面理解社会责任，开展社会责任营销活动：

（1）从承担必尽的责任，即完成基本任务起步，开发与自身业务相关的延伸服务。例如，向顾客提供使他们更满意的售前、售中和售后服务。由于面对的是有直接利益关系的公众，有时也难以确定"分内""分外"的边界，活动往往需要做到出类拔萃、极其突出，才能有显著的沟通效果。例如历史上美国凯皮特公司曾有规定，"凡是购买公司产品的客户，不论在世界上任何地方，需要更换零件的话，保证48小时之内送到。不能按时送到，公司产品就白送给客户。"

（2）从承担应尽的责任，即关注与企业行为相关的问题，形成和发展基于自身义务的深化服务。例如，内部资源免费或收费对社会开放。由于面对的是只有间接或潜在关系的一般公众，可以收到更好的社会影响和沟通效果。

（3）从承担愿尽的责任，即对一般社会问题、公益事业的关心和支持，更进一步考虑普遍性义务和贡献。这是社会责任的最高境界。

服务活动型沟通一般通过人员渠道，直接联系和开展交流。传播符号可以多种多样，人情味较为浓郁，反馈及时，也便于即时调整。举措"实惠"和公众受益，还可吸引更多新闻媒体、网络媒体的报道，扩大影响。

### 案例 8-2

## 可口可乐媒体接待中心

2010年上海"世博会"期间，可口可乐在世博园区设立了一家媒体接待中心。在许多记者的口口相传中，这成了他们在世博园的"另一个家"。

通体可口可乐红、不足30平方米的迷你新闻中心，左手边是3台存放饮料的冰柜，右手边是双人沙发，中间小小吧台上放着糖果、点心，周围3个吧台凳。最里边并排5个电脑工位，可免费上网。正墙挂着液晶屏幕，播放着可口可乐的历史和公益活动短片。侧面挂着

## 国际服务外包营销:基于创造顾客满意的视角

世博园区导览图和记录牌。来过这里的记者,8月13日中午11点40分,记录着8523位。

记者有的是联系可口可乐馆的采访,有的是急着找地方发稿,有的是走累了歇歇脚……只要是上海世博会注册记者,都可免费提供可口的点心和饮料。小小的媒体接待室并不起眼。但从中折射出的细心和周到,以及愿意主动与媒体交流的姿态,却是可口可乐一贯秉承的理念。

资料来源:郑雨旸.迷你新闻中心[N].中青在线——中国青年报,2010-08-17.

### (四) 社会活动型沟通

社会活动型沟通以发起、参与特定的社会性、公益性、赞助性活动,达到与顾客、公众交流的目的。特点是社会参与面广,影响大。活动范围可大可小,方式可简可繁,也有的费用较高,需要量力而行,考虑长期影响而不是急功近利。由于与顾客、一般公众的接触点多,可同时提高知名度和美誉度。

社会活动型沟通多从以下方面入手:

(1) 依托企业自身具有社会影响、意义的重要事件主办活动。例如,开业剪彩、竣工仪式和周年纪念、开放日等,"自己搭台,自己唱戏"。有目的地邀请有关嘉宾、一般公众参加,渲染气氛。再会老朋友,加深友谊;结识新朋友,建立感情。

(2) 选择所在社区、行业或其他组织的相关事件,参与或举办活动。一般利用传统节日、当地民俗和有影响力的公益事业,行业和其他组织有关的重要活动等,"他人搭台,自己唱戏"。可表现社会责任与担当,拉近与一般公众的感情。

开展社会活动型沟通,重要的是引起公众、顾客兴趣和响应,社会的关注和重视。要选择好主题,挖掘公众的兴趣所在,作为设计活动内容、组织形式和传播方式的依据。要注重活动的利他性、文化性和趣味性、娱乐性,使之能够成为社会舆论的关注点,人们愿意谈论的话题。

### (五) 征询活动型沟通

征询活动型沟通以了解社会舆论和相关信息为基础。但不只是听取民意、收集民情,是为了了解问题和趋势,以保证企业"耳聪目明",与社会发展和公众变化同步。更重要的是通过这一双向交流过程,主动向顾客和社会传递、表达特定信息,如对所征询事实、事件的关注和态度等。

征询活动型沟通也有两种主要形式:

(1) 常规征询。特点是长期、繁杂,内容较宽泛,重在通过持之以恒的努力和表现,体现企业的关心和诚意。如定期走访客户,听取他们的意见和建议;公开"总经理电话"、电子邮箱等,随时听取公众反映并回应等。属于顾客关系沟通的日常范围,但要有专门渠道和专人负责。

(2) 专题征询。如召开听证会、座谈会等。大多数涉及面较广,通常列入顾客关系沟通的专项活动进行管理。

开展征询活动型沟通,需要沟通对象的积极配合与互动。因此,要善于站在顾客、公众

# 第八章 沟通和维护顾客关系

的立场考虑主题、选准切入点,以争取更多的关注和多次传播。

## 本章小结

企业还必须擅长沟通顾客价值。营销传播是联系顾客、公众和社会不可或缺的手段,也是保持联系和交流的纽带与桥梁。传播是人类交流信息,以期发生相应变化的活动。营销传播的基本职能,从交流信息、联络感情到影响态度和引导行为,四个层次由低向高发展,效果逐渐积累,发挥建立声誉、巩固形象和调整认知的作用。各种促销工具、方式进行整合和一体化运用,形成整合营销传播。

管理营销传播过程,要经由分析传播对象、明确传播目标、设计营销信息、选择信息渠道、制订经费预算、构建促销组合和评估传播效果等步骤,并做出相应的决策。其中,设计营销信息需要认真考虑信息的范围、内容、结构和格式以及信息来源等问题;构建促销组合,必须以促销战略的选择为依据。

传统的促销手段分为人员促销、广告、公共关系和销售推广等类型。它们是"尺有所短,寸有所长",需要精心选择并整合使用,以形成整体效应。网络传播或互联网传播,也被誉为第五次传播革命。网络传播是一种技术,也是一种平台。它以计算机通信网络为基础,通过互联网进行信息传递、交流和利用。并为传统的促销手段注入了新的内容和活力,现在广泛用于营销传播和促销。

顾客行为不仅要受到需要、欲望的制约,还受到利益相关者、一般公众、舆论以及营销环境诸因素的影响。实施营销传播,要有更开阔的视野。依据传播的目的选择合适的沟通方式,根据传播手法考虑传播活动的组织,以沟通和维护顾客关系。

## 思 考 题

1. 怎样理解传播的一般过程和拉斯韦尔的5W传播模式?
2. 营销传播的职能、相互关系与作用。
3. 营销传播过程有哪些主要步骤和决策?
4. 如何进行传播对象分析?
5. 有效设计营销信息需要注意哪些关键点?
6. 人员渠道和非人员渠道传播有什么不同特点?
7. 促销战略有哪两种选择,如何进行选择?
8. 评估营销传播效果需要注意什么?
9. 人员促销、广告、公共关系和销售推广的特点、优势和不足。
10. 网络传播的主要媒体和具体方式。
11. 如何依据传播目的考虑和选择沟通方式?
12. 怎样依据传播手法选择和实施沟通活动?

## 国际服务外包营销：基于创造顾客满意的视角

▷ 案例练习

### 智慧南京　服务全球

南京是江苏省省会，东部地区重要的中心城市，国家历史文化名城，全国重要的科研教育基地和综合交通枢纽。南京是历史文化名城。拥有6000多年文明史、近2600年建城史和近500年建都史，素有"六朝古都""十朝都会"美誉；南京是科技教育名城。每万人大学生、研究生数量分列全国第一和第二，"两院"院士数量位居全国第三，全市四分之一常住人口拥有大专以上学历；南京是综合枢纽名城。南京地区公路、铁路、水运、航空、管道等运输方式齐全，是全国性综合交通枢纽和长江四大航运物流中心之一，城市轨道交通运营里程位列全国第四，拥有中国第五大国际货运机场；南京是国家生态名城。山水城林环境优美，建成区绿化覆盖率达45%，曾获得联合国人居奖特别荣誉奖、"国际花园城市"金奖等荣誉称号。

南京市作为全国31个服务外包示范城市之一，近年来，在省委省政府、市委市政府的领导下，紧贴中国大力发展服务外包产业的形势，将发展服务外包作为转变经济发展方式、推动全市经济转型升级的重要实现方式，抢抓机遇，发挥优势，集中力量，攻坚克难，始终保持平稳较快增长。

全市集中了5个国家级服务外包示范区，2个省级服务外包示范区，2015年有近2000家服务外包企业，实现服务外包执行额130亿美元，同比增长13.6%；其中，离岸服务外包执行额60.6亿美元，同比增长25.1%，各项指标居于全国、全省前列。

"十三五"期间，南京服务外包将继续发挥服务贸易先行者的作用，坚持以市场为主导，以政策为牵引，加强产业跨界融合，深化产业链纵向合作，注重离岸在岸协调发展，促进产业结构转型升级，变追求数量规模型为追求质量效益型，培育发展一批有影响力的龙头企业，为全市加快服务型经济发展和城市国际化做出贡献。

风景这边独好，未来充满希望。

资料来源：佚名. 智慧南京 服务全球 [J]. 服务外包，2016（7）.

### 讨　　论

1. 试从传播对象、传播目标和营销信息设计等三个方面，评点案例资料作为宣传文字的得与失。

2. 根据案例资料提供的内容，为打造"智慧南京 服务全球"的国际形象，可以依据传播目的选择什么沟通方式，依据传播手法选择哪些沟通活动？

# 参考文献

1. [美] 彼得·德鲁克. 管理实践 [M]. 毛忠明, 程韵文, 孙康琦, 译. 上海: 上海译文出版社, 1999.
2. [美] 本·M. 恩尼斯, 等. 营销学经典: 权威论文集 (第8版) [M]. 郑琦, 许晖, 等译. 大连: 东北财经大学出版社, 2000.
3. 迈克尔·J. 贝克, 主编. 市场营销百科 [M]. 李垣, 等译. 沈阳: 辽宁教育出版社, 1998.
4. [美] 菲利普·科特勒, 加里·阿姆斯特朗. 市场营销: 原理与实践 (第17版) [M]. 楼尊, 译. 北京: 中国人民大学出版社, 2020.
5. [美] 菲利普·科特勒, 加里·阿姆斯特朗. 市场营销: 原理与实践 (第16版) [M]. 楼尊, 译. 北京: 中国人民大学出版社, 2015.
6. [美] 菲利普·科特勒, 凯文·凯恩·凯勒. 营销管理 (第14版·全球版) [M]. 王永贵, 等译. 北京: 中国人民大学出版社, 2012.
7. [美] 小威廉·D. 佩罗, 约瑟夫·P. 坎农, E·杰罗姆·麦卡锡. 市场营销学基础 (第18版) [M]. 孙瑾, 译. 北京: 中国人民大学出版社, 2012.
8. 小威廉·D. 佩罗特, E. 杰罗姆·麦卡锡. 营销学基础: 全球管理方法 (第9版) [M]. 梅清豪, 译. 北京: 中国财政经济出版社: 2004.
9. 吴健安, 钟育赣, 主编. 市场营销学 (第6版) [M]. 北京: 清华大学出版社, 2018.
10. [美] 波特. 竞争战略——分析行业和竞争者的技术 [M]. 姚宗明, 林国龙, 译. 北京: 生活·读书·新知三联书店, 1988.
11. [美] 迈克尔·波特. 竞争优势 [M]. 陈小悦, 译. 北京: 华夏出版社, 1997.
12. [芬兰] 克里斯廷·格罗鲁斯. 服务营销与管理: 基于顾客关系的管理策略 [M]. 韩经纶, 等译. 北京: 电子工业出版社, 2002.
13. [美] 克里斯托弗·H. 洛夫洛克. 服务营销 [M]. 第3版. 陆雄文, 庄莉, 等译. 北京: 中国人民大学出版社, 2001.
14. [美] 菲利普·科特勒, 托马斯·海斯, 保罗·N. 布鲁姆. 专业服务营销. 第2版. 俞利军, 译. 北京: 中信出版社, 2003.
15. [德] 索斯顿·亨尼格-索罗, 尤苏拉·汉森, 主编. 关系营销: 建立顾客满意和顾客忠诚赢得竞争优势 [M]. 罗磊, 等译. 广州: 广东经济出版社, 2003.
16. [英] 克里斯·菲尔, 卡伦·E. 菲尔. B2B营销: 关系、系统与传播 [M]. 李孟涛, 杨旭, 孟韬, 杨宜苗, 等译. 大连: 东北财经大学出版社, 2007.

17. ［美］雷·赖特．组织间营销［M］．胡左浩，杨志林，等译．北京：中国人民大学出版社，2006．

18. ［英］多米尼克·威尔逊．组织营销［M］．万晓，汤晓华，译．北京：机械工业出版社，2002．

19. ［美］菲利普·科特勒，［德］佛沃德．B2B品牌管理［M］．楼尊，译．上海：格致出版社，2008．

20. ［美］菲利普·R. 凯特奥拉，玛丽·C. 吉利，约翰·L. 格雷厄姆，等．国际市场营销学（第14版）［M］．赵银德，周祖城，乔桂强，等译．北京：机械工业出版社，2010．

21. 克尔·钦科陶，伊卡·龙凯宁．国际市场营销学（第10版）［M］．曾伏娥，池韵佳，等译．北京：中国人民大学出版社，2015．

22. 甘碧群．国际市场营销学（第2版）［M］．北京：高等教育出版社，2006．

23. 小奥维尔·C. 沃克，约翰·W. 马林斯，小哈珀·W. 博伊德，琼－克劳德·拉莱克．营销战略：以决策为导向的方法（第5版）［M］．李先国，等译．北京：北京大学出版社，2007．

24. ［美］菲利普·科特勒，［印尼］何麻温·卡塔加雅，伊万·塞蒂亚万，等．营销革命4.0：从传统到数字［M］．王赛，译．北京：机械工业出版社，2018．

25. ［美］菲利普·科特勒，［印尼］何麻温·卡塔加雅，伊万·塞蒂亚万，等．营销革命3.0：从产品到顾客，再到人文精神［M］．毕崇义，译．北京：机械工业出版社，2011．

26. ［美］菲利普·科特勒．科特勒精选营销词典［M］．俞利军，译．北京：机械工业出版社，2004．

27. 艾·里斯，杰·特劳特．广告攻心战略：品牌定位［M］．北京：中国友谊出版公司，1991．

28. ［美］阿伦·森特，帕特里克·杰克逊，斯黛西·史密斯，等．森特公共关系实务［M］．谢新洲，袁泉，刘畅，等译．北京：中国人民大学出版社，2009．

29. 钟育赣．公共关系学［M］．北京：高等教育出版社，2016．

30. ［美］特雷西·塔腾，迈克尔·所罗门．社会化媒体营销［M］．李季，宋尚哲，译．北京：中国人民大学出版社，2014．

31. ［美］斯科特．新规则：用社会化媒体做营销和公关［M］．赵俐，谢俊，张婧妍，等译．北京：机械工业出版社，2011．

32. ［美］琳达·比默，艾里斯·瓦尔纳．跨文化沟通［M］．孙劲悦，译．大连：东北财经大学出版社，2011．

33. ［美］格利哥，卢丹萍，［美］肖步泽．国际服务外包理论与实务［M］．北京：清华大学出版社，2012．

34. 李雪，邓春姊，等．服务外包实用教程［M］．北京：清华大学出版社，2012．

35. 卢丹萍．国际服务外包［M］．北京：清华大学出版社，2011．

36. 井然哲，王金成．服务外包理论与实务［M］．北京：清华大学出版社，2012．